성공한 사람의 인생을 벤치마킹하라

남문기 엮음

 도서출판 예가

광개토대왕을 생각하며
뉴스타 시티를 꿈꾼다

뉴스타 그룹의 비전은 전문 부동산그룹을 지향한다는 점에서 소박하다고 할 수 있다. 5대양 6대주 구석구석에 뉴스타 부동산 회사를 만들어, '부동산 하면 뉴스타'를 떠올릴 수 있도록 브랜드 파워를 키우고 싶다. 그것은 결코 작은 꿈이 아니다. 기업가로서의 내 꿈의 목표는 바로 거기 있다. 맥도널드나 코카콜라처럼 우리 뉴스타 부동산이 전 세계에 알려지는 날이 과연 내 생애에 일어날 수 있을까?

그리고 나에겐 미국에 이민 온 한인으로서 또 하나의 꿈이 있다. 내가 다녀본 지구상의 수많은 나라 가운데 가장 잘 살고, 한국인이 정착하기도 쉬운 미국 땅에 1천만 명의 동포를 이주시키는 것이다.

그리하여 미국 속에 또 하나의 한국을 건설하는 것이다. 나의 꿈이자 나의 도시 '뉴스타 시티(New Star City)'는 아마 그 첫 단추가 될 것이다.

'뉴스타 시티' 계획안은 생각만 해도 엔돌핀(endorphin)이 솟는다. 뉴스타 시티가 만들어지면 나는 미국의 관문인 공항 이름만큼은 내 이름을 붙이고 싶다. 뉴욕에는 뉴욕 시장을 지낸 H. 라과디아 (Fiorello Henry La Guardia)의 이름을 붙인 라과디아 공항이 있고, LA 공항에는 최장기 LA 시장을 역임했던 브래들리(Tom Bradley)의 이름을 붙인 톰 브래들리 터미널이 있듯이, 뉴스타 시티의 설립자인 내 이름을 딴 '남문기 공항'을 만들 수 있지 않을까? 그리고 한국인의 미국 이민 100년 역사상 가장 큰 족적을 남긴 도산 안창호 선생이나 새미 리 박사(의사이며 올림픽 다이빙 2연패의 주인공) 등의 이름을 간선도로에 붙여 도산 불러바드, 새미 리 애비뉴 등을 만들 수도 있을 것이다. 또 공공건물과 공원, 광장에는 뉴스타 그룹의 발전에 일등 공신 역할을 한 뉴스타 그룹 명예의 전당에 입성한 직원들의 이름을 붙이고 싶다.

처음에는 인구 수 20만 명 내외의 도시를 만들어 출발할 것이다. 할 수만 있다면 시장과 시의원을 모두 한국 사람으로 뽑을 것이다. 관료부터 시민에 이르기까지 한인으로 구성된 완벽한 도시가 된다면 미국 전역에 흩어진 한인들에게 뉴스타 시티가 예루살렘 같은 정신적 지주 도시가 될 것이고, 그 힘을 결집하여 장차 한인 2세 출신 캘리포니아 주지사, 미국 대통령이 나오도록 하고 싶다.

나의 꿈은 그리 황당한 것이 아니다. 뉴스타 시티의 건설도 결코 불가능한 것은 아니다. 미국에서 개인이 도시를 만든 경우는 흔하다. 한국에도 알려진 남부 캘리포니아의 얼바인(Irvine)이 바로 그런 곳이다. 학군이 뛰어나 한국에서 조기 유학생들이 많이 찾고 있는데, 제임스 얼바인(James Irvine) 가문이 땅 전체를 사들여 도시를 세웠다. 지금도 그 가문이 세운 기업인 얼바인 컴퍼니가 시의 도시계획을 관장하고 있다.

이민자가 미국의 주지사가 된 경우도 적지 않다. 워싱턴 주 주지사인 게리락은 중국계 이민 3세이며, 터미네이터로 잘 알려진 할리우드의 명배우 아놀드 슈왈제네거는 오스트리아 출신 이민 1세로 캘리포니아 주지사를 역임하며 이민자들에게 꿈을 심어 주었다.

어떤 일을 할 때 '안 된다'고 생각하는 사람은 늘 안 되는 일만 걸린다. 반대로 '하면 된다'는 신념을 가진 사람은 가능한 일만 맡아 하게 된다. 나는 지금까지 하면 된다는 쪽이었다. 그러니 뉴스타 시티 건립도 결국 이루어질 것이다.

한인 1천만 명이 미국으로 이주하는 날을 내 눈으로 볼 수 있을지 모르겠다. 하지만 불가능한 것은 아니다. 이미 계획을 수립하여 지원 사업을 전개하고 있으니 언젠가는 그 결과가 나타나리라 본다.

내가 꿈꾸며 준비하고 있는 미국에 만들 또 하나의 한국, 광개토대왕이 힘으로 정벌했던 만주벌판보다 더 실용적이고 합리적인 현대적 신개념 영토 확장이라고 믿는다. 한국인으로서의 내 꿈의 종착점은 현재로서는 여기까지이다.

CONTENTS

03 아메리칸 드림에 다가가다

04 내일을 위한 잔치

05 성공을 위해 꿈꾸는 당신을 위한 작은 강의

06 기회의 땅 미국을 성공의 발판으로 삼자

01

나의 살던
고향은

선샘요! 기차옵니더!

차골! 어머니의 자궁과도 같이 편안한 그곳! 힘들고 피곤한 일이 생길 때마다 나는 고향 내음을 떠올리는 버릇이 있다. 그러면 피곤과 고민이 눈 녹듯 사라지는 신기한 경험을 하곤 한다.

경북 의성군 점곡면 윤암 1동 1007번지. 그곳을 사람들은 그냥 차골이라고 불렀다. 작은 산골 마을이었는데, 이제는 많은 곳이 도시화가 되어 산골 이야기를 하면 잘 못 알아듣는 경우가 있다. 고무신도 신어 보지 않은 젊은이들에게 짚신 삼던 이야기가 얼마나 웃기겠는가? 그러나 추억 삼아서 그 중 몇 가지를 소개해본다.

내가 어렸을 때, 차골에는 하루에 딱 두 번 버스가 지나갔다. 그것도 마을이 나타나기만 하면 어김없이 멈추었다가 한없이 느리게 털털거리며 가는 버스였다. 대구에서 안동 길안으로 가는 버스는 오전 10시에 있고, 안동 길안에서 대구로 가는 버스는 오후 3시에 있었다. 그 두 번 오는 버스조차 제때에 오는 법이 드물어 버스를 타려면 미리 정류장에 나가 앉아서 기다려야 했다. 버스를 놓치기라도 하는 날이면 그날 외지로의 나들이는 끝이었다.

그곳에서 기차는 선진 문명에 속했다. 기차를 처음 본 것은 구암초등학교(그때는 국민학교라 불렀으며 지금은 폐교된 학교로 남아있다.) 3학년 때였다. 그때의 담임선생님은 요즘 말로 하면 '전인교육'을 강조하는 분이셨던 것 같다. 산골짜기에서 태어나 교통 수단이라고는 마을마다 서는 느린 버스 밖에 모르는 우리에게 '기차'라는 교통 수단이 있다는 것을 보여주기 위해서 일부러 철로가 보이는 곳까지 소풍을 갔다. 어린이 행군 걸음으로 산길을 따라 두 시간 만에 도착한 봄 소풍지, 어느 산자락으로 학생들을 데려간 선생님은 2km는 더 되어 보이는 곳에 지나가는 철로를 손으로 가리키며 말씀해주셨다.

구암국민학교-1947년에 생겨서 1999년에 폐교, 1,887명의 졸업생을 배출함
(남오기 박사가 5회, 남문기 회장은 12회 졸업생)

"저기 보이는 것이 철로다. 그 위로 '기차라는 것'이 달린단다. 북쪽으로 가면 서울까지 갈 수 있고, 반대로 순옥이가 서 있는 남쪽으로 가는 기차를 타면 대구까지 갈 수 있지. 대구에서 다른 기차로 갈아타고 바다가 있는 부산으로 갈 수도 있어."

선생님이 거기까지 이야기했을 때 기차가 나타났다.

"선샘요! 기차 옵니더!"

검은 연기를 내면서 기차가 철로 위로 달려갔다. 기괴한 소리가 공포스럽기까지 했다. 순간 왠지 모르게 내 가슴은 콩닥콩닥 뛰었고 피부에는 소름이 돋았다. 그리고 거의 동시에 뜨거운 불덩어리 같은 무엇이 머리 쪽으로 치받으며 올라왔다. 지금 와 생각하면 미래, 혹은 세계를 향한 야심이 촉발되던 순간이 아니었나 싶다.

몇 년 뒤 나는 그 기차에 몸을 싣는다. 그리고 상행선과 하행선을 오르내리며 인생의 단맛과 쓴맛을 경험하게 된다.

과학문명과 소외되어 산골에서 자란 내가 이제는 세계에서 가장 선진적인 문명국에서도 제법 성공한 사람 축에 드는 삶을 살고 있으니 참으로 격세지감을 느끼지 않을 수 없다.

차골마을 호진이

일찍 결혼했다가 상처한 아버지(남수창)한테 어머니(이종길)는 두 번째 부인이었다. 그래서 형제가 6남 2녀나 되는 대식구였다. 8남매 중 2남 1녀는 이복이고, 나머지 4남 1녀는 동복이다. 나는 그 8남매의 막내로 1953년 6월 10일, 차골에서 났다. 내가 태어난 시간은 늦은 저녁 무렵이었다고 한다. 차골 마을의 음력 6월은 농번기로 한창 바쁠 때인데, 힘든 농사일을 마치고 들어와 저녁상을 막 물릴 때쯤 어머니한테 진통이 오기 시작했고, 얼마 후에 내가 세상의 빛을 보게 됐다는 것이다.

나의 법적인 이름은 문기(文基)이지만 어릴 때의 아명(兒名)은 호진(虎振)이었다. 요즘은 대부분의 사람들이 태어나서부터 죽을 때까지 단 하나의 이름만을 쓰지만 내가 어릴 적의 양반 집안에서는 법적인 이름 외에 집에서 따로 부르는 아명을 가진 경우가 흔했다. 아명은 유명(乳名)이라고도 하여 어린 시절에 부르는 이름이고, 관명(冠名)은 관례나 혼례를 올린 후에 붙이는 정식 어른 이름이다.

아명을 호진이라 한 데는 이유가 있다. 내가 태어나기 한 달 전쯤 아버지가 꾼 꿈 때문이다. 꿈에 호랑이가 마을에 나타나서는 크게 몇 번 울음을 운 것인지 큰소리를 치고 간 것인지 아무튼 그 뒤 마을 앞산으로 사라졌다는 것이다. 이 꿈 이야기를 듣고 동네 훈장이셨던 할아버지께서 태어나지도 않은 손자의 이름을 지었는데, 그 이름이 바로 호진이었다. 범 호(虎), 떨칠 진(振). 그로부터 한 달 뒤에 내가 태어났다.

어린 시절 나는 개구쟁이였다. 구슬이나 딱지는 동네의 것이 모두 내 것이었다. 나는 혼자 다니는 경우가 거의 없었다. 소위 '호진이 사단'으로 통하는 또래 녀석들을 항상 몰고 다녔다. 수박 서리, 참외 서리 정도는 예사였고 닭도 종종 표적의 대상이 되곤 했다. 동네 사람들은 나로 인해 두통을 앓을 정도였다. 실컷 농사지은 것을 서리 당하고도 병

지금은 이렇게 성장하여 로스엔젤레스 '한인의 날' 제정을 기념하며 LA 시의회에서 감사 연설을 하고 있다

어리 냉가슴을 앓는 사람들이 많았다. 우리 집에 와서 어머니께 일러바치거나 배상을 요구하면, '호진이 사단'을 몰고 가서는 수박밭, 참외밭을 '쑥밭'으로 만들어 버리기 일쑤였기 때문이었다.

금지된 것을 하고 싶어 하는 것은 예나 지금이나 아이들이 하는 보통 생각이다. 나 역시 어른들이 하지 말라는 짓을 많이 하였는데, 그 중에는 소싸움도 무척 재미있는 놀이였다. 내가 자란 의성이 소싸움으로 유명한 곳이어서인지, 나 역시 집에서 키우는 소들을 끌고 동네 뒷산으로 올라가 꼴을 먹이며 싸움을 시키곤 했다.

싸움은 소들이 머리를 맞대고 뿔로 서로를 밀어붙이는 방식이었다. 힘이 모자라 뒤로 밀리거나, 입을 벌려 소리 내어 울거나, 엉덩이를 보이며 도망을 치거나, 상처가 심하여 그대로 놔두었다가는 소의 생명이 위태롭다고 여겨질 때 보통 승패가 난 것으로 친다. 지금 생각해도 끔찍한 것은 동물 애호가들에게 고소를 당하거나 엄청나게 욕먹을 소리이기도 한데, 한번은 우리 소가 상대방 소의 눈을 뿔로 찔러 애꾸 소를 만들어 버린 적이 있었다. 적잖은 돈을 아버지가 물어주었고, 나는 한동안 소 꼴 먹이는 소임을 박탈당한 적이 있었다.

도평 어르신과 의원 선생님

어린 시절 나는 남부럽지 않게 자랐다. 차골에서 '도평 어르신'의 손자라는 것만 해도 아무나 가질 수 없는 큰 '빽'이었는데다, 아버지는 인근 동네를 통틀어 한 분뿐인 마을의 한의사이셨고, 게다가 큰형님은 모든 사람이 부러워하는 서울대 학생이었다. 그야말로 콩글리시로 표현하면 '노터치(No Touch)'였고 제대로 된 영어로 표현하자면 '언터처블(Untouchable)'이었다.

당시 나의 가장 큰 바람막이는 마을 사람들이 '도평 어르신'이라고 부른 할아버지였다. 할아버지에 대한 기억을 회상하면 안개 속에 뿌옇게 떠오르는 것들이 많다. 할아버지는 희수의 나이에 눈이 어두우신 상태에서도 사서삼경은 물론 통감(通鑑)이나 사기(史記)를 줄줄 외웠던 분이고, 동네 사람들의 정신적인 지도자였다. 마을에 어려운 일이 있을 때마다 사람들은 할아버지께 상의했고, 대개의 경우 할아버지의 의견이 마을의 의견으로 정해지곤 했다. 할아버지의 손을 잡고 마을 길을 걸어가면 동네 사람들이 90도 각도로 허리를 굽혀 인사를 올렸다. 나는 그럴 때마다 "할아버지가 정말 대단한 사람이구나!" 하는 자부심을 느꼈다.

아버지는 젊은 시절 발전된 문물을 보고 싶다며, 일본 나고야에 건너가 한의원을 운영하시다가 해방되기 두 해 전에 고향으로 돌아왔다. 동네에서 한의원을 운영하면서 할아버지를 도와 짬짬이 동네 사람들에게 한문을 가르치셨는데, 덕분에 나는 어려서부터 동몽선습, 명심보감 등을 배우면서 자랄 수 있었고 맹자나 논어도 구경을 했다. 하지만 마냥 푸근했던 할아버지와는 달리 아버지는 깐깐한 성격에 언제나 정도(正道)만을 주장했다. 나와 51년 차이가 났으니, 아버지한테는 상당한 늦둥이인 셈이다. 사실 손자뻘이라고 할 수도 있는 나이이다. 그래서인지 항상 엄하고 강하기만 했던 아버지도 나에게만은 종종 느슨하게 긴

신혼 여행을 다녀온 막내 며느리에게 옛 선조들에 대해 설명하고 계시는 할아버지

장을 풀곤 했다.

그런 아버지가 답답하고 융통성이 없다고 생각할 때가 종종 있었다. 그런데 지금 나 자신을 보면 어느새 아버지를 닮아 있다. 아들은 아버지를 닮는다는 말이 실감난다.

"남자로 태어났으면 9촌까지는 먹여 살릴 수 있어야지!"

"작은 것에 연연하면 큰 것을 놓치느니라!"

"얼굴이 못생겼으면 옷이라도 깨끗이 입어야 해. 사람의 첫인상은 옷에 달려 있으니까!"

"사람을 사귈 수 있는 가장 좋은 방법은 같이 자는 것이고, 다른 하나는 밥을 같이 먹는 것이다!"

"양반은 물에 빠져도 개헤엄을 치지 않는 법이며, 아무리 추워도 곁불을 쬐서는 안 된다."

아버지가 누누이 했던 말씀들은 나도 모르는 사이에 내 삶을 건강하게 지탱해주는 금과옥조가 되어 있다.

큰 형님과 막내 아우

서울 같은 대도시에서 '고시 패스'는 어떤 의미일까? 시골 마을에서는 일대 사건으로 봐도 과언이 아니다. 1968년, 내 큰형인 인기 형님이 행정고시(6기)에 합격을 했다. 서울대에 합격했을 때에도 마을의 경사였으나, 고시 합격에 비할 바가 아니었다. 당시 내가 다니던 의성중학교 교장선생님은 물론이고, 의성 군수, 의성 경찰서장이 우리 집까지 와서 축하인사를 했을 정도였다.

형님의 고시 합격은 내 자존심에 날개를 달아준 격이었다. 우리 집안 직계는 물론 우리 마을의 자랑거리였으며 특히 차골 인근에 집성촌을 형성해 살고 있던 영양 남씨 이계 할아버지의 자손 전체의 경사이기도 했다. 요즘 말로 치자면 '가문의 영광'이었던 셈이다.

한의원을 운영하던 아버지를 고스란히 빼닮은 형님은 무슨 일이 있어도 새벽같이 일어나 학교로 향했던 '바른 생활 모범생'이었으며 부모님의 입장에서도 '입 안의 혀' 같은 존재였다. 부모님이 시키는 일은 뭐든지 거역하는 경우가 없었고, 밥은 꼭꼭 씹어 먹어야 한다는 어머니의 말씀에 따라 입 안의 음식은 반드시 스무 번씩 씹고서야 삼킨 아들이었다.

큰형님은 내 인생에도 크나큰 영향을 끼쳤다. 오늘날 '남문기 신화'가 만들어진 데는 부모님이나 다른 형님들의 성원과 가르침도 큰 도움이 됐지만 큰형님의 영향이 가장 결정적이었다. 어떻게 보면 내 인생 전체가 형님의 계획대로 된 것이 아닌가 하는 착각이 들 정도이다.

공부는 대처(大處)에서 해야 한다며 나를 서울로 불러들여 고등학교와 대학교를 마치게 해준 분도 큰형님이고, 대학을 졸업한 후 은행에 들어가는 것이 좋겠다고 권했던 분도 큰형님이다. 또 은행을 다니다 미래가 보이는 것 같지 않아 고민하고 있을 때 미국이라는 더 넓은 세상에 가서 큰 비상의 날개를 펼쳐보라며 용기를 주었던 이도 바로 큰형님이었다.

내가 큰형님을 존경하는 것은 화려한 이력이나 냉정한 판단력 때문만은 아니었다. 형님은 한평생 엘리트 코스만을 밟았으면서도 단 한 번도 오만하거나 거드름을 피우는 모습을 보인 적이 없다. 항상 따뜻한 가슴으로 세상을 대했다. 엘리트들이 빠지기 쉬운 함정인 자신보다 못난이에 대한 쌀쌀맞음이나 냉소적인 분위기라곤 전혀 찾아볼 수 없는, 속이 바다만큼 넓고 깊은 사람이어서 나는 진심으로 큰형님을 존경한다.

학교에서 싸움질을 하는 등 온갖 말썽을 피우는 사고뭉치 동생을 형님은 한 번도 포기하지 않았다. 입술이 터지고 머리가 깨져 들어오는 동생의 뒤치다꺼리를 해 주며 상처를 싸매 주었다. 만약 나와 큰형님의 입장이 서로 반대였다면 나는 아마 포기했을 것이다.

내 형님이라서 하는 얘기가 아니라 큰형님은 참 바르게 살아온 분이다.

큰 형님은 국립극장 극장장과 문화부 정책 관리실장까지 올랐다가 지난 2000년에 정년 퇴임했는데, 퇴직할 무렵 문화부와 관련된 수많은 관변단체나 이익단체 자리가 있었음에도 고사했다. 양반은 진퇴가 분명해야 한다는 아버지의 가르침을 마지막 순간까지도 잊지 않고 실천한 것이다.

큰형님 주변의 많은 사람들은 그를 가리켜 엘리트라고 한다. 형님을 보면서 진짜 엘리트란 혼자만 앞서 나가는 것이 아니라 뒤에 처진 사람을 격려하고 부추겨 함께 나아가는 사람이 아닐까 하는 생각을 해본다. 그래서 요즘도 쉽게 결정을 내리지 못하는 난관에 부딪히거나 고민에 빠질 때마다 나는 형님들에게 전화를 하곤 한다.

"형님! 이럴 땐 어떻게 하죠?"

그러나 내가 결정을 내릴 때마다 전화를 드렸던 따스했던 큰형님을 이제 더 이상 뵐 수 없다.

형님에 비하면 많이 모자랐으나, 나 역시 어려서는 공부를 제법 잘했다. 초등학교 시절에는 특히 못 말리는 개구쟁이였지만 그럼에도 내가 다닌 초등학교에서는 공부로 나를 따라올 만한 아이들이 그리 많지 않았다.

사실 집안의 학문도 하루아침에 되는 것이 아니다. 언젠가 나라별 아이들의 아이큐를 조사해보니 한국, 일본, 중국, 싱가포르 등의 아시아 국가가 상위 4위까지를 차지했다는 조사가 있었는데, 나는 그것이 일리가 있다고 생각한다. 그 나라들은 모두 학문하는 것을 가장 높이 평가하는 유교 윤리가 몸에 밴 나라들로, 핏속에 공부하는 머리가 녹아 있지 않을까 하는 생각이 들곤 한다.

큰형님(남인기, 행시 6기)과 골프를 치면서

우리 집안도 그런 영향이 컸던 듯하다. 족보에 따르면 대대로 학문을 한 선비 집안이었던 데다 할아버지와 아버지 2대에 걸쳐 훈장을 할 정도로 공부하는 분위기였기 때문에 큰형님이 행정고시에 합격했고, 형님의 딸인 지경이가 미국 변호사 시험에 합격할 수 있었지 않았나 싶다.

어쨌든 그러한 집안 내력으로 인해 우리 집은 늘 공부하는 분위기였다. 그러나 예외 없는 법칙은 없으며 원숭이도 나무에서 떨어진다 하지 않던가? 내게 인생 최초의 시련이 닥쳐왔다.

중학교 입시 낙방! 당시는 중학교도 입학시험을 치를 때였는데, 나는 변명의 여지없이 낙방했다. 내가 지원한 학교는 의성군에서 가장 좋다는 의성중학교였다. 사실 내가 중학교 입학시험에 떨어지리라고는 상상도 하지 못했었다. 개구쟁이이긴 하지만 그래도 차골에서는 똑똑하다는 소리를 들으며 자랐고 성적도 상위권이었다. 또 고시 공부하는 형님에게 붙잡혀서 나름대로 입시 공부도 했고, 곁에서 지켜 본 형님이 서울의 명문 중학교에 원서를 내라고 권했을 정도였다. 부모님이 서울에서 공부시킬 형편이 안 된다며 반대하셔서 하향지원을 한 셈이었는데 청천벽력 같은 불합격 통보를 받은 것이다.

그러나 곰곰이 생각해보면 그것은 당연한 결과였을지도 모른다. 차골에서 수박 서리, 닭 서리를 하고 소꼴을 먹이러 다니며 유지한 상위권은 읍내에서 입시 과외를 받아가며 공부했던 아이들과는 '기초'에서부터 차이가 났을 것이다.

중학교 입시 낙방은 '우물 안 개구리'라는 말의 의미를 깨닫게 해주었고, 나는 꼬박 1년 동안 맘고생을 하며 재수를 한 끝에 결국 의성중학교에 입학할 수 있었다. 이때의 일은 나에게 이를 악무는 계기를 마련해 준 최초의 사건이기도 했다.

그러나 나는 이제는 알고 있다. 그때의 시험 낙방도 기나긴 인생으로 보면 잠깐 지나가는 소나기에 지나지 않았다는 것을 말이다. 더 험난한 여정이 그 뒤에 예비 되어 있었던 것이다.

한 놈만 팬다

처음 서울 구경을 한 것은 초등학교 5학년 때인 1963년. 문자 그대로 서울 견학을 위해 당시 대학생이던 큰형님을 따라 서울에 갔다.

그 시절의 내 또래 아이들에게 서울에 한 번 갔다 오는 것은 대단한 일이었다. 서울에 갔다 온 아이로부터 듣는 얘기는 단연 최고의 뉴스였다. 나 역시 서울에 갔다 온 후에 '남문기 서울 상경기'를 6개월 이상 우려먹었다.

내가 거주지를 서울로 옮긴 것은 의성중학교를 졸업하던 해였다. 당시 이미 대학을 졸업하고 직장생활을 하고 있던 큰형님이 공부는 큰 도시에서 해야 한다며 나를 부른 것이었다. 큰형님이 막내인 나를 거두겠다며 부모님을 설득하여, 나의 의지와는 상관없이 서울로 데려갔다.

그때 큰형님이 굳이 나를 서울로 데려간 것은 이대로 놓아뒀다간 동생하나 버리겠다는 생각을 했을 만큼 내 생활이 엉망이었기 때문이다.

나는 혹독하게 사춘기를 겪었다. 원인 모를 반항심만 마음속에 가득했고 공부는 일찌감치 손에서 놓아버렸다. 학교에도 가기 싫어 심심하면

빼먹었다. 중학교 3학년 때는 무려 90일이 넘게 학교에 가지 않았다. 간혹 학교에 갈 때도 내 가방에는 교과서 대신 소설책이나 잡지책, 만화책이 가득했고, 학교에 가서는 어떻게 하면 더 깡패처럼 보일 수 있을까를 고민했다. 어떻게 하면 싸움을 더 잘할 수 있고, 친구들 사이에서 더 보스처럼 보일 수 있느냐를 연구하고 실습하는 것으로 시간을 보냈다.

웬만한 나쁜 짓은 중학교를 졸업하기 전에 다 배우고, 다 해봤다고 할 만큼 내 반항은 단순한 수준을 넘어 있었다. 부모님과는 한 마디의 상의도 없이 자퇴서를 내 버렸을 정도였다. 내가 그렇게 망가지고 있다는 소식을 듣고 큰형님이 서울에서 부랴부랴 내려왔다. 그러고는 죄수를 압송해 가듯 반강제로 나를 데려간 것이었다.

그런데, 미국 이민을 갈 운명이었던지, 그렇게 공부와 담을 쌓고 망가진 가운데에도 영어 성적만큼은 최상위권이었다. 영어선생님이 이렇게 말할 정도였다.

"교직 생활 25년 동안 너처럼 공부 안 하는 놈도 처음 봤고, 그런데도 너처럼 영어 잘하는 놈도 처음 봤다."

공부를 하지 않으면서도 영어를 잘했던 데는 그만한 이유가 있었다. 중학교에 입학하기 위해 재수하던 시절, 형님에게 붙잡혀 하루 14시간씩 공부를 할 때 이미 중학교 영어 과정을 상당 부분 익혀 놓았기 때문이었다.

내가 진학할 수 있는 정규 상급 학교는 없었다. 다만 중학교 3학년 후반기에 형에게 죄수처럼 끌려온 탓에 약간의 시간 여유가 있었고, 그 기간에 거의 강제적으로 벼락공부를 하여 고등학교와 초급대학 과정

의성은 나에게 부모님 산소도 있지만 가장 아름다운 장소로 영원히 기억되어 진다

을 함께 수학하는 5년제 전문학교에 입학할 수 있었다. 질풍노도와 같은 고등학교 시절이 그렇게 시작되었다.

공업전문학교에서의 시절은 하루도 맑은 날이 없었다. 그 학교는 유난히도 문제아들이 많았다. 대부분의 학생들이 나름대로 자기 동네에서는 한 가락씩 한다는 소위 '쌈짱'들이었고 '일진'들이었다. 존재의 확인을 위해 매일 싸움거리만 찾는 그들이 시골뜨기인 나를 가만둘 리 없었다.

"어이, 촌닭!"

"촌놈들은 생긴 것부터 튄다, 튀어! 하하하."

"야, 의성이 어디냐? 거기에도 사람 사냐? 소랑 돼지만 사는 곳 아니냐?"

그런 식으로 시비를 걸어오기 일쑤였다. 물론 가만히 있을 내가 아니었다. 어릴 때부터 자존심 하나로 살아왔고 명색이 의성에서는 '한주먹' 한다는 나였다. 맞기도 많이 맞았고 때리기도 참 많이 때렸다.

지금도 완력이라면 누구와 붙어도 자신이 있다. 원래 운동신경이 발달한 탓도 있지만 학창 시절의 싸움질과 해병대에서 익힌 실전 싸움실력이 뒷받침해준 덕분이다. 싸움이 붙었을 땐 어디를 가격해야 효과적이며 또 상대방의 기선을 제압하려면 어떤 눈빛으로, 어느 곳을 쏘아봐야 하는지 등을 나는 그때 몸으로 터득했다.

하지만 싸움질에 이골이 나면 끊임없이 문제가 생기기 마련이었고, 하급생은 특히 굴복시키려고 하는 것이 학교의 주먹 세계였다. 결국 나는 적당히 타협을 하지 않고 선배들에게 대항한 죄로 퇴학을 당했다. 굽히지 않는 나를 제압하겠다며 선배를 포함한 규율부원들이 집단적으로 싸움을 걸어왔고, 그 싸움이 계기가 되어 발생한 몇 가지 사건이 연이어 터졌기 때문이다.

권상우가 주연한 「말죽거리 잔혹사」란 영화에도 나오지만 당시의 규율부원은 학교에서도 가장 주먹이 센 아이들이 맡았다. 그 규율부원들이 떼거지로 공격하는 바람에 나는 옆에 있던 야구 방망이를 휘두르며 맞서야 했고, 그 와중에 한 선배가 큰 상처를 입는 바람에 결국 그 학교를 그만두게 되었다.

여러 명에게 동시에 공격을 받은 나는 한 명만 골라서 싸워야 한다는 것을 본능적으로 알았다. 그래서 그 중 가장 세 보이는 선배만 집중적으로 공격했다. 입술이 터지고 머리에서 피가 흘렀지만 아랑곳하지 않고 그 선배만 집중적으로 공격 했다. 계속해서 그렇게 공격을 하자, 사람 하나 죽어나지 않나 싶었던지 겁을 먹고 물러났다.

지금 생각해도 끔찍한 것이, 내가 그렇게 공격하지 않았다면 아마 나는 장애인이 되었거나 죽어나갔을 것이다.

그 시기의 집단은 약한 꼴을 보이는 상대방을 온전하게 놔두는 법이 없다. 그래서 그 뒤 어떤 형태로든 싸움이 생기면 한 사람만 선택하여 집중 공격을 했다. 물론 상당한 효과를 봤다.

미국에서 우연히 본 「주유소 습격 사건」이란 한국영화에도 그런 장면이 있었다. 커다란 몽둥이를 든 깡패 유오성이 '한 놈만 팬다'고 이죽거리는 모습이었다. 그 장면을 보고 나는 실소를 금치 못했다. 그 영화를 만든 감독도 말썽깨나 부린 사람이 아니었을까 하는 생각이 들었다.

참으로 걷잡을 수 없는 청춘이었다. 희망을 안고 상행선에 몸을 실었다가 절망적인 심정이 되어 하행선을 타고 내려가 의성종합고등학교에 편입을 했다. 그러나 거기서도 학교를 다 마치지는 못했다.

아! 어머니

"또 사고 쳤냐? 너는 네 사주를 너무 믿는 것 아니냐?"

고등학교에서 퇴학을 당해 고향집으로 돌아갔을 때, 어머니는 화를 내는 것이 아니라 농담부터 건넸다.

"진아, 너는 사주가 좋고 태몽이 좋아서 무슨 일을 해도 잘될 것이다만, 딱 두 가지만 부탁하자. 너는 양반의 자식인 만큼 언제 어디서나 먼저 싸움을 걸지는 말고, 누가 싸움을 걸어와도 명분 없는 싸움은 하지 말아라. 그것이 양반이고 자랑스런 내 아들이다."

그러면서 학교에는 계속 다녀야 한다고도 차분하게 말씀해 주셨다.

"네가 그 학교에서는 퇴학을 당했지만 다른 학교로 옮겨서라도 꼭 고등학교와 대학교 졸업장을 받아야 한다. 네가 어느 학교를 나왔고 거기에서 공부를 얼마나 잘했느냐 하는 것도 중요하지만, 그것보다 더 중요한 것은 고등학교 졸업장과 대학교 졸업장을 가지는 것이다. 네가 고등학교 졸업장을 가지지 못하면 네 평생을 두고 고등학교도 못 나온 사람이라는 소리를 들어야 하고 네가 대학교 졸업장을 가지게 되면 대학교까지 나온 사람이라는 말을 듣게 된다."

돌이켜보면 내 어머니는 상당한 실용주의자였다. 그 시절 그 오지의 아주머니나 할머니들이 대개 그러했듯 학력은 고작 국문을 깨친 정도였지만 세상 이치만큼은 훤히 꿰뚫고 계셨던 분이다. 돈이 되지 않는 훈장으로 평생을 사신 할아버지나, 돈을 모으는 것보다 인술을 펼치는 쪽에 더 관심이 많았던 아버지를 대신해 우리 집안의 경제를 실질적으로 챙기신 분은 어머니였다.

시아버지와 남편, 슬하의 6남 2녀 등 모두 11명이란 대가족임에도 불구하고 끼니를 걱정하지 않고, 차골에서는 '부농'이란 소리를 들으며 살 수 있었던 것도 모두 어머니의 부지런함과 검소함, 수완 덕분이었다. 농번기에 일용 일꾼을 모집해 오는 사람도 어머니였다. 그 사람들을 적재적소에 척척 부리도록 훈수하는 것도 어머니의 몫이었고, 일 잘하도록 격려하는 분위기 메이커도 어머니였다.

그렇다고 억척스럽기만 한 것도 아니었다. 어린 시절 일본에서 생활하면서 교육을 받은 때문인지 돌아가시는 날까지 누구 앞에서든 정중하게 무릎을 꿇고 앉을 정도로 예의가 바르고, 특히 아버지에 대한 존경심과 정성은 각별했다. 아버지 한복 동정이 시커멓게 되는 것을 남들은 물론이고 우리 집안의 누구도 본 적이 없을 정도였다.

무엇보다도 어머니의 가장 큰 미덕은 넉넉한 마음 씀씀이였다. '우리 집에 온 사람은 최소한 밥 한 끼는 먹여 보낸다'는 것이 어머니의 평생 신조였다. 요즘 사람들은 '밥 한 끼'의 의미를 잘 모르겠지만, 먹는 입 하나를 덜기 위해 자식을 식모살이로 내보내는 경우조차 흔했던 내 어린 시절에 밥 한 끼는 정말로 대단하고 절실한 것이었다.

'밥 한 끼'에 대한 이야기가 나온 김에 그 시절의 가난에 대해서도 한 번 짚고 넘어가자. 그 당시는 너나 할 것 없이 모든 사람들이 못 살았다. 특히 '보릿고개'를 넘을 때의 시골의 상황은 '참혹' 하리만큼 견디기 어려운 것이었다. 보릿고개란 지난 가을에 수확한 양식은 바닥이 나고 새로 농사지은 보리는 미처 여물지 않은 5~6월을 말하는데, 이때만 되면 집집마다 먹을 것이 없어 피죽을 먹거나 좁쌀로 지은 밥을 먹으며 견뎌내야 했다. 우리 집도 예외는 아니어서 당시 고등학교 입시 준비를 하던 오기 형님이 영양실조로 쓰러지는 일도 있었다.

어머니는 시아버지와 남편에게는 뜨거운 밥을 지어 올리고 슬하의 7남매에게는 그것이 조밥이든 무엇이든 밥처럼 생긴 것을 어떻게든 만들

경북 의성중학교에서 장학금을 전달하고 학생들에게 격려말을 전하며

어 먹였다. 그리고 어머니 자신은 밥알은 찾아볼 수 없는 허연 물죽만 마셨다. 차골 마을에서 제일 부자이던 우리집이 그런 형편이었으니 다른 집은 오죽했겠는가.

가난은 시골 사람만의 것이 아니었다. 그 시절 서울사대 옆 청량리 시장통은 그야말로 거지 수용소 같은 모습을 하고 있었다. 산동네 사람들은 물 한 지게를 얻기 위해 그 추운 겨울에도 한 시간씩 줄을 서야 했다. 그때의 참혹한 고통을 나는 대학생이 되어서도 잊지 않았다.

어머니는 밥뿐만 아니라 옷도 잘 내다 주셨다. 어머니 보시기에 조금만 딱한 사람이 있으면 장롱을 다 뒤져 헌 옷가지를 찾아내 한 보따리씩 싸주곤 하셨다. 그래서 우리 집에는 항상 손님이 끊이지 않았고, 농번기에 일꾼을 모집할 때면 인기 순위 단연 1위가 우리 집이었다.

나는 그런 어머님의 기질을 십분 닮고 태어난 듯하다. 나는 우리 아이들에게 공부를 잘하라고 강요하지 않는다. 다만 어머니가 나에게 했던 것처럼 정규대학 졸업장을 취득하는 등 삶의 기본은 갖추라고 요구한다. 또 어디를 가든지 밥을 잘 사는 사람이 되고, 자기가 가진 것을 나눠줄 줄 아는 사람이 되라고 늘 충고한다. 어머니는 인간 세상은 더불어 살아가는 것이라는 평범한 진리를 한평생 몸으로 실천한 분이셨다.

하지만 어머니의 말씀에도 나는 의성종합고등학교도 마치지 못했다. 3개월 만에 사고를 치고 그만두고 말았던 것이다. 역시 순간적인 충동을 참지 못하고 주먹부터 휘두른 치기와 격정의 결과였다. 그러나 나는 그때에도 다시 구제를 받았다. 서울에 오기만 하면 어떻게 하든 서울 지역의 고등학교에 입학시켜주겠다며 서울로 올라오라는, 공업전문학교 시절의 담임이셨던 김훈배 선생님과 그때 나를 아껴주셨던 방원정 선생님의 충고로 다시 서울로 올라갈 수 있었던 것이다.

중앙선 상행선을 타고 다시 서울로 올라가는 나를 바라보던 어머니의 모습을 보고 나는 뜨거운 반성의 눈물을 흘렸다. 나는 어쩔 수 없는 사고뭉치인가. 이렇게 자꾸 사고만 치면 정말로 인생의 낙오자가 되는 것이 아닐까? 기차를 타고 가는 동안 그런 비감에 젖어 '이대로 기차에서 뛰어내려 버릴까?' 하는 자살충동까지 느꼈다.

서울에 올라간 것은 결과적으로 잘한 일이었다. 두 분 선생님들의 은혜를 입어 인천 제물포에 있는 한 종합고등학교에 전학하고, 거기서 어머니께서 그토록 당부하셨던 고등학교 졸업장을 받았다.

어머니의 뜻을 나는 이제야 조금씩 깨닫는다. 졸업장이 종이 쪼가리에 불과하다는 것을 어머니가 모를 리 없었다. 그걸 받기 위해서 늦게나마 내가 정상적인 청소년의 자리로 복귀해야 했던 것이다. 그리고 정말로 어머니가 옳았다는 것을 나 스스로 많은 사람들에게 입증해 보였다. 그 망나니 같은 청춘이 대학 진학까지 한 것이다.

물론 어머니의 사랑 못지않게 큰 은혜를 베풀어주신 선생님들의 몫도 크다. 나 같은 놈을 포기하지 않고 끝까지 건져내 준 선생님들께 어떻게 고마움을 전해야 할지 모르겠다. 그런 분들이 있어서 아직 세상이 살 만하다는 생각을 한다. 이 부조리한 세상이 망하지 않고 돌아갈 수 있는 것도 그런 분들의 힘이 아닐까 싶다. 나는 선생님들에게 많은 은혜를 입었다. 초등학교, 중학교, 고등학교, 그리고 대학교까지의 모든 은사님들의 정성에 감사드리고 싶다.

대학생 배지를 달다

고등학교 시절이 거의 끝나가던 무렵, 나를 받아준 학교에서 받은 내 번호는 28반 129번이었다. 기억이 정확한지 모르지만, 당시 학제상 나올 수 없는 반과 번호였던 것은 틀림이 없다. 대체 대한민국의 어느 고등학교가 한 학년에 28개 반이 있고 한 반에 129번이 있을까.

흐릿한 내 기억으로 당시 교실은 보통 고등학교의 교실과 다르지 않아 50~60명 남짓 앉을 수 있었다. 특별 클래스가 아니었다는 이야기다. 어떻게 129번이란 번호가 있었을까. 그런데 거기에는 이유가 있었다. 그 학교는 퇴학생들이 가는 마지막 코스였다. 적어도 3스타(세 번 퇴학당한 사람) 이상의 문제아들이 더 이상 갈 곳이 없어졌을 때 찾아가 등록하고 졸업장을 받는 학교였던 것이다.

문제가 있어도 필요한 등록금만 내면 누구에게나 졸업장을 주는 학교였는데 그런 학교를 세워서 나 같은 사람을 수없이 구제해 주고, 내 어머니 같은 분들을 안심시켜준 분이 얼마나 감사한지 모른다. 설립자에게 진심으로 감사하는 마음을 전하고 싶다. 만약 그때 그 고등학교가 없었다면 내 인생과 나 같은 철부지들의 미래는 어떻게 됐을까?

그런 고등학교를 졸업했음에도 나는 대학 예비고사를 통과했다. 당시 예비고사는 평범한 학생들도 부담스러워 했고, 웬만해서 합격하기가 쉽지 않았다. 그런데 상처뿐인 청춘인 내가 예비고사 통과만이 아니라 서울 소재 4년제 대학인 건국대 법대 행정학과에 입학했다.

대학에 입학할 수 있었던 것은 자살충동을 느낄 만큼 절절한 반성을 했던 중앙선 상행선에서의 결심이 한 몫을 했다. 다시 서울로 올라온 후에는 더 이상 망나니 생활을 하지 않았고, 그런 친구들과 어울리지도 않았다. 고등학교 졸업장을 받은 후 1년 동안은 집 근처 독서실에서 죽기 살기로 공부했다. 남들이 정규학교에서 3년 동안 착실하게 공부하는 동안 3개의 고등학교를 전전하면서 허송세월 했으니 눈에 불을 켜고 쫓아가야 했던 것이다.

어머니께서는 내가 대학에 합격한 날 웃음이 가득 찬 얼굴로 이렇게 말씀하셨다.

"내 뱃속에서 나왔지만 너 참 독한 놈이다."

그렇게 들어간 건국대학교는 내 인생을 180도 바꿔놓았다. 건국대는 당시 후기 대학이었다. 일류대와 명문대가 포함된 전기 대학 시험이 끝난 뒤 후기 대학 시험을 치르는데, 이때 일류대 낙방생을 받아 훗날 신흥 명문으로 발돋움한 대학들이 많았다. 나 역시 일류대 낙방생으로 건국대에 진학했다. 실력이 있어서 일류대에 응시했던 것이 아니라 정원 미달 사태를 기대하고 응시했는데, 그 경험이 결코 헛된 것은 아니라는 생각을 하고 있다. 물론 내 이력으로 보아서는 건국대 법정대 행정학과 합격도 감지덕지였다.

초등학교 때부터 따지면 삼수를 한 셈이고, 고등학교로 치면 재수를 해서 들어간 건대 법대 73학번 새내기로서의 한 학기는 바람처럼 지나갔다. 오리엔테이션이나 신입생 환영회 등의 각종 행사로 첫 한 달이 후다닥 지나갔고 5월에 접어들면서는 축제 분위기로 인해 공부는 뒷전이었다. 또 툭하면 벌어지는 대학 내의 '반정부 집회' 탓에 등록금이 아깝다는 생각이 들 정도였다.

건국대 국제회의장에서 열린 투자그룹 설명회

질풍노도의 시기를 끝내고 모처럼 마음을 잡았지만 낯선 학교생활에 도무지 재미를 붙일 수가 없었다. 결국 마음속에 품었던 계획대로 한 학기를 마친 후 뒤도 돌아보지 않고 '휴학계'를 냈다. 내가 선택한 또 다른 대학 '해병대'에 진학한 것이다.

대학에 입학하면서부터 마음속에 한 가지 결심을 하고 있었다. 1학년 1학기, 한 학기만 끝내고 군대를 다녀와서 마음잡고 우리나라의 최고 시험인 사법고시에 매달려 보겠다는 것이었다. 고시에 마음이 가 있었기 때문에 당시 학생들의 관심사였던 독재 정권에 대한 저항이나 민주주의 의식에 관심을 가질 수가 없었다.

안되면 될 때까지, 못하면 할 때까지

"엄마, 삼천 원만 주세요."

1974년 1월 7일, 나는 동네 슈퍼마켓에라도 다녀오는 사람처럼 어머니가 건네준 3천 원을 들고 집을 나섰다. '아무나 해병이 될 수 있다면 해병이 되지 않았을 것'이라는 그 해병대가 되기 위해서였다.

나는 지금도 무슨 일이든 생각을 하면 바로 행동에 옮긴다. 아무리 복잡다단한 문제도 본질만 파악하면 시간을 허비할 필요가 없다고 믿는다. 어려움은 어려움 대로, 즐거움은 즐거움 대로 받아들이고 '행동'으로 밀어붙이면 성공할 수 있다는 것이 내 믿음이다.

나는 해병 266기, 해군·해병 통합 1기로 입대해서 입대 1주일 만인 1월 14일에 해병대 선서를 했다. 전반기 8주 동안 진해와 상남에서 해병 훈련을 받고 포항으로 배치돼 다시 4주간의 후반기 훈련을 받게 되었다. 그런데 포항에서 훈련을 받던 중 목에 큰 부상을 입고 말았다. 그리하여 난생 처음으로 병원이란 곳에 입원을 했다. 포항 국군통합병원이 내 첫 번째 병원이었는데, 거기서 3주간의 입원치료를 받았다.

당시의 군대가 대개 그랬지만, 포항 국군통합병원은 정말이지 병원이라 할 수도 없었다. 병원 내에서 환자끼리 이른바 '빠따'를 치는 일이 비일비재했고, 툭하면 누가 더 주먹이 센지를 가리는 결투가 벌어졌다. 훈련병이나 졸병들은 엄청난 구타를 당했다. 나 역시 참으로 많이 혼이 났다. 훈련병으로 입원한 환자는 환자도 아니란 것이 이유였다.

요즘은 많이 개선되었을 테지만, 그 시절의 군대는 항상 춥고 배고픈 곳이었다. 특히 동해에서 불어오는 바람으로 인한 추위는 정말이지 살을 에는 듯했다. 손등과 발등이 쩍쩍 갈라지는 것은 예사였다. 포항으로 배치된 우리 동기 400여 명 가운데 200명 이상이 동상 환자였으니 더 말해 무엇 하겠는가?

그런 해병대 생활을 나는 빡빡 기면서 했다. 지금은 고인이 되셨지만 그 당시 해병대 이동용 사령관이 내 큰형님과 서울대 행정대학원 동기여서 한마디만 하면 다른 곳으로 전출을 가거나 포항에서도 더 좋은 보직을 얻을 수 있었지만, 나는 보병 생활을 감수했다. 옮겨 다니는 것 자체를 싫어하는 스타일이기도 하거니와 형님에게 괜히 걱정을 끼치는 것이 싫어서였다. 무엇보다 스스로 고생을 원해서 지원 입대한 내가 편안함을 찾는다는 것은 있을 수 없는 일이었다.

내가 해병이 된 이유는 두 가지였다. 첫째는 뭐든 한 번 밀어붙이기로 하면 불같이 덤비는 성격이 해병대에 딱 어울린다는 판단 때문이었고. 또 다른 하나는 한 번 가는 군대이니 이왕이면 훈련이 세다는 곳에 가서 고생을 진탕 해 보자는 모험 심리 때문이었다. 설마 죽이기야 하겠냐는 것이 솔직한 심정이었다. 지금도 '설마 죽기야 하겠냐'라는 생각으로 죽기 살기로 매달릴 때가 있는데, 의외로 성공률이 아주 높다. 그렇게 해서 지금까지 목표를 이루지 못한 적이 없었다.

사실 그 시절의 해병대는 머리에 먹물깨나 들었다는 사람들은 '개병대'라며 기피하는 곳이었다. 소대는 물론 중대 단위에서도 대학교 물을 먹은 사람이 귀한 때였으니 해병대가 얼마나 거칠고 힘든 곳이었는지 알 만하다. 그러나 나는 나의 선택에 대해 단 한 번도 후회해 본 적이 없다. 아니 오히려 나이가 들어갈수록 자랑스러운 마음이 커져간다.

"연장이 없어도 뭐든 할 수 있다!"

"아파도 금방 일어날 수 있다! 아니, 절대 아플 수가 없다."

"성공은 시간문제다!"

"누구나 다 할 수 있는 일, 나만 못할 이유가 없다!"

이것들이 해병대가 나에게 가르쳐 준 것들이다. 해병대는 '무에서 유를 창조할 수 있다'는 것을 가르쳐줬다. 'CAN DO SPIRIT', '안 되면 될 때까지, 못하면 할 때까지'라는 것이 그 유명한 해병대 정신이다. 해병대에 처음 입대할 때 배웠던 이 말을 나는 지금도 시간이 나면 중얼거려 본다. "난 할 수 있다!" 이 말만큼 자신감을 북돋워주는 건 없기 때문이다.

해병대가 좋은 점은 또 있다. 그것은 해병 특유의 의리다. 해병대가 왜 유난히 잘 뭉치는 군대인가 하는 것은 학문적으로나 철학적으로 설명하기 어려운 문제다. 하지만 그것은 인생을 살아가는 데 큰 힘이 된다. 맨주먹으로 제세실업이란 회사를 창업하여 한때 한국 실업계를 풍미했던 해병대 선배 이장우 씨가 본인이 쓴 책에서 '인간도처 유해병(人間到處 有海兵)'이란 재미있는 말을 했다. 사실 인간 세상 도처에 육군

신당동 '해병대전우회'를 방문하여 같은 전우였을 때를 회상하며 한마디

도 있고 공군도 있고 해군도 있다. 그런데 인간 도처 '유육군'이나 '유
공군', '유해군'이라는 말은 별로 안 쓰는데 '유해병'이란 말은 많이 쓰
고 있다. 그것은 해병대의 단결력이 그만큼 뛰어나기 때문이다.

한국 해병대만 그런 것이 아니다. 미국 해병대나 영국 해병대도 마찬가
지다. 미국에서도 자신이 타고 다니는 자동차에 해병대 마크를 부착하
고 다니거나, 가지고 있는 수첩과 전화기, 노트, 심지어 집에 해병대 기
를 꽂아 놓고 사는 사람은 해병대 출신밖에 없다. 그만큼 자신이 나온
군대를 자랑스럽게 생각한다.

해병대 시절을 회상하면 자동적으로 얼굴이 연상되는 사람이 여러 명
있다. 우리 중대의 배상기 중대장(나중에 해병 사단장까지 하셨음)도
그 가운데 한 명이다. 배 중대장은 나를 '중대 연애편지 담당자'로 임

명할 정도로 알아주었다. 어릴 적부터 한학을 익히고 책읽기를 좋아한 덕분에 그런 평가를 받았는데, 덕분에 고된 훈련생활 가운데서도 재미난 추억들을 만들 수 있었던 것 같다.

당시 해병대에서는 매주 토요일 완전무장 구보를 했다. 완전무장을 하고 12킬로미터를 질주하여 40분 대에 안착해야 한다는 것 자체도 어려운 일이었는데, 그것을 타 중대와 시합까지 벌이며 했으니 고생이 오죽했겠는가.

배 중대장은 출전하기 전에 모든 병사에게 빠따를 먼저치고 "사람은 누구나 낙오 할 수 있다. 그러나 해병은 낙오해서도 안되고 할 수도 없다."는 훈시를 곧잘 하곤 했다.

그리고 또 한 사람은 진해 훈련소에서 해군해병 1기, 해병 266기, 해군 160기 훈련병들을 가르쳤던 해병 하사 신용행 교관이다. 요즘 관점에서 본다면 사람이 아니라 저승사자나 야차 같은 사람이었다. 당시 그는 훈련병들에게 자신의 별명을 '하리마오'(인도네시아어로 호랑이라는 뜻)라고 소개했다. 별명 그대로 해병대를 길러내기에 아주 적합한 교관이었다. 경우에 어긋난다 싶으면 충격적일 정도로 이른바 '빠따'를 쳤고, 식사시간은 30초 밖에 안 주었으며, '동작 그만!'과 '식사 끝!'을 자기 마음대로 외쳤다. 뜻대로 되지 않으면 바드득 이를 갈며 "이 개새끼들"이라면서 음산하게 훈련병을 노려보았다. 다른 훈련병들은 그러한 신 교관에게 겁을 많이 먹었지만 나는 그 교관이 정말 멋있어 보였다. "해병은 태어나는 것이 아니고 이렇게 해서 만들어지는 것이구나!" 하는 생각이 들었다. 나는 그를 통해서 전우애가 무엇이며 팀워크가 무엇인지를 깨달았다.

'자랑스런 해병대상'을 수상하며 김명환 총재와 함께

훈련소에 입소한 지 얼마 되지 않았던 1974년 1월 23일 설날, 아주 추운 겨울날 밤이라고 기억된다. 불침번을 끝내고 막 잠에 곯아떨어졌는데, 고막을 찢는 듯한 호루라기 소리가 들렸다. 이어 "완전무장! 선착순!"이란 명령이 떨어졌다. 완력으로 다져진 내 몸은 마치 스프링 튀어오르듯 침상에서 튀어 올라 재빨리 완전무장을 하고 연병장에 1등으로 뛰어나갔다. 그러나 내게 돌아온 건 외출이나 외박 같은 상이 아닌 '빠따'라는 체벌이었다.

당시 훈련병 중대장을 맡고 있던 신 교관은 내게 빠따를 친 이유를 이렇게 설명했다.

"해병대는 너 혼자만 잘해서 되는 곳이 아니다! 동료를 챙기고 함께할 때 비로소 전진할 수 있는 것이다!"

그렇다. '팀!', '단합!'은 더할 수 없이 중요한 것이다. 팀워크가 좋을 때에만 성공도 할 수 있고, 비로소 빛이 나는 것이다.

'함께하는 것'과 더불어 해병대가 강조하는 것이 또 하나 있다. 그것은 바로 '단정한 복장'이다. 해병대는 휴가를 나갈 때나 부대 안에 있을 때나 단정한 복장, 깨끗한 복장을 강조한다. 이미 어릴 적부터 귀에 못이 박히도록 들어왔던 '양반은 옷매무새부터 단정해야 한다.'는 부모님의 말씀과도 일맥상통하는 것이었다.

지금도 직원들에게 가장 강조하는 것 가운데 하나가 '복장 단정'이다. 건전한 정신은 단정한 복장에서부터 비롯된다는 말을 철석같이 믿고 살고 있다.

그 밖에도 해병대 시절 배우고 익힌 여러 가지들을 평생 동안 생활에서

코리아타운 자율방범단 발대식 장비를 둘러보며

응용하고 있다. 몇 가지 예를 들면 나는 지금도 회의를 시작하거나 행사를 시작하기 전에 꼭 "팀! 뉴스타!"하고 세 번씩 복창을 하게 한다. 해병대 시절 중대장이 "나가자!"하면 중대원들이 "해병대!"하고 복창했던 것을 응용한 것이다. 그것은 직원들의 팀워크를 일사불란하게 다지는데 큰 도움이 되고 있다. 또한 조직을 믿는다는 뜻이기도 하다. 복창을 하면서 스스로 마음가짐을 올바르게 하겠다는 뜻이고 조직의 일원이라는 것을 깨닫게 하는 것이다.

그리고 해병대는 옷이나 모자 등 눈에 띄는 모든 곳에 해병대의 로고를 붙여서 마음으로부터 확신을 가지게한다. 우리 뉴스타 그룹도 마찬가지이다. 옷이란 옷에는 모두 뉴스타 로고를 새기게 하며, 심지어 골프채, 체육복, 자동차 번호판, 개인 가구에까지 전부 뉴스타 로고가 박혀있다. 일종의 '뉴스타 혼'을 심는 작업이라고나 할까.

이렇듯 해병대는 내 인생의 대학이었다. 인생에서 가장 중요한 가르침과 가치관을 심어준 곳이 바로 그곳이다. "흘러가는 물결 그늘 아래 편지를 띄우고……."로 시작되는 이른바 〈곤조가〉, 빨간 바탕에 노란 글씨로 씌어 있는 해병대 명찰, 그리고 각종 로고! 지금 보아도 멋진 군인이다. 앞으로도 변함없이 해병대 출신임을 자랑스럽게 생각하며 살고 싶다.

현실과 맞닥뜨리다

해병대를 제대한 뒤 만난 현실은 혹독했다. 가난이 해병대에서 겪었던 육체적 고통보다 더 아팠다. 비록 고향 차골에서는 부농 소리를 듣는 집이었으나 어디까지나 우물 안의 이야기였다. 지금도 비슷하지만, 논밭을 다 팔아도 서울에 집 한 칸이나 마련하면 그만이었다. 게다가 대학 등록금은 좀 비쌌던가?

대학을 '우골탑(牛骨塔)'이라고 부르며 자조적이 되곤 하던 기억이 있다. 원래는 대학을 상아탑(象牙塔)이라고 했으나, 시골에서 소를 판 돈으로 자식들을 공부시킨다고 해서 붙여진 별명이었다. 또 집안을 빨리 망하게 하고 싶으면 국회의원에 출마하고, 천천히 망하게 하고 싶으면 자식을 대학에 보내라는 말까지 있을 정도였다.

우리 집 형편은 점점 더 어려워졌다. 내가 고등학교를 다닐 때 이미 아버지는 연세가 일흔 가까이 되어 더는 경제활동을 하기 어려운 상황이었다. 쉰한 살에 늦둥이로 나를 보았으니 경제활동을 하기에는 연세가 너무 많으셨던 것이다. 그 와중에 자식들을 대학에 보냈으니 어떻게 감

46

당을 했겠는가? 사실은 나 역시 대학 첫 학기 입학금까지만 받기로 하고 대학에 진학했던 터였다.

제대 후 나에게 닥친 두 번째 문제는 미래에 대한 불안감이었다. 1976년 9월, 건국대 1학년 2학기에 복학했을 때 내 나이는 한국 나이로 24살이었다. 돈도 실력도 갖추지 못한 가난한 복학생한테 닥친 24살 나이는 참담했다. 군대 가기 전, 그러니까 스무 살 시절만 해도 미래에 대한 구체적인 계획 없이 막연히 '어떻게 되겠지' 하는 생각을 가졌었는데, 제대를 하고 보니 달리 도망갈 곳도 없고, 현실과 직면하지 않으면 안 되는 상황이었다.

무엇을 할 것인지, 고민한 끝에 내린 결론은 사법고시에 온 힘을 쏟는 것이었다. 그것 외에는 이렇다 할 대안이 없는 것이 당시의 상황이었다. 복학과 동시에 나는 사법고시 공부를 시작했다. 그러나 고등학교도 변변하게 다니지 못했던 내가 바로 고시에 응시할 수는 없었다. 따라서 우선 종로의 학원가에서 고시 공부를 위한 기초를 닦았다.

나는 옥인동에 있던 큰형님 집에서 새벽 4시 반에 일어나 세수만 하고 나왔다. 머리 굵은 시동생이 얹혀사는 것만 해도 미안한데 형수님에게 아침까지 챙겨 달라고 할 입장이 아니었다. 종로 2가 학원 골목까지는 20분 남짓 소요되어 학원에 도착하면 5시가 조금 넘었다. 당시 나는 대학생이었음에도 대입 검정고시 학원에서 영어를 공부했다.

새벽 시간을 택해 대입 검정고시 학원에 다시 다녔던 것은 정신적으로 나 자신을 무장하기 위해서였다. 그리고 무엇보다 영어를 기초부터 다시 배워보고 싶었다. 다른 과목들은 처음부터 끝까지 달달 외우기만 하면 됐고, 또 외우는 데는 나도 일가견이 있어서 문제가 없었다. 한국의 법률용어들도 대부분 어려운 한자어로 되어 있었지만 어려서부터 한학을 공부했던 나에게는 어렵게 느껴지지 않았다. 하지만 영어는 고등학교를 워낙 수박 겉핥기식으로 다녔던 까닭에 기초가 부실했다. 그 실력으로는 사법 시험을 도저히 볼 수가 없었고, 강의를 따라가기도 힘이 들었다. 그래서 당시 정통 종합영어로 불렸던 성문종합영어를 처음부터 다시 공부하는 것으로 영어 공부의 가닥을 잡아갔던 것이다.

학원 강의가 끝나면 곧장 낙원동에 있던 건국대 2부대 도서관으로 향했다. 도서관은 항상 내 손으로 문을 열었다. 자양동의 본교 도서관이었다면 벌써 새벽에 문을 열었겠지만 2부대 도서관은 그 시간에 아무도 오는 사람이 없었기 때문에 개관은 항상 내 차지였다. 그래서 처음에는 2부대 도서관 건물을 지키는 수위들이 매일 새벽 자신들을 귀찮게 하는 나를 싫어했다. 그러나 한 달 내내 단 한 번도 시간을 어기는 법없이 늘 같은 시간에 나타나는 나를 보고는 성실하다며 귀여워하기 시작했고, 마침내는 형님이나 아버지같이 따뜻하게 대해 주었다. 나중에는 도서관 열쇠를 아예 나에게 맡겨놓을 정도로 나를 믿고 아껴주었다. 그때 수위실에서 수위 아저씨들과 같이 끓여 먹던 아침 라면의 맛은 지금도 잊을 수가 없다.

영어가 부족하던 그때, 내 생활공간은 영어 단어로 가득했다. 천장에도 영어 단어, 벽에도 영어 단어, 방바닥에도 영어 단어, 화장실에도 영어 단어 하는 식이었다. 심지어는 당시 가장 많이 입고 다녔던 국방색 군복 바지의 구석구석에도 영어 단어가 적혀 있을 정도였다. 쓰고 또쓰고, 쓰고 또 쓰고……. 돌이켜 생각해도 정말 열심히 했다. 공부와 놀고, 공부에 풍덩 빠져 헤엄을 쳤던 시간이다.

그러나 그렇게 시작한 고시 공부는 꼭 2년 반 만에 접었다. 도서관이 문을 닫는 밤 11시 30분까지 하루 세 끼를 학교에서 해결하고 뿌듯하게 집으로 돌아가는 생활을 더는 할 수가 없었다. 사람에게는 어느 정도의 운명적 환경과 적성이 따르게 마련인데, 적어도 나에게 사법시험은 아니라는 판단이 섰던 것이다. 그렇게 무지막지하게 한다고 해서 공부가 되는 것이 아니란 사실을 나는 사법 시험을 두 번 치러보고 깨달았다.

고시 공부를 하면서 나는 수많은 '고시 폐인'들을 보았다. 나도 저런 사람들처럼 될지 모르겠다는 두려움이 생겼다. '고시 폐인'이란 것은, 좀 더 열심히 하면 될 것 같다는 착각 때문에 '한 해만 더! 한 해만 더!' 하며 평생을 고시 공부만 하는 사람들을 말한다.

물론 가정 형편이 유복해 몇 년, 몇 십 년을 공부만 해도 되는 입장이라면 그것도 그리 나쁜 것은 아닐지도 모른다. 하지만 내가 만나본 대부분의 고시 폐인들은 그런 상황이 아님에도 불구하고 계속했다. 처음에는 미련을 버리지 못해서 공부를 계속하고, 나중에는 고시 공부 아니면 달리 할 것이 없어 고시에 매달리는 그런 사람들이었다.

시골에 계시는 부모님은 논 팔고 소 팔아 학비를 대고, 여동생은 봉제 공장에 다니며 오빠의 용돈을 대는 식으로 고시 공부를 하는 모습은 흔했다. 그런 것을 보면서 내가 고시 공부를 계속하다가는 인생도 망치고 집안도 망치겠다 싶었다.

판검사는 다른 사람에게 맡기고 나는 나에게 맞는 길을 찾자. 그리하여 3학년 1학기, 두 번째 응시한 사법고시 합격자 발표를 보고 고시 공부를 걷어치웠다. 아주 매정하게, 미련을 남기지 않고 정리해 버렸다.

내 삶을 한 단계 더 도약시킨 학생회장

사법시험 지망생으로 보낸 2년여 동안의 경험은 나에게 많은 것을 남겨주었다. 우선은 고등학교 시절 3개의 학교를 전전하는 동안 잃어버렸던 나의 학문적인 가능성을 확인했다는 것이다. 경제적인 형편 등 여러 가지 이유로 결국 고시 공부를 접기는 했지만 '공부라는 것도 해볼 만하다'는 생각을 하게 된 것이다.

그리고 뭔가에 집중한다는 것이 상당한 쾌감을 불러일으키는 경험이라는 사실을 깨달았다. 새벽 4시 30분에 일어나 자정이 다 될 때까지, 밥 먹는 시간을 제외하고는 도서관에서 살다시피 한 그 시간은 종교에서 말하는 무아지경이라는 표현에 가까울 것이다. 모든 사람이 집에 가고 없는 시간에 혼자서 불 꺼진 교정을 걸어 나오면서 느꼈던 얼굴에 부딪치는 서늘한 밤공기는 차라리 환희와 희열에 가까웠다.

그리고 무엇보다 가장 실질적인 소득은 열심히 사는 사람들과, 그런 사람들을 성원하는 좋은 사람들과 인연을 맺었다는 것이다.

사실 도서관에서 보면 취업 공부를 하는 학생들과 고시 공부를 하는 학생들은 확연히 구분이 된다. 취업 공부를 하는 학생들은 어딘가 모르게 느슨하게 공부를 하고 도서관에서 자리를 뜨는 경우도 많다. 또 옷차림도 보통의 대학생들과 다를 바 없다. 그러나 고시 공부를 하는 학생들은 '죽기 살기'로 공부한다. 한 번 자리에 앉았다 하면 3~4시간을 미동도 하지 않고 앉아 있는 경우가 예사이다. 헤어스타일이나 패션 등은 애당초 관심 밖에 있다. 그래서 대개의 경우 고시생들은 좀 지저분해 보이고 촌스럽다. 그러다 보니 고시생들끼리는 저절로 동류의식이 생겨나고 더 친하게 지내게 된다.

그 시절 함께 공부했던 고시생들 가운데는 나중에 법조계에 진출한 사람도 있다. 행정부 쪽에도 아주 많이 포진해 있으며 비록 나처럼 중도에 고시를 포기하긴 했지만 나중에 다른 분야에서 활발하게 활동하고 있는 사람들도 많다.

그때 나는 다른 고시생들보다 더 좋은 인연을 많이 맺었다. 사법고시를 공부하여 내가 속해 있던 행정학과는 물론 법학과 교수님들과도 친분을 맺게 됐고, 그런 인연으로 마침내는 교내 법학연구실장까지 맡게 됐다. 통상 법학연구실장은 법학과 학생들이 맡는 것이 관례였으나, 법학과 선배들이 나를 강력하게 추천하고 법학연구실 지도교수님도 이를 승인하여 법학연구실장이 된 것이었다.

그런데 법학연구실장을 맡게 된 것이 내 인생을 또 한 번 바꿔놓는 계기가 됐다. 법학연구실이란 곳은 명칭처럼 법학을 연구하는 곳이라기보다는 고시생들을 지원하는 역할이 더 큰 곳이었는데, 그곳의 운영책임을 맡게 되자 자연히 예산을 지원하는 곳인 총학생회와 학생처, 교무처 등 학생회와 학교 관계자들을 많이 만나게 되면서 자연스럽게 나의

'숨겨진 재주'가 드러나기 시작했다. 다름 아닌 붙임성과 사교성에서 나오는 정치력이었다. 법학연구실 내부 또는 법학연구실과 학생회 및 학교 사이에 갈등이 생겼을 때 이를 원만하게 해결해 나가는 설득력과 협상력을 발휘한 것이었다.

그때 법학연구실 지도교수님이 "문기는 고시를 하는 것보다 정치를 하면 더 잘하겠어!"라는 말씀을 하셨고, 주위의 많은 사람들이 '사막에 데려다 놓아도 궁궐 짓고 살 사람'이라고 했다. 법학연구실의 대부분의 실원들도 그 말에 공감하는 분위기였다. 나 역시도 골목대장 시절부터 나에게 리더십이 있다는 것은 진작 알았다. 의성에서나 해병대에서는 그 기질을 유감없이 발휘하기도 했었지만 사실 그것이 대학생 중에서도 가장 똑똑하다는 사람들만이 모인 곳에서까지 통용될 줄은 상상조차 하지 못했다.

3학년 1학기를 마칠 때쯤 78~79학년도 총학생회 구성 문제가 본격적으로 대두됐다. 당시는 유신체제라서 학생들이 직접 선거로 단과대학 학생회장이나 총학생장을 뽑는 것이 아니라, 단과대학별로 교수들이 2명의 학생을 추천하면 학교 측에서 최종적으로 한 명을 낙점하는 식이었다.

그런데 이상한 현상이 일어났다. 법학과, 행정학과, 정치외교학과, 경제학과, 경영학과, 무역학과로 이뤄진 법상대학(法商大學)에서 모든 학과의 교수님들이 나를 추천하는 이변이 일어난 것이다. 학과간의 눈에 보이지 않는 경쟁 심리로 인해 교수님들은 자신들의 학과 학생들을 추천하는 경향이 강했으나, 그 해에는 유독 행정학과 소속인 나를 추천한 것이다.

PSU 졸업식장에서

그때 나는 학생회장을 할 입장이 아니었다. 학생회장을 하게 되면 함께 일하거나 거느려야 하는 동료, 선후배가 많아지게 마련이고, 그러다 보면 본의 아니게 씀씀이가 커지기 마련인데 어떻게 내가 그것을 감당하겠는가. 버스비를 아끼기 위해 웬만한 거리는 걸어 다녀야만 했던 가난한 복학생이 선택할 만한 길이 아니었다.

그러나 상황이 그렇게 돌아가지를 않았다. 많은 친구들과 교수님들이 고시보다 학생회장의 길이 더 맞을 것이라며 거의 강요하다시피 추천을 했고, 특히 전임 학생회장은 몇 날 며칠 나를 설득했다. 결정적인 것은 나 외에 함께 학생회장 후보로 추천을 받았던 상대방이 "문기가 회장직을 수락한다면 나는 기꺼이 포기하겠다."며 오히려 나를 추천했다는 것이다. 나는 거절할 명분도, 방법도 찾지 못하고 결국 법상대학 학

한인의 날 제정을 기념하면서 로스엔젤레스 시의원들과 함께

종군위안부 결의안을 통과시킨 주역인 마이크혼다 하원의원과 함께 감사파티장에서

생회장직을 수락했다.

그런데 그것이 내 인생을 한 단계 도약시키는 계기가 됐다. 그전까지는 시골 출신의 가난한 복학생에 불과했으나, 그때부터는 종합대학교의 학교 행정을 함께 논의하는 책임이 있는 존재로 변신한 것이다.

만나는 사람들도 달라졌다. 그전에는 가난한 고시생들 사이에 둘러싸여 있었으나 그때부터는 학교 재단 관계자나 전임 학생회장인 국회의원, 성공한 기업가들 틈에 자주 끼게 됐다.

종합대학교의 예산은 웬만한 재벌기업 규모이다. 한 학기 등록금만 해도 수십억 원에 달하고, 교수와 교직원 등 학교를 생계수단으로 삼는 사람만도 수천 명이 되는 방대한 조직이다. 그러한 조직에서 부분적이긴 하지만 학생대표를 맡고 보니 눈높이도 자연히 높아지고 스케일도 커지게 됐다. 거기서 특별히 구체화한 것은 아니지만 멀고 먼 목표와 야심을 키워갈 수 있었다.

'가난해도 부자의 줄에 서라', '부자하고 놀아야 밥이라도 한 그릇 얻어먹는다', '성공한 사람들이 주변에 많으면 자신도 성공을 꿈꾸게 된다' 등등 옛사람들의 말을 법상대 학생장을 맡으면서 나는 곱씹었다.

교내 커플, 운명의 여대생을 만나다!

나를 잘 아는 주변 사람들은 가끔씩 나를 보고 '교주'라고 하고, 우리 그룹의 직원들을 '신도'라고 놀린다. 내가 하는 말을 잘 믿고 따르는 직원이 너무 많으며 그래서 우리 회사 전체가 무슨 종교단체 같다는 것이다.

그래, 그들의 표현대로 '남문기교(敎)'가 있다고 치자. 그렇다면 그 남문기교의 최초의 신도이자 지금도 가장 열성적인 신도는 누구일까? 현재도 나와 함께 살고 있으며 두 아이의 엄마인 제니 남(한국명 최성원)이다. 오늘의 나를 있게 해 준 일등공신을 꼽으라면 주저 없이 그녀를 손꼽는다. 그녀는 내가 팥으로 메주를 쑨다고 해도, 해가 서쪽에서 뜬다고 해도 바로 믿어버릴 것이다. 만약 그녀가 남문기교 신자가 되지 않았다면 다른 신도들에게 어떻게 나를 믿고 따르라고 말할 수 있었겠는가?

그렇다고 그녀가 지적인 능력이 모자라는 어리석은 사람이라고 생각하면 큰 오산이다. 실제로 그녀는 나보다 훨씬 뛰어난 면이 많은 여성이다. 행정 능력도 있고 영어도 더 잘하며 부동산 분야에서도 미국 전체를 통틀어 한국인으로서는 몇 명 되지 않는 CCIM(Certified Commercial Investment Member 상업·투자용 부동산 공인중개사)이라는 특별한 자격증을 가진 사람이다.

특히 부동산에 대한 제니의 지식은 타의 추종을 불허할 정도이다. 현장에서 직접 딜을 하는 대신 수많은 에이전트들의 거래 상황을 살피고 관리하는 일을 맡고 있는데 오랜 기간, 수천 명의 에이전트들이 거래한 수만 건의 거래를 공부하고 연구하며 관찰했기 때문에 부동산 이론으로는 미주 한인사회에서 첫손에 꼽힌다고 해도 과언이 아니다.

그러한 그녀가 남문기교 신자가 된 사연은 이렇다. 1976년 복학을 한 나의 모습은 당시의 전형적인 '시골 출신 복학생'의 모습 그대로였다. 해병대 복을 물들인 바지와 휠 재킷(야전 잠바), 커다랗고 투박한 대학생 가방, 그리고 거추장스러워 보이는 이발하지 않은 머리, 세련되지 못한 해병대식에다 경상도 사투리까지 섞인 촌스런 말투, 그러면서 자만심으로 위장한 열등감의 소유자가 당시의 나의 모습이었다.

돈 없고 가난한 고학생이자 복학생인 나에겐 오직 '사법고시 패스'라는 목표뿐이었고 복학생 특유의 모습과 분위기로 집과 도서관, 학교 안의 고시원만을 오갔다. 남들처럼 연애할 마음의 여유도 없었고 차 한잔 사 마실 돈도 아까울 만큼 금전적인 형편도 어려웠다. 게다가 어쩌다 만난 여학생들은 시골스런 얼굴에 자존심으로 똘똘 뭉친 검게 그을린 복학생에게 눈길도 주지 않았다.

그러던 1978년 초 봄, 그야말로 봄 햇살처럼 따뜻한 감정이 내 가슴에 찾아들었다. 3학년 봄 학기 등록을 하러 교무처에 올라가는 계단에서였다. 막 계단을 내려오는 한 여학생과 눈이 마주쳤다. 긴치마에 단정하게 머리를 묶은 모습이 천생 여자였다.

"똑똑하게 생겼네……. 결혼했어요? 아니면 나하고 결혼합시다."

장난기가 발동하여 그렇게 말하자 천생 여자 같은 얼굴이 붉게 변하면서 버럭 화를 내고는 도망치듯 사라져 버렸다. 미안해서 사과할 생각으로 몇 번을 불러봤지만 그녀는 그대로 도망가 버렸다. 그리고 몇 달이 지났을 때, 고시 공부를 위해 모인 법학연구실 후배 김학렬이란 녀석이 찾아왔다. 예쁘고 공부도 잘하고 흥사단에서 같이 서클 멤버로 있는 여자선배를 소개해 주겠다는 것이었다.

복학생 녀석들이 모두 서로 자기가 만나겠다고 우겼지만 후배는 나를 낙점했다. 그런데 콧노래를 부르며 약속 장소에 가봤더니 뜻밖에도 나를 기다린 여학생이 내가 아는 여학생이었다. 몇 달 전 교무처 계단에서 만난 그 여학생이었다. 왜 모르겠는가? 장난기가 동했으나 그녀는 첫눈에 '저 여자다' 싶었던 여학생이었다. 그런 여학생을 잊어버릴 내가 아니었다.

나는 사람과 관련된 것을 기억하는 능력을 타고났다고 자부한다. 인상착의나 이름, 그 사람의 집, 학교 등 거의 모든 것이 저절로 외워진다. 한 달에 수십 개씩 집과 비즈니스를 팔았던 나였지만, 지금 그 집에 사는 사람을 우연히 만나 이야기한다면 구석구석 세세하게 말할 수 있다. 골프장 같은 곳에서 우연히 인사하고 얘기를 할 때면 지하실 구조, 방의 숫자, 뒤란의 오렌지 나무 등 거의 빠짐없이 기억해 낸다. 어떻게 그렇게 다 알 수가 있느냐고 물으면 나는 그래서 부동산 사업으로 성공한 것이 아니겠느냐고 말한다.

하지만 사람에 대한 기억력이 훌륭하다고 해도 한계가 있다는 것을 요즘은 어쩔 수 없이 인정하고 있다. 2005년에 한국에 가서 수백 명씩 앞에 놓고 여러 차례 강의했는데, 강의 후에 받은 명함들을 미국에 돌아와 살펴보니 기억이 잘 나지 않았다. '건국대 후배입니다', '해병대 ○○○기입니다.'라고 말한 사람들을 제외하면 필요한 사람의 이름을 찾으려고 해도 찾기가 쉽지 않았다. 미국에서처럼 명함에 얼굴 사진을 넣었다면 더 쉬웠지 않았을까 하는 생각을 해봤다. 그래서 한국에서 명함에 사진 넣기 운동도 해 보았고 지금도 다니면서 적극적으로 추천한다. 또 한 가지 덧붙이자면 요즈음은 전자우편 주소를 꼭 넣으라고 권유한다. 사진도 없고 전자우편 주소도 없으면 어떻게 기억할 수 있겠는가? 어쨌든 사람, 즉 고객과 연관된 것이라면 그렇게 잘 외우는 능력은

남문기 총회장 가족과 함께 (딸 에이미 남, 제니 남, 아들 알랙스 남)

에이전트 시절에 나를 1등이 되게 하는데 결정적인 힘이 되었다.

제니 남 이야기로 다시 돌아가자. 그렇다. 얼굴에 화장기라곤 전혀 없고, 아주 순진해 보이며 천생 여자 같던 그 여학생이 지금의 내 아내 제니남이다. 똑똑해 보이는 인상, 딱 부러지는 듯한 말투, 그러면서도 한 템포 늦춰 갈 줄 아는 인내심(세월의 풍상으로 인해 지금은 성질이 많이 급해졌지만 그 당시에는 정말로 인내심이 강했다) 등 내가 갖추지 못한 점들을 많이 갖춘 여학생이었다. 돈 없는 시골 복학생의 자존심을 건드리지 않고 오히려 치켜세워주는 지혜로움에 반해 '이 여자 같으면 결혼해도 되겠다' 는 생각을 굳혔다.

연애 결혼을 한 사람은 누구나 그렇듯이 약 3년 간의 연애 시절 동안 우리에게도 운명이 엇갈릴 만한 변수가 몇 차례 있었다. 제니가 4학년 2학기 때 케세이퍼시픽 항공(CPA) 승무원 시험에 합격하고 홍콩 지사에서 근무하는 바람에 떨어져 지낸 기간도 있었고, 친정 식구들이 차례로 미국 이민을 가는 바람에 제니가 미국을 오갈 때마다 떨어져 지낸 시간도 많았다. 말이 연애 기간 3년이지 얼굴 맞대고 연애한 시간은 교정 외에서는 그리 많지 않았다.

그런데 대학을 졸업할 무렵 박정희 대통령의 갑작스런 서거로 인하여 사회가 어수선해졌고 개인적으로는 취업이라는 또 다른 인생의 관문이 버티고 있었다. 그러니 연애에 시간과 정열을 소비할 시간도 별로 없었다. 그래서 '졸업과 동시에 취업을 하고 직장이 결정되면 결혼을 하자!'고 결심을 했다. 지혜로우면서도 순종적으로 내조를 잘해 주는 여자가 나에게 필요했는데, 제니보다 더 좋은 여자는 내게 없었다.

당시에 나는 이렇게 프러포즈를 했다. "지금껏 나를 봐서 알고 있듯이 난 보통의 남자처럼 살 사주팔자는 아니야. 내 앞길에 서서 밤 놓아라 대추 놓아라 하지 않을 자신 있으면 나하고 결혼하자!"

다행히도 순진한 아가씨 최성원은 무례하기 그지없는 나의 프러포즈를 받아들였고, 1981년 4월 25일 오후 3시 종로 5가 부근의 흥사단본부 강당에서 결혼식을 올렸다.

졸업, 그리고 입행

내가 대학을 졸업하던 해인 1980년은 한국 현대사에서 가장 극심한 격동의 세월이었다. 1979년 10월 26일 일어난 소위 '10·26 사태'로 박정희 전 대통령이 서거한 후 정국은 극도의 혼미를 거듭했다. 그때 나는 진로에 대해 심각하게 고민해야 했다. 시대가 혼미할수록 안정적인 직장이 최선이라는 생각으로 주택은행 입행을 결심했다.

은행에 다니면서, 호수에서 오리가 헤엄을 칠 때 수면 위에서는 미끄러지듯 부드럽게 유영하지만 수면 아래에서는 끊임없이 물갈퀴질을 해댄다는 '오리의 헤엄'이라는 말의 의미가 어떤 것인지를 체험했다.

은행은 셔터가 열려 있는 동안에는 오히려 한가한 시간이다. 객장으로 들어오는 손님을 가능한 한 친절하게 맞이하면 그것으로 기본적인 업무는 수행하는 셈이다. 은행다운 업무가 시작되는 것은 셔터를 내린 후다. 이때부터 개점 시간 동안의 전표들이 계산되기 시작하고 출납계, 보통계, 당좌계, 대출계 등 각 부서의 전표들이 계산계로 넘어가게 된다. 그날 각 부서에서 있었던 모든 입출금이 단 1전이라도 틀리면 전

행원이 퇴근할 수 없다. 어디서 어떻게 돈이 틀렸는지를 확인하고 또 확인해 최후의 1원이라도 찾아내 완전히 수입과 지출을 맞춰야만 비로소 퇴근이 가능해진다.

비록 2년에 불과했지만 은행원 생활은 나에게 많은 것을 가르쳐줬다. 지금의 내가 암산이 빠르고 돈 계산이 정확한 것도 그래서다. 또 계산이 희미한 사람을 굉장히 싫어하는데, 2년의 은행원 시절에 나도 모르게 체득한 습관이다.

내가 1980년 1월 10일 주택은행에 입행해 두 달간의 신입행원 연수를 끝내고 첫 번째 발령을 받은 곳은 자양동 지점이었다. 일반예금 업무를 취급하는 보통계(普通係)의 주임으로 보직을 받은 내가 그 지점을 완전히 장악(?)하는 데는 고작 한 달 정도밖에 걸리지 않았다.

내가 자양동 지점으로 출근한 지 며칠 되지 않았을 때였다. 한 여행원이 당시 그 지점의 큰손 가운데 한 명이었던 여성 고객과 사소한 일로 말다툼을 벌여 은행에 맡겨 둔 돈을 전부 인출하는 사태가 빚어졌다. 은행원이란 서비스를 파는 직업인데 한 번 인상이 얼룩지면 회복하기 힘들다. 더군다나 동네 은행에서 벌어진 사건은 그 지역사회에 입에서 입으로 금방 소문나기 십상이다.

신입행원이었으나 그런 사태를 수수방관할 수 없었던 나는 돈을 인출해 나가는 손님의 뒤를 쫓아가 한 시간이 넘도록 설득하여 다시 입금을 시켰다. 그 모습을 본 자양동 지점장은 내 끈기와 집념에 무척 놀랐다. "앞으로 자네들 말이야, 출세하려면 남문기 뒤에 줄 서야겠어."

객장 뒤쪽에 대고 하던 말이 지금도 생생하게 기억난다. 그렇다고 처음부터 직장생활이 원만하게 된 것만은 아니었다. 상고 출신 직원과 대졸

사원과의 미묘한 알력도 있었고, 새내기로서 당하는 통과의례 같은 것
도 있어서 좌충우돌도 했다. 지점에 발령을 받고 이력서를 제출하게 되
었을 때, 나는 인천 선인고, 해병대, 건대 법상대 학생회장 이렇게 딱
세 줄을 써서 냈다. 그랬더니 럭비선수 출신으로 한 성깔 하며 이른바
'양아치'를 자처하는 덩치 큰 K 대리가 시비조로 한 마디 했다.

"뭐 이런 웃기는 놈이 있어?"

지금도 마찬가지지만, 당시 일선 은행들은 한 지점에 대졸 사원은 두세
명에 불과했다. 여행원들은 거의 전원이 여상(女商) 출신이었으며 남
자 행원들도 상고 출신이 대부분이었다. 럭비선수 출신의 그 K 대리는
인문계 고등학교 출신이었다. 대졸 사원이 아니어서 대졸 사원에도 끼
지 못하고 상고 출신 그룹에도 끼지 못하고 있어서 은연중에 소외감과
열등감이 있었던 모양이었다. 그래서 말끝마다 "내가 처음 입행했을
때는 말이야!" 하는 등 자기과시형의 말을 많이 하고 여행원들을 직장
동료로 대하기보다 종을 부리는 듯한 태도를 취할 때가 많았다.

월말 정산을 하는 날이었다. 앞서 언급한 것처럼 은행은 일일계산이 단
1전도 틀려서는 안 되는 곳이지만 월별 계산도 마찬가지였다. 그런데
입행한 지 얼마 되지 않은 한 여행원의 실수로 계산이 틀리는 바람에
퇴근이 좀 늦어지게 됐다. 그러자 K 대리는 주변 사람이 다 들을 수 있
는 큰 소리로, 육두문자를 섞어가며 여직원을 나무라기 시작했다. 당
황한 여직원은 울면서 뛰쳐나갔고 다른 행원들은 말은 안 했지만 K 대
리의 처사에 못마땅한 듯한 기색이 역력했다.

상사의 질책은 간결하고 권위가 있어야 한다. 그것이 장황하거나 권위
가 없으면 오히려 역효과가 난다. 또 질책은 질책으로 그쳐야지 힐난하

거나 희롱하는 식이면 곤란하다. 그런 식의 질책은 당하는 사람뿐만 아니라 옆에 있는 사람도 불쾌해지고 궁극적으로 조직 전체의 인화에 큰 해를 미친다.

중고등학교 때 반항아였던 데다 해병대 출신에 법대 학생회장까지 했으며 당시 노동조합을 만들고 있던 나로서는 그냥 보고만 있을 수가 없었다.

"K 대리님, 제가 보기에는 그리 큰 잘못을 한 것도 아닌 것 같습니다. 설사 큰 잘못을 했다고 해도 처음 직장생활을 시작한 나이 어린 행원에게 그렇게 인격에 상처가 갈 만한 태도로 나무라서는 안 된다고 생각하는데요?"

예상치 못했던 내 두둔에 흠칫했으나 K 대리는 나에게도 언성을 높였다.

"아니, 이 자식이! 새파란 신입행원 주제에 어디다 대고 훈계야! 너나 잘해!"

싸움이란 대개 먼저 욕을 하기 시작한 사람이 지게 마련이다. 욕을 시작했다는 것은 평정심을 잃었다는 것을 반증하는 것이고, 상대에게 반격의 빌미를 제공하는 꼴이 되기 때문이다. 또 어떤 싸움이든 실은 명분을 두고 다툰다. 명분에서 이기고 들어가면 싸움의 결과도 뻔하다. 명분이 있는 사람은 기가 살게 마련이고 명분이 없으면 저절로 꼬리를 내릴 수밖에 없는 것이다.

K 대리와의 싸움도 마찬가지였다. 내 입에서도 곧바로 욕이 쏟아져 나왔다. 욕이라면 지금도 즐기는 편이고, 둘째가라면 서러워할 정도로 나도 욕을 잘했다.

건국대에서 개최한 남문기 회장의 성공스토리 150회 강의

"나이를 드셨으면 나이답게 행동하고, 상사면 상사답게 행동하세요!"
나는 원래 싸우면 차분해지고, 욕을 하면서도 존댓말을 잘 쓰는 편이
다. 물론 그래서 상대방에게 더 큰 상처를 입힌다. 나의 공격이 거세지
자 K대리는 당황하는 기색을 보이더니 "남문기! 너 밖으로 나와!" 하고
버럭 소리를 질렀다.

나는 내심 쾌재를 불렀다. 밖으로 나가는 것은 사실 내 체질이었다. 모
든 직원들의 시선이 쏠린 가운데 우리는 실내 식당으로 들어가 치고받
았다. 어릴 때부터 싸움으로 다져지고, 특히 해병대에서 훈련이라는
훈련은 자원해서 빼놓지 않고 받았던 나에게 그가 상대가 될 리 없었
다. 게다가 명분에서조차 내가 절대 우위를 점하고 있었으니 더 말해
무엇하겠는가. K 대리와의 신경전은 그렇게 싱겁게 끝나버렸고 나에

대한 여행원들의 인기는 급상승했다.

그 한 번의 사건으로 여행원들의 권익을 지켜주는 보안관이 되고, '자양동 지점의 터프가이'라는 별명을 얻기도 했다. 여행원들만이 나를 좋아했던 것이 아니었다. 차장이나 지점장 등 상급자들조차 은근히 좋아했다. 당시 K대리가 너무 억세고 과격해서 모두 겁을 내고 있었고 그래서 대리만족 같은 것을 느꼈던가 보다.

그러고는 은행 생활이 순탄했다. 어느 조직이나 마찬가지지만 실무의 대부분은 항상 말단사원이 하기 마련이고, 말단사원으로부터 도움을 받지 못하면 일이 꼬이기 마련인데, 내 경우는 사소한 일은 여행원들이 앞장서서 자신들의 일처럼 해주었다. 덕분에 나는 입행한지 3개월 만에 당시 주택은행 노동조합을 창립하고 〈주택은행노보〉를 만드는 등 교육선전부장으로서 노조활동을 열심히 할 수도 있었다.

여기서 하나 덧붙일 게 있다. 비록 2년 동안이었으나 그때의 일선 지점의 은행원 경력은 내가 나중에 부동산 사업을 하는 데 있어서 큰 참고가 됐다는 점이다. 특히 예금 유치를 위해 영업활동을 했던 경험은 창구에서의 업무가 전부가 아니라 본연의 차원 높은 비즈니스가 따로 있다는 것을 알게 해줬다. 그런 경험으로 LA 한인계 중진은행의 하나였던 미래은행에서 이사장을 역임했었던 경력이 있었다.

LA에는 한국계 은행이 10개 이상이 있으니 한인교포들의 재산이 얼마나 되는지 짐작할 수 있을 것이다.

당시 주택은행에서 근무 중에 영업하면서 재미있었던 것은 건대의 예금을 유치한 일이었다. 자양동 지점은 건국대와 그리 멀지 않은 곳에 있어서였는지 당시 건대 출신이 지점장을 맡고 있었다. 하지만 지점장은 건국대 이사장이나 총장을 만나기가 쉽지 않았다.

서울대학교 총장이 장관급이라는 사실을 안다면 대학교 총장이 얼마나 어려운 지위인지 알 수 있을 것이다. 그러나 건국대 법상대 학생회장 출신인 나는 달랐다. 선배 지점장과 함께 학교를 찾아가 쉽게 면담할 수 있었고 필요한 만큼의 예금을 유치하기도 했다. 학생회장으로서의 리더십과 미래에 대한 가능성을 인정받지 않았다면 결코 있을 수 없는 일이었다. 지점장이 나를 두고 은행장감이라고 했던 것도 단지 듣기 좋은 소리가 아니라 그런 면을 알아봤기 때문이 아닐까?

남자들은 싸운 뒤에 친해진다. 그 후 K 대리와 곧 화해하고 가까이 지내게 되었다. 진실과 정의가 어디에 있든지 간에 여러 사람 앞에서 큰소리친 것을 내가 사과하고, 성격이 화통한 K대리가 자신의 과오도 인정하면서 수용했기 때문이었다.

나는 갈등이 생기면 이렇게 직선적으로 해결한다. 그리고 화해를 통해 처음보다 더욱 두터운 정을 쌓는다. 이게 내가 세상을 살아가는 방법이다. K 대리와는 지금도 수시로 안부를 전하며 친한 형처럼 지내고 있다.

그래, 미국으로 가자

직장이라는 개념으로 따지면 예나 지금이나 은행은 참 좋은 직장이다. 다른 직장에 비해 임금 수준도 괜찮은 편이며 일도 그렇게 힘들지 않다. IMF 이후에 변화가 많이 생겼으나 은행은 특별히 사고를 치지 않는 한 정년이 보장되는 '철밥통'이었다.

나에게는 그것이 병이었다. 너무나 안정적이고 변화 없는 생활에 염증을 느끼게 되었으며, 특히 조직도 대리에서 차장, 지점장 등의 순으로 너무 위계적이었다. 게다가 남의 돈을 다룬다는 업무의 특성상 너무나 보수적이고 완고할 수밖에 없어서 나 개인의 역량을 발휘할 기회도 별로 없었다. 무슨 일이든 일을 만들어 내고, 그 일을 주도하고 조직하는 내 체질에는 은행이 너무 심심한 직장이었다. '안정'이란 단어 한 마디에 짓눌려 다람쥐 쳇바퀴 돌듯 하는 생활을 하기에는 내 젊음이 너무 새파랬다. 내 안에 꿈틀대는 에너지를 잠재우기 어려웠던 것이다.

은행 생활에 적응이 되면 될수록 '이대로는 안 되겠다'는 것과 '뭔가를 새롭게 시작해 보자'는 생각이 뇌리를 떠나지 않았다. 그러던 와중에 미국의 몇 개 대학에서 입학 허가서가 왔다. 학문에 뜻을 둔 것이 아니라 혹시나 하여 입학 신청을 했는데 운이 좋았던지 입학하라는 연락이 온 것이었다. 미국에 유학 가 있던 친구들에게 물어보니, 돈을 벌면서 공부하기는 캘리포니아가 제일 낫다고 했다. 어려운 일일수록 오히려 쉽게 결정하는 성향을 가지고 있는 나는 그 문제도 쉽게 결정했다.

"그래, 가자! 가서 공부하자! 21세기는 어차피 세계화의 시대가 될 텐데 남들보다 먼저 초강대국인 미국에서 공부하고, 미국을 경험하는 것도 큰 자산이다."

그렇게 결심을 굳혔다. 그리고 미련 없이 은행에 사표를 던졌다. 은행원이 된 때로부터 정확히 2년 만의 일이었다. 은행 동료들은 내 결심을 만류했다. 노동조합을 함께 했던 동료들도 그때까지 다져진 인맥이면 은행업계나 노동조합 운동 분야에서 보람이 있는 일을 할 수 있지 않겠느냐며 필사적으로 붙잡았다. 하지만 한 번 결심한 것을 꺾을 내가 아니었다.

뿌리치고 떠나기는 하지만, 그렇게 붙잡아주는 사람들이 있다는 것은 행복한 일이었다. 그런 은혜에 보답하는 길은 결국 내가 크게 성공하는 것이었다. 나는 알고 있었다. 그들 때문에라도, 한국을 떠나 있는 동안 늘 고국을 사랑하게 되리라는 것을 비즈니스에서 중대한 선택을 하게 되는 경우에 그래서 나는 항상 조국과 민족에 이익이 되는지를 따져본 뒤에 결정을 했다. 그리고 우리 회사 행사가 있을 때마다 나는 국민의례를 하도록 방침을 정해놓았다. 미국 시민권자이든, 한국계 미국인이든 우리 회사의 행사장에서는 누구든 〈애국가〉를 부르고 엄숙히 낭독하는 '국기에 대한 맹세'를 들어야만 한다. 물론 이곳이 미국이므로 미

독도칙령 110주년 기념회

국가 〈성조기여 영원하라〉도 빠지지 않고 부른다. 그런데, 실은 내가
미국 유학과 이민을 결심한 데는 또 한 가지 다른 이유가 있었다.

내 아내 이야기다. 결혼한 지 1년도 안 된 신부가 안정된 직장을 그만
두고 나를 따라 미국으로 갈 결심을 했던 데에는 그만한 이유가 있었
다. 아내 제니의 오빠가 1974년에 약사로서 미국에 이민 와 있었고, 어
머니도 그 이듬해에 아들 따라 미국에 와 있어서 이민이란 단어가 우리
한테는 그다지 낯설거나 엉뚱한 것이 아니었다. 제니는 나와 연애할 때
는 물론이고 신혼 때에도 우리가 미국에서 살게 될 것을 직감했다고 한
다.

어쨌든 그렇게 해서 나는 회사를 그만둔 지 10여 일 만인 1982년 1월
23일, LA공항에 첫발을 내딛게 되었다. 그리고 청소회사에 다녔고, 부

동산중개업으로 전업했고, 내 회사를 열어 오늘날까지 성장했다. 이만 하면 한국을 떠나지 말기를 바랐던 고마운 분들한테 어느 정도나마 보답하고 있는 것이 아닐까?

그렇지만 나는 아직도 배가 고프고 해야 할 일이 많다. 뉴스타 그룹 브랜드가 맥도널드나 코카콜라와 같이 5대양 6대주 구석구석에 알려질 정도의 브랜드 가치를 갖기를 바라고, 한인 미국 이민자 1천만 명 시대가 열리기를 바라고 나아가 한국계가 캘리포니아 주지사와 한국계 미국 대통령, 그리고 한국계 캐나다 수상이 되는 날이 오기를 진심으로 바라며 거기에 일조를 할 것이다.

02

현대판
갤릭호에서
내린 사람

아메리칸드림, 300달러로 시작하다

생일이나 군대에 입대하던 날짜같이 살아가는 동안 늘 함께하는 숫자들이 있다.

나에게는 특별히 잊히지 않는 그런 숫자가 하나 더 있다. 19820123, 미국 생활을 시작한 첫 날인 1982년 1월 23일이다. 그날 나는 수중에 단돈 300달러만을 가진 채 아메리칸드림을 품고 미국에서 다시 태어났다.

아메리칸드림이라는 말이 가리키는 것이 단지 과거의 일인가? 나는 이 물음에 진지하게 답할 수 있다. 과거의 일이 아니라, 지금 현재도 계속되고 있는 일이라고 말이다. 사실 혜택을 받고 태어난 젊은이들한테 '꿈'이라는 어휘는 그리 세련된 개념이 아니다. 사랑을 고백할 때나 누군가에게 귀여움을 받고자 할 때 '꿈'이라는 어휘를 사용한다면 좋은 점수를 따지 못한다. 미래에 이룰 일을 가불하여 쓰는 셈이니 결국 지금 당장은 보잘 것 없는 존재라는 것을 알게 해주는 결과가 된다. 그래서 아메리칸드림이나 코리안드림은 그 말이 주는 뉘앙스가 어떻든

궁색한 미사여구에 불과하다.

그러나 누구든 돌아서서 혼자가 되면 자신만의 꿈을 챙기고 연연해한다. 여한이 없을 만큼 성공했다고 자부하는 사람이라도 아직 달성하고 싶은 목표는 있게 마련이다. 행복을 바라고 즐거운 일이 생기기를 바라는 욕심은 사람이 죽기 전에는 없어지지 않는다.

당신이 지금 부모나 배우자 또는 연인이나 친구들 모르게 미래를 위해 뭔가 큰 그림을 그리고 있다면, 그 범위를 미국으로까지 넓혀보기를 권한다. 미국은 아직도 기회가 많은 곳이다. 미국을 많이 다니다 보면 지금의 미국은 아직 3%도 개발되지 않은 미개척지가 많이 있다는 것을 알 수 있을 것이다. 지금의 당신들은 예전의 나보다 더 똑똑하고, 수중에 지닌 여유 자금도 풍부하고, 영어도 잘한다. 아메리칸 드림을 이루기에 이같이 좋은 조건은 없다.

1982년 무렵에는 상당히 성공한 한인 기업가라도 매출 3천만 달러를 달성하기가 쉽지 않았다. 기억이 틀리지 않다면 그때 매출액 기준으로 3억 달러를 달성한 한인 기업은 거의 없었다. 그런데 300달러를 가지고 시작한 나는 2005년에 30억 달러의 매출 실적을 기록했다. 마찬가지로 당신이 지금 시작한다면 20여 년 뒤에는 나의 30억 달러를 훨씬 능가하는 300억, 3,000억 달러의 매출을 기록할 수도 있다.

한국의 위상이 상당히 높아졌고, 특히 젊은 세대의 미국에 대한 인식과 시각은 예전과는 사뭇 다르다. 따라서 미국이 기회의 땅이라는 얘기에 저항감을 느끼는 사람도 있을 것이다. 하지만 나는 그렇다고 해도 여전히 '미국'에서 기회를 잡아보라고 강조하고 싶다. 자본이든 머리든, 아니면 기술력이든 간에 투자하기에는 미국이 가장 유망하고 안전하다.

그뿐만 아니라 투자에 성공했을 때 차지하게 될 몫도 훨씬 크다. 알려진 것처럼 프랑스나 캐나다, 북구(북부유럽 : 노르웨이, 스웨덴, 핀란드, 아이슬란드) 등 복지 시스템이 발달한 나라에서는 성공한 뒤에 당신이 차지할 몫도 작다.

중국, 함부로 말할 수 없지만, 불안한 것이 문제다. 요즘 한국에 사드 배치 문제로 우리 국민 모두가 중국의 한국에 대한 속셈을 거의 다 인지했지만 인적이 드문 교차로에서 붉은 신호등이 켜졌을 때 미국과 중국은 뚜렷한 차이를 보인다. 비유하자면, 미국에서 신호등을 받은 차는 틀림없이 신호등이 바뀔 때까지 차가 멈춰 서지만, 중국에서 신호등에 걸린 차는 슬금슬금 지나간다.

한국의 차는 어느 쪽인가? 내가 미국에 오던 무렵에는 슬금슬금 가는 쪽이었지만, 지금은 서는 쪽이리라 생각한다. 아니, 그렇게 믿고 싶다. 룰이 지켜지는 공정한 사회가 미국이라는 얘기다. 외국인으로서 머리나 기술력 또는 노동력을 투자하는 입장이라면 공정한 게임을 할 수 있는 곳을 선택하는 것이 당연하지 않겠는가?

물론 23년 전의 내가 그렇게까지 복잡한 계산을 하고 미국행을 선택했던 것은 아니다. 그때는 치밀하게 계획을 세우는데 서툴렀다. 마치 무작정 상경한 시골내기 같았다.

그 무렵은 레이건노믹스(Reaganomics : 미국 대통령 로널드 레이건이 1981년부터 1989년까지의 임기 동안 수행한 시장 중심적 경제 정책 혹은 이와 유사한 정책을 가리킨다.) 라고 하여 미국이 전례 없이 번영을 누리던 때였다. 미국의 국제적 지위나 문명의 선진성이 지금보다 월등했다. 세계인들이 젖과 꿀이 흐르는 땅으로 여기며 동경하기에 충분한 나라였다. 오늘날 레이건이 역대 미국 대통령 중에서 가장 뛰어난 대통령 중에 한 사람으로 평가 받는 것도 그런 경제적 번영이 뒷받침되었기 때문이다.

지금의 미국도 그 점에서는 달라진 것이 없다. LA공항에 발을 디뎠을 때 내가 느낀 감동을 지금 도착하는 젊은 세대들도 고스란히 느낄 것이다. 맑은 공기와 구름 한 점 없이 푸르디푸른 하늘은 20년 시차를 두고 있어도 다르지 않다. 요즘의 젊은이들은 어떨지 모르겠지만 그때 나는 이곳에 오기를 참 잘했다는 생각을 했다.

세계 어디를 가도 이런 천혜의 날씨가 없을 만큼 LA기후는 참 별종이다. 세상을 똑같은 시간에 비슷한 환경에서 살 수 있다는 것은 참 행운이다. 수십 년이 지난 지금도 LA 기후는 크게 변화가 없다. 사막기후라

미국에서 이루어야 할 '한국인의 꿈'에 대한 강의를 하는 모습

서 그렇다고 하는데, 우선 겨울에 크게 춥지 않은 것도 고생을 각오하고 있던 나에게는 큰 힘이 되었다. 피교육자들은 춥고 배고프고 졸리는 것이 제일 참을 수 없다고 한다. 그 중에서 제일 무서운 것이 추위란 것을 1월초부터 3개월간 해병대 훈련을 받아본 나는 잘 알고 있다.

그러나 차를 타고 공항을 빠져 나오면서 나는 이 현실이 그리 녹록하지 않다는 것을 느끼기 시작했다. 낯선 이국땅의 키 큰 야자수가 서 있는 길을 달리는 동안 망망대해에 조각배를 타고 나온 것처럼 막막하다는 느낌이 들었던 것이다. 그때 내 주머니에는 달랑 300달러가 들어 있었고, 그 돈으로 정착하고 살아갈 터전을 마련해야만 했다. 미국 이민을 결심한 순간부터 나는 '안정'이라는 단어를 생각하지 않기로 했다. 낯선 땅에 와서 안정을 바라는 것은 사치였다.

'내가 벌어 내가 공부하며, 내 미래는 내가 책임지고, 내 가정은 내가 맡는다.'

나는 그렇게 다짐하고 또 다짐했다. 그런데 무슨 일을 어떻게 할 것인가? 그것이 문제였다. 물론 나는 한국인이고 그러니 무수히 많은 한국인이 LA에 와서 직업을 갖고 정착해간 패턴을 따르게 될 것이었다.

이민 초보자의 직업,
일명 청소부가 되다

70년대 중반이나 80년대 초에 미국에 이민 온 한인들의 직업은 대개 이민 도착하는 첫날 공항에 마중 나간 사람의 직업이 무엇이냐에 따라 좌우된다. 세탁소를 하는 사람이 마중 나가면 세탁업을 하고, 봉제업자가 마중 나가면 역시 봉제업의 길을 걷는다. 사실 봉제업이나 세탁소는 밑천이 있는 사람들이 오픈하고, 돈이 없는 사람들은 그 밑에서 일을 하거나 대개는 청소, 페인팅, 잔디 깎는 직업 등 몸으로 할 수 있는 일들을 하는 게 대부분이었다. 이 점은 미국 동부의 한인사회에서도 정설로 받아들여지고 있다. 이렇게 되는 가장 큰 이유는 미국에 오는 한인들이 충분한 돈을 가져오지 못하기 때문이다. 적게는 몇 백 달러, 많아야 몇 천 달러를 가지고 미국에 와서 자리 잡기 때문이다. 성공한 한인들은 그것을 자랑하는 맛으로 산다고 해도 과언이 아니다.

이민 초기에 생활자금이 충분하지 않은 것은 그만큼 직업 선택의 여지도 좁아진다는 것을 의미한다. 원하는 좋은 직장, 직업을 갖기 위해서는 어학 공부도 해야 하고 일정 기간 기다릴 수도 있어야 하는데 돈이 없으면 그럴 수가 없는 것이다. 달랑 몇 백 달러뿐인 사람은 그 일이 좋은지 나쁜지를 따질 여유가 없다. 당장의 생계를 위해서 아무 일이나 붙잡고 할 수밖에 없다. 살기 위해서 공항에 처음 마중 나왔던 사람에게 매달리고, 그를 통해 자리를 알아보고, 결국 그것을 평생의 업으로 삼게 된다.

그러나 지금도 대부분의 재미 한인들은 돈을 싸들고 이민을 오는 것에 대해서 탐탁지 않게 생각한다. 물정을 모르는 이민 초심자가 투자금을 날리는 일이 많기 때문이다. 그래서 내국생활에 성공적으로 정착하려면 여유 자금은 은행이나 펀드에 묻어두고 미국 물정을 충분히 파악한 뒤 시작할 필요가 있다. 우리 뉴스타부동산 소속의 탑 에이전트 중에도 그런 과정을 거쳐 자리 잡은 경우가 많이 있다.

나는 말한다. '준비되면 시작하라!'

물론 옛날에 우리가 살아왔던 시대와 지금은 분명히 틀리다. 그때는 미국이 먼 달나라 곁에 있는 것쯤으로 여겨졌고, 미국을 잘 모르기에 실패할 확률이 높았다. 하지만 지금의 한국은 모든 면이 세계화가 되어 있고, 한국 사람들의 생각과 겉모습, 먹거리 등 거의 모든 것이 국제화가 되었다. 또한 미국을 오고 싶어 하는 사람들은 정보의 다양화로 인해서 미국을 너무 잘 알고 있기에 처음부터 자기가 하고 싶은 것에 도전하라고 권유하고 싶다.

다만, 미국의 주류사회를 지탱하는 경찰, 시공무원, 세무공무원 등으로 진출하는 기회가 적은 것은 어쩔 수 없이 감수해야 하는 문제다.

베트남 보트피플의 경우, 그들은 미국에 비교적 쉽게 정착했다. 그들은 보트에 무수히 많은 보물을 숨겨왔는데도 미국 정부로부터 정착 자금으로 6천 달러 정도씩의 지원을 받기까지 했다. 당연히 영어 공부를 충분히 할 수 있었고, 그런 만큼 직업을 선택하기도 유리했다. 그래서 베트남인 커뮤니티는 이민 초창기부터 형성되었고, 쉽게 번영을 누리고 있다.

무수한 자금 뒤에는 그 사람들만의 고용창출이 있었고, 그로 인해 시장의 대형화가 가능했고, 베트남 냄새를 풍길 수 있는 도시화의 건설이 잘 되어 있다는 것이다. 자본의 대형화가 쉬웠던 이유는 '돈', 즉 여유 자본이 있기 때문이었으며 그렇기에 베트남을 나타내는 타운을 생성할 수 있었다.

미국 생활 30년 가까이 되는 사람으로서 얘기하자면, 그렇게 열악한 조건에서 잡초처럼 생존한 한인 이민자들의 성공률은 아주 높다. 성공한 뒤에도 그러한 관성으로 인해 미국인들의 눈살을 찌푸리게 하는 일도 간혹 있지만, 대부분은 중류 이상의 주택가에 안정적으로 스며들어 주류의 일원이 된다.

이민 한인들이 그렇게 될 수밖에 없는 이유가 있다. 맨주먹이다시피 왔으나 이민자들은 나름대로의 교육을 받았고 한 가닥 하던 사람들이 많다. 그런 그들이 궂은일, 마른일 가리지 않으며 'two job', 'three job'을 마다하지 않는다. 생활력이 있으면서, 돈을 모으고 굴리는 법도 안다는 것은 미국에서 성공할 가능성을 크게 높여주는 일이다. 그러니 곧 그들이 일하던 가게에서 독립하여 스스로 사업체를 만들고 그 규모를 키워나가게 되는 것도 당연한 이치이다.

나 역시 수중에 돈이 없어서 선배 이민자들이 그랬던 것처럼 일자리가 나오자마자 바로 그것을 시작했다.

나를 마중 나왔던 사람은 손위 처남이었다. 1972년에 이민 와서 약국을 운영하고 있었으니, 한인들이 미국에서 정착하는 공식대로라면 나도 약사로 일을 시작했어야 맞다. 하지만 약사를 하기에는 영어가 서툴기도 했고 약학을 전공한 것도 아니어서 불가능했다. 가든그로브의 처남 집 창고에 짐을 풀지도 못한 채 보관해 놓고 나는 일자리를 알아보러 다녔다. 공부도 좋지만 일단은 먹고 살아야 하기 때문이었다.

어렵기는 했으나 그때 나는 무슨 일을 하든 잘할 수 있다는 자신감이 있었다. 만용이 아니었다. 지금 생각해 보면, 내게는 퇴로가 막힌 해변에 상륙하여 총탄이 쏟아지는 적진으로 달려가서 살아남아야 하는 해병대 정신이 있었고, 은행원으로 일한 경력과 법대 학생회장으로서의 리더십도 있었고, 주택은행을 다니면서 노동조합을 만들었던 배짱도 가지고 있었다.

생활필수인 영어도 조금은 하는 편이었다. 그런 자신감 때문이었을까? 지성이면 감천이라는 말대로 된 것일까? 우연히 귀인을 만났다. 일자리를 알아보는 틈틈이 어바인(UC Irvine) 도서관에 다니곤 했는데, 어느 날 도서관 벤치에서 한 백인이 "한국인이냐?"고 말을 걸어왔다. 나는 반갑게 그렇다고 했다.

그는 맥아더 장군의 전속 부관을 지낸 중령 출신의 퇴역 군인으로 한국인을 보면 어떻게든 아는 체를 하고 싶다고 했다. 얘기가 나온 김에 일자리를 구하는 중이라고 하자, 자신이 메인테넌스(Maintenance) 업을 하고 있다면서, 그 일이라도 원한다면 언제든 찾아오라고 했다. 그가 건네준 명함에는 'CNP Maintenance Company, President Tom

Palmar'라고 씌어 있었다.

유학을 목적으로 왔지만, 우리 부부한테는 마침 아이가 생겼고 하루 빨리 처남 집에 얹혀사는 신세를 면해야 했다. 이민 선배들의 말에 의하면 메인테넌스업은 이민 초보자들이 별다른 기술 없이도 누구나 손쉽게 돈을 벌 수 있는 직업이었다. 그래서 깊이 고민하지 않고 내 첫 직업으로 메인테넌스업을 택했다. 아니 선택의 여지가 없었다. 자생을 해야 하기 때문이었고 미국에서 조금은 지나보아야 미국생활에 눈을 뜰 수 있기 때문이기도 했다.

메인테넌스업이라고 하니 무슨 거창한 직업 같지만 쉽게 말하면 빌딩이나 주택을 유지, 관리하고 깨끗이 청소해주는 직업이다. 다시 말하면 페인팅, 타일 왁스, 카펫 샴푸, 전기 수리, 정원 관리 등 건물이 깨끗하게 유지되도록 하는 일을 통틀어서 메인테넌스업이라고 한다. 그 가운데에서 주력으로 하는 일이 건물 청소다. 그러니까 한국식으로 쉽게 얘기하자면 내가 청소부로 일을 하게 된 것이었다.

그 일에 대해 미리 이야기하면, 나는 청소하는 일을 직업적으로 했음에도 즐거웠고 재미있었다. 이렇게 말하면 의아스럽게 생각하거나 가식적인 후일담이라고 생각할 수도 있을 것이다. 하지만 이것은 진심이다. 그리고 지금도 재미있게 일했던 것에 긍지를 갖고 있다. 오늘날 매출 규모 30억 달러에 이르는 기업그룹을 이끌게 된 것도 결국 거기서의 경험이 바탕이 되었다.

세상에 남이 하기 싫어하는 일을 하면서 좋아할 사람은 없다. 그런데 상황에 따라서는 어쩔 수 없이 그 일을 해야만 하는 경우도 있다. 어쩔 수 없이 시작하게 된 일이라면, 나는 재미있게 하자고 자기 최면을 건다. 재미없는 일을 억지로 한다고 생각하면 일의 능률이 오르지 않는다. 그렇게 생각하는 순간부터 비참해진다. 그래서 될 수 있으면 재미있게 일하려고 했고 그러다 보니 정말로 재미있어졌다.

청소를 하면 일의 결과가 즉각 나타나는 아날로그적인 기쁨을 얻을 수 있다. 한 번 쓸고 지나간 자리와 쓸지 않고 지나간 자리는 분명하게 차이가 나고, 쓸기만 한 자리와 쓸고 난 후 닦기까지 한 자리는 뚜렷이 구분된다. 이게 청소의 매력이다. 그래서 나는 지금도 우리 뉴스타 그룹 지사를 방문할 때면 소매를 걷어붙이고 직접 청소를 할 때가 있다. 화장실을 닦거나 유리창을 닦을 때면 모든 잡념이 없어진다. 그런 이유에서 난 오늘도 청소를 한다.

청소업계의 신화가 되다

CNP 메인테넌스사는 오렌지 카운티 내의 터스틴 시 레드힐 애비뉴에 있었다. 톰 팔마의 명함을 들고 찾아갔을 때 사무실 앞에는 청소 장비와 용품들을 실은 트럭 한 대가 서 있었고, 히스패닉계 직원 2명이 트럭 앞에서 출동 준비를 하고 있었다. 그 중 한 히스패닉 친구의 안내를 받고 사무실로 들어가자, 톰 팔마가 나를 보고는 의자에서 일어나 반겨 맞아주었다.

"잘 왔네. 기다리고 있었어."

그는 바깥에 있는 히스패닉 친구를 불러오게 하여 소개시키면서 이 회사가 직원 2명에 사장 1명인 아주 작은 회사라고 말해주었다. 그러고는 거기서 바로 나를 팀장으로 임명했다.

"이제부터는 크리스 남이 팀을 지휘한다."

군대식이었고 결정이 빨랐다. 톰 팔마 사장은 내가 한국인이기 때문에 청소 일을 잘할 것을 믿는다고 했다. 나는 그렇게 청소업계에 발을 들여 놓게 됐다.

톰 팔마 사장의 결정은 결과적으로 잘한 것이었다. 사장이 믿은 그대로 청소의 달인이라는 소리를 들을 만큼 내 청소 솜씨는 뛰어났다. 아프리카계, 히스패닉계, 백인계에 비해 동양인의 체형이 청소 일을 하기에 유리한 측면도 있었을 테지만, 역시 일등으로 잘한다는 사실이 나를 무척 즐겁게 했다.

처음 시작할 때는 어떻게 저 넓은 곳을, 저 더러운 곳을 깨끗하게 만들지, 하고 걱정했지만 막상 시작을 하고 보면 결국 끝이 있었다. 아무리 어려운 청소라도 찾아보면 다 요령이 있었다.

청소를 하면서 내가 깨달은 것은 이 세상에 지우지 못할 때는 없다는 사실이었다. 그런 점에서 미국 화학산업의 발전은 실로 감탄을 금할 수가 없었다. 화장실 변기에는 애시드(Acid), 벽에 찌든 때는 올 퍼포즈 409(All Purpose409) 하는 식으로, 아무리 더러운 것이라도 닦아내는 약이 있었다. 그야말로 문제가 있으면 반드시 답이 있다는 것도 알았고, 어떤 사물이나 현상도 천적(天敵)이 있다는 사실을 확인할 수 있었다.

청소를 잘한다는 것에는 내가 남보다 유리창을 더 빨리, 그리고 깨끗이 닦았다는 얘기 이상의 의미가 있다. 기본적인 청소 솜씨가 있기 때문에 리더로서 직원들을 조직하여 정해진 구역의 청소를 능률적으로 해냈다는 이야기도 되는 것이다. 예를 들어 키가 큰 직원은 서랍이나 천장, 유리창 작업을 시키고, 비만인 친구에게는 앉거나 선 채로 할 수 있는 작업을 시켰다. 작업 중에 쓸데없이 낭비되는 시간도 줄여 나갔다. 한국인다운 발상으로 청소는 대개 빌딩에 입주해 있는 회사들의 퇴근 시간이 지난 뒤, 밤에 하는 것이 일반적이었다. 그래서 직접 청소를 하는 말단 직원들은 청소를 시작한 지 두 시간 정도가 지나면 밤참을 먹으러 패스트푸드점에 가고, 또 한두 시간 일한 뒤에는 커피타임이라며 커피를 마시러 나갔다. 나는 그 시간만 아껴도 상당한 생산성 향상이 가능할 것 같았다. 그래서 작업 출동을 하면서 아예 인부들의 야참과 커피를 식당에서 테이크아웃해서 가져갔다.

그 당시에 청소 작업은 '돈 놓고 돈 먹기'나 다름이 없었다. 시간이나 노력을 투자한 만큼 돈이 되어 나오는, 즉 아웃풋이 너무나 정직한 일이었다. 먹을 것 다 먹고, 쉴 것 다 쉬면서 하면 두 개의 빌딩을 청소할 시간에 하나의 빌딩밖에 청소하지 못했다. 그래서 나는 사이사이 쉬는 관행을 무시하고, 일하러 나갈 때마다 인부 수만큼의 샌드위치와 커피를 사서 테이크아웃을 했다. 그 효과는 바로 나타났다.

예컨대 10명의 인부가 4시간 동안 했던 대형 빌딩의 청소를 대여섯 명의 인부를 투입하여 두세 시간 안에 해치울 수 있었던 것이다. 그랬더니 우리 회사의 보스가 놀라고 용역을 발주한 건물 주인들도 놀라움을 금치 못했다.

그러나 정작 놀란 것은 인부들 자신이었다. 그들은 청소라면 무조건 최저 임금만 받는다고 생각했었다. 하루 저녁 일을 나가 고작 30달러를 벌면 많이 번다고 믿었던 사람들인데 나와 함께 일하면서 그 두 배, 세 배의 임금을 챙길 수 있게 된 것이다. 청소를 거의 완벽하고도 신속하게 해치우자 그만큼 신뢰가 쌓이고 일감이 밀려 들어왔다.

모든 것이 선순환 되었다. 일이 재미있고, 일감이 폭주하고 소득이 증가했다. 내가 이끄는 청소 팀의 실력은 하루가 다르게 발전했다. 호세는 창문, 마리오는 책상, 로베르토는 화장실 하는 식으로 각자가 가장 잘할 수 있는 일을 맡겼더니 몇 달 후에는 특별히 내가 지시하거나 감독하지 않아도 자신들이 척척 알아서 일을 했다. 그야말로 '신바람 청소팀', '드림 청소팀'이 구성된 것이었다.

청소업계에 알려진 또 하나의 남문기 신화는 '불가능이란 없다.'는 것이다. 아무리 어려운 청소, 까다로운 일이라도 나에게 의뢰하면 'OK'라는 답을 들을 수 있었고, 결국 만족스런 결과를 얻을 수 있었다. 나는 직원이나 인부들이 기피하는 일도 기꺼이 했고 좋은 성과를 냈다. 사실 청소를 업으로 삼는 사람들 중에는 내키는 청소는 해도 내키지 않는 청소는 못한다는 식으로 '이상한 자존심'을 갖고 있는 사람들이 있다. 예를 들어 학교의 경우, 교실 청소는 해도 화장실 청소는 못한다고 버티는 식이다.

내 생각은 달랐다. 어차피 더러운 곳을 깨끗하게 만드는 작업이 청소다. 기왕이면 더 더러운 곳을 치울수록 일의 보람이 크다고 나는 생각했다. 돈을 벌자고 하는 일이라면 기피하는 일, 선호하는 일을 구분하여 무엇을 하겠는가? 팀장인 나는 특히나 직원들이 하기 싫어하는 일도 솔선수범해서 보여주어야 했다. 팀원들은 그럴 때 나를 믿고 따랐다.

6개월이 지나지 않아 내 첫 직장인 CNP 메인테넌스사는 '일을 제일 빠르고 깨끗하게 마무리하는 회사, 고객의 요구가 있으면 무슨 일이든 해주는 회사'란 평판을 얻을 수 있었다. 명성에 걸맞게 일감도 하루가 다르게 증가했다. 일감을 소화할 직원을 더 채용해야 했다. 그렇게 나는 꼬박 4년을 한 회사에서 한 사람의 보스를 모시며 일했다.

시작할 때는 나를 포함하여 직원 4명이었으나 나와 함께 4년이 지났을 때는 인원수가 수십 배 이상 증가해 있었다. 직원 수는 주간에 일하는 인원이 25명, 야간에 일하는 직원이 40명으로 불었다. 직원 65명 중 한국인은 55명에 이르렀다. 한국인이 이렇게 많았던 이유는 말이 잘 통하고 일을 잘해서이기도 했지만, 기왕이면 나처럼 일자리가 급한 한국인들에게 더 많은 자리를 주고 싶었기 때문이다.

이와 같이 CNP 메인테넌스사가 괄목할 만한 성장을 하자 청소업계 스카우터들이 나를 스카우트하려고 줄을 대기도 했다. 그러나 나는 스카우터들이 아무리 좋은 조건을 준다 해도 옮겨가지 않았다. 어떤 이가 몇 배의 임금을 준다고 해도 소문조차 내지 않았다. 옮긴다는 그 발상 자체가 자존심의 문제라고 생각했고, 의리를 저버리는 건 목숨을 버리는 것과 같다고 생각하고 살아왔으니 말이다. 그것이 무엇이든지 가르쳐 준 은인을 배반할 수는 없었다.

나는 살아가면서 모시는 보스는 적을수록 좋고 직장 숫자도 적을수록 인격이 맑을 수 있다고 생각하는 사람이다. 하지만 나의 메인테넌스업은 거기까지였다.

부동산으로 방향을 틀다

지금도 나는 '어떤 일이든 재미를 앞세워 무아지경에 빠질 정도로 열심히 한다면, 일등은 따 놓은 당상' 이라는 믿음을 갖고 있다. 어디에서 무슨 일을 하든지 성실하고 근면하게 일하면, 결과는 기대 이상으로 나타난다.

꿈을 안고 도착한 미국! 그 첫 직장인 청소회사에서 나는 정말 열심히 일했고, 결국 '청소하면 남문기' 하고 LA 인근 청소업계에서 알아줄 만큼 성공적으로 뿌리를 내렸다. 이로써 아메리칸 드림을 이루기 위한 첫 걸음을 내디딘 셈이었다.

미국에 올 때 나는 모두가 좋은 직장이라고 하던 은행을 그만 두었다. 그것도 장차 은행장이 될 재목이라는 얘기를 들었으면서도 그것을 과감히 뿌리치고 미국행 비행기를 탔다. 그랬던 것처럼 미국에서 또 한 번 새롭고 더 넓은 바다로 나아가는 길을 택했다.

CNP 메인테넌스사 사장 톰 팔마가 원하는 조건은 뭐든 들어주겠다며 붙잡았으나, 나만을 위한 또 하나의 신화창조를 위해 사양했다.

보스에게 특히 고마웠던 것은 그가 내가 회사를 일으키고 키워준 것을 잊지 않고 있었다는 사실이다. 사직서를 제출하던 날, 나는 착잡한 마음으로 보스 앞에 섰다. 앞만 보고 열심히 뛴 쇳덩이 같은 일꾼이었으나 나 역시 감정이 있는 사람이었다. 익숙한 것들과의 이별이 가슴을 짠하게 했고 새로운 세계로 나간다는 막막함에 마음이 무거웠다.

"꼭 이래야 되나? 자넨 내가 일생 동안 만나봤던 졸병들 중에서 가장 센스 있는 졸병이었네. 이렇게 내보내지 않겠네."

나는 말없이 고개를 저었다. 보스는 곧 두 어깨를 으쓱 들어 올려 보여 주었다. 결심을 돌이킬 수 없다는 것을 알았다는 뜻이었다. 분위기가 너무 무거워지는 것 같아 내가 농담 삼아 말했다.

"보스! 나는 여태껏 이 회사가 내 소유의 회사라 생각하고 열심히 일했습니다. 회사도 그래서 컸습니다. 그러니 내가 다음 직장 잡을 때까지는 보스가 생활비를 책임져 줘야 하는 것 아닙니까? 막상 떠난다고 생각하니 더 이상 내 회사가 아니라는 생각이 듭니다."

보스가 고개를 끄덕였다.

"그래, 자네 말이 맞아. 다른 직업을 가질 때까지 당연히 월급을 주겠네. 자넨 다음 직장을 잡을 때까지 우리 회사의 팀장일세."

농담 삼아서 한 말이었으나 거기에 진담이 전혀 없었던 것도 아니었다. 열심히 일한 성공 보수로 치면 다음 직장 잡을 때까지의 월급은 빈약했다. 하지만 미국이 어떤 나라인가? 철저한 자본주의 국가가 아닌가? LA는 그 중 가장 번화한 도시 중의 하나다. 직장을 잡을 때까지 월급을 주는 것만도 결코 작은 일이 아니었다. 원대한 꿈을 갖고 출발하는 내게 그것보다 든든한 후원이 달리 있을 수 없었다. 생계 걱정하지 않고 직장을 알아볼 수 있으니 얼마나 고마운 일인가?

그런 든든한 후원 하에 나는 미국에서의 내 인생 서막을 내렸다. 그리고 곧 '부동산중개업'을 선택하여 내 인생의 본편이 되는 막을 조심스럽게 올렸다. 부동산학을 공부하기 위해 관련된 책을 구입하여 독학으로 공부를 했다. 그리고 샌디에이고의 학교에서 통신 강좌를 통해 라이선스 신청에 필요한 부동산학 학점을 받았다.

큰돈을 한목에 벌어 보자는 욕심에서 부동산중개업을 선택했다고 할지 모르겠지만 결코 돈 때문이 아니었다. 돈만 놓고 따지자면 CNP 메인테넌스의 톰 팔마 밑에서 청소 일을 하면서도 얼마든지 남보다 많은 수입을 올릴 수 있었다.

그러나 나에게는 청소업이 아닌 부동산중개업에 투신해야 하는 두 가지 확실한 이유가 있었다.

첫째는 청소업을 하면서 내가 모셨던 옛 보스에게 동종의 사업으로 오해를 사거나, 그와 마찰을 일으키기가 싫어서였다. 내 일생 가운데 그래도 내가 모셨던 보스를 그 이유가 무엇이든 배반하고 싶지 않았다. '청소하면 남문기'라는 소리를 들을 정도로 업계에서 알아주는 존재일 수 있었던 것도 결국 그분 덕분이었다. 그런 분과 경쟁하는 것은 내가 사는 방식이 아니다. 내가 설령 망하더라도 나를 키워준 분에게 비수를 들이대는 짓을 하지는 않겠다는 것은 지금까지 내가 지켜온 인생관이다.

둘째는 자본금이 없는 상태에서는 부동산중개업이 나에게 가장 유망해 보여서였다. 사실 이것이 부동산중개업에 뛰어들었던 진짜 이유다. 청소업을 하면서 유심히 미국 경제를 관찰한 결과 부동산업이야말로 미국 경제의 지휘자였다. 부동산 경기가 살면 미국 전체의 경기가 살고 부동산 경기가 죽으면 전체 경기가 죽는다는 의미에서도 그랬다. 게다가 내 청소업, 즉 메인테넌스업 경험은 특히 더욱 구체적이고 따끈따끈한 현장의 데이터였다.

미국에서 한 건의 부동산 거래가 성사되기 위해서는 적게 잡아도 20개 이상의 직업이 연관된다. 부동산을 구입하기 위해서 먼저 융자를 받아야 하는데 거기에서 은행과 융자알선회사가 개입되며, 일단 거래를 하기로 잠정 합의하면 구매자(Buyer)와 원매자(Seller)의 가운데에서 모든 채권과 채무를 정리해주는 에스크로(Escrow : 중립적인 제3자) 회사가 개입된다. 그리고 해당 부동산의 가치를 측정 또는 평가해주는 감정회사, 건물에 물리적인 하자가 없는지를 살피는 인스펙션(Inspection)회사 등이 관련되게 돼 있다. 또 거래가 완전히 성사되면 새 건물(집)을 구입해 들어가는 경우, 열에 아홉은 내가 경험했던 메인테넌스 회사나 각 분야의 독립 회사에 의뢰하여 청소, 페인팅, 카펫이나 마룻바닥, 정원 손질 등을 위탁한다. 그 밖에도 몇 가지 종류의 보험, 알람, 터마이트(Termite : 해충방제회사) 등의 여러 업종에서도 부동산 거래와 연관되어 비즈니스가 일어난다. 그러니 부동산업이야말로 '경제의 총체적인 지휘자'라고 정의하기에 충분한 것이다.

미국 부동산 시장의 특성에 비추어 볼 때 메인테넌스업에 종사했던 경험은 부동산중개업에 큰 장점이 될 수 있었다. 부동산 소비자들의 소비 패턴과 거래의 관행도 내 경력을 활용하기에 용이했다. 사람들이 살고 싶어 하고 행복하게 느끼는 빌딩이나 주택이 어떤 상태여야 하는지, 즉 부동산 소비자가 원하는 모든 것을 꿰고 있었던 것이다.

부동산업 결코 망하지 않는다

직원 간담회 시간이나 교육이 끝난 뒤 질문 시간에 우리 회사의 에이전트 중에 가끔 이런 질문을 하는 사람을 보는 경우가 있다.

"왜 우리 뉴스타 그룹의 송년회는 언제나 12월 16일입니까? 경우에 따라 바꿀 수도 있는 것 아닙니까?"

다소 억지스럽게 강제한다는 얘기가 있을 수도 있지만, 나는 그날을 고집할 수밖에 없었다.

송년회가 꼭 12월 16일이어야 하는 까닭은 내가 처음 부동산 라이선스를 딴 날이 1987년의 그날이었기 때문이다. 직원들과 함께 성대한 잔치를 벌이며 한 해를 마감하면서 부동산중개업에 뛰어들었던 그날의 감동을 되새기고, 더 나은 미래로 도약하자는 다짐을 하고 싶은 것이다.

지금에 와서는 사정에 따라 하루 이틀 정도의 행사일 변경이 불가피할 때도 있다. 우리 뉴스타 그룹의 사업규모가 커지면서 사회 경제적인 위상이 크게 달라졌고, 지사가 여러 곳에 생겨나고, 직원이 많아지고, 행

뉴스타 송년모임

사가 다양화 되었기 때문이다.

사실 '그날'의 기쁨이라는 것은 다분히 주관적인 기쁨을 의미한다. 그날 이후, 부동산 시장이라는 바다에 나와서 비로소 큰 꿈을 실현할 수 있게 되었다는 것을 기념하는 것이다.

고시만큼 어려워졌다는 한국의 부동산중개사 시험을 생각하고 라이선스 시험을 통과했다는 데에 의미를 두는 독자도 있을 것이다. 그러나 미국의 라이선스는 취득하기가 그렇게 어렵지는 않다. 한국의 자동차 면허 시험에 합격하여 면허증을 얻었을 때의 기쁨보다는 크지만, 공무원 시험에 합격하거나 고시에 패스한 것처럼 일생일대에 기념할 만한 일로 여기는 정도는 아니다. 시험 난이도는 캘리포니아 같은 경우 한인 이민자들이 3개월 가량 요령 있게 공부하면 합격할 수 있는 정도다.

그러나 미국에서는 라이선스를 취득하기는 쉽지만 그것으로 비즈니스를 하는 과정은 매우 엄격하고 복잡하며, 책임도 막중하다. 한국에서 어렵게 따는 부동산중개사 자격증보다 더 전문적으로 활용되고 적용 범위도 확실하다. 자격증을 빌려주고 그 대가를 받는 일 같은 것은 있을 수가 없다. 한국의 부동산중개 사무소에서는 자격증을 소지한 중개사만이 아니라 이 전무, 김 박사, 박 실장 등 직원들도 거래에 개입한다. 자격증을 빌려서 영업을 하는 경우도 있고 복덕방 할아버지와 슈퍼마켓 아주머니가 부업으로 알선하기도 한다. '컨설팅'이라는 이름으로 누구나 다 하는 것 같은 느낌을 받았다. 정부의 관리 부족으로 정부에서 발행해준 라이선스만 불이익을 받게 되는 꼴이다.

그러나 미국 캘리포니아의 경우는 라이선스가 없이는 부동산 거래에 개입할 수가 없다. 한국으로 치면, 중개사 사무소에서 거래에 개입하는 직원뿐만 아니라 슈퍼마켓 아주머니, 복덕방 할아버지에 해당하는 부동산 실무자들도 반드시 라이선스가 있어야만 거래에 개입할 수 있는 것이다.

부동산중개업 관련 라이선스는 부동산 세일즈 퍼슨 라이선스와 부동산 브로커(중개) 라이선스로 구분된다. 세일즈 퍼슨 라이선스는 쉽게 말해서 부동산중개소 직원들의 라이선스쯤으로 볼 수 있다. 그래서 시험이 대체로 쉽다. 시험 문제는 150문제가 출제되고 70%인 105문제가 커트라인이다. 2007년 10월 1일부터는 시험 전에 대학 수준의 '부동산 원론'과 '부동산 실무관리' 과정을 반드시 이수해야 하고, '에스크로'나 '부동산 법', '부동산감정', '부동산 매니저먼트', '파이넌스' 같은 과목 중 하나를 선택해서 총 3과목을 이수했다는 확인이 있어야만 시험

칠 자격이 주어진다.

부동산 브로커 라이선스는 좀 더 까다로운 편이다. 물론 한국의 부동산 중개사 시험에 비하면 쉽다. 세일즈 퍼슨 라이선스로 2년 정도 경력을 쌓거나 그에 준하는 경력이 있어야 응시 자격이 주어진다. 200문항이 출제되고 75%인 150문항을 맞춰야 합격할 수 있다.

브로커 라이선스 신청인은 대학 수준의 부동산학 과정의 공부를 해야만 한다. 부동산 실무, 부동산 법, 부동산 금융, 부동산 감정과 부동산 경제를 포함하여 부동산 원론, 부동산 관리, 상법, 부동산 실무관리, 에스크로, 저당 융자 중개와 대부, 상급 부동산 법, 상급 부동산 금융이나 상급 부동산 감정 등에서 모두 8개 과목을 이수해야 한다.

부동산 시험을 위해 공부를 하면서도 나는 LA의 부동산 시장을 향해 촉수를 세워두고 있었다. 결심을 하면 내 갈 길만 가는 성미여서 먼 바다를 항해하는 배가 항로를 늘 생각하듯이 앞으로 전개될 새로운 세계를 그렇게 내다보았다. 그리고 부동산으로 방향을 튼 것이 잘한 결정이라는 확신이 섰다.

"부동산은 결코 망하지 않는다."

1987년 12월 16일, 나는 마음속으로 그렇게 선언하면서 햇병아리 부동산 세일즈 퍼슨이 되었다. 그 감동이 남다르지 않을 수가 없다. 따라서 그날을 기념하는 것이 나만의 행사일 수가 없는 것이다.

통계로 보나 나의 경험으로 보나 그때의 판단은 정확했다. 봉급생활자, 의사, 변호사 등은 나름대로 전문화된 서비스를 제공하고 먹고 살 만큼 안정된 수입을 보장받고 살아간다. 하지만 큰 부자가 되기는 쉽지 않다.

부동산은 돈이 되는 단위가 다르다. 몇 개월, 몇 년을 단위로 보면 변화가 미미하지만 10년 쯤을 주기로 하면 몇 배가 올랐다는 것을 알 수 있다. 전문직 종사자의 경우에도 보수가 그렇게 오르는 경우는 드물다.

그때 내 생각이 옳았다는 것은 캘리포니아 부동산협회(CAR)가 발표한 몇 년 전 자료만 봐도 알 수 있다. 캘리포니아주의 경우 1968년의 평균 주택 가격이 2만 3천 210달러였는데, 같은 주택의 2003년 가격은 그보다 무려 16배가 오른 37만 2천 720달러로 집계됐다. 또한 미국 전국으로 봐도 1968년의 평균 주택 가격이 2만 100달러였는데, 2003년에는 17만 달러로 8.5배 가까이 올랐다.

세상에 이렇게 돈이 불어나는 사업은 부동산 밖에 없다. 사두면 언젠가는 오르게 돼 있는 것이 부동산이다. 연봉 10만 달러 정도를 받는 사람이 연봉을 한 푼도 안 쓰고 다 모아 봐도 일 년에 10만 달러 밖에 모으지 못하는 반면, 부동산은 1년에 몇 십만 달러씩 오르는 경우도 있다.

나쁜 예이긴 하지만, 한국의 대기업이나 세계의 대기업들 중에도 부동산으로 부를 축적한 경우를 쉽게 찾아볼 수 있다. 맥도널드의 경우, 부동산 가치의 상승으로 더 큰 다국적 기업이 될 수 있었다는 것과 지금은 Macy's가 사들인 로빈슨 메이도 마찬가지였다. 맥도널드가 햄버거를 팔아서 부자가 된 것이 아니듯 로빈슨 메이가 옷가지를 팔아서 부자 된 것이 아니었다. 애틀랜타 인근에 가면 와플을 만드는 가게가 있다. 이 가게도 건물이 거의 회사 소유이다. 또한 미국도 남부 일대와 알래스카 등지의 땅을 사서 부자가 된 나라라는 것은 이미 널리 알려진 얘기다.

캘리포니아가 다른 주와 달리 동양권 문화에 많이 노출된 곳이라는 점에서 지금도 부동산업의 사업성이 있다. 미국 내 50개 주 가운데 동양과 물리적인 거리가 가장 가깝고 동양인들이 가장 많이 찾는 곳이 캘리포니아다. 특히 한인들을 비롯하여 동양인들은 부동산을 최고의 재산으로 여기는 경향이 많지 않은가? 캘리포니아에 동양인들의 유입이 계속되는 한, 부동산이 사양길에 접어드는 일은 있을 수가 없다. 국경이 없어지고 글로벌이라는 단어가 판을 치는 때가 더더욱 부동산으로 승부를 걸게 된다는 것은 당연한 이치가 아닐까?

미국 부동산 이렇게 거래된다

미리 말해 두지만 뉴스타부동산 그룹의 성공, 혹은 '매출 30억 달러의 신화'가 만들어질 수 있었던 이유는 캘리포니아를 비롯, 미국 전역에 걸친 한인 사회의 경제 성장이 연관돼 있다. 1988년 서울 올림픽 이후 한국의 경제 성장에 힘입어 LA 한인 커뮤니티가 급속히 성장하고 부동산 수요가 증가하게 되는데, 나는 우연히도 그 성장의 시기가 막 시작되는 지점에서 부동산 거래에 관여하는 일을 하게 됐다.

물론 나는 새내기였다. LA 한인 커뮤니티에 부동산 바람이 일렁이기 시작했다고 해도 내가 그 징후를 감지하여 바로 세일즈에 활용한다는 것은 불가능했다. 다만 나에게는 다른 사람이 갖지 못한 세일즈 아이디어가 있었고, 메인테넌스업의 경험을 살려 무언가 할 수 있으리라는 투지가 있었다. 그것만으로도 충분히 승산이 있는 게임이었다.

이렇게 계산서를 뽑아 든 나는 '센추리 21(Century 21)' 프랜차이즈 소속의 얼바인 오피스에 들어갔다. '센추리 21'은 1988년 당시는 물론이고 현재까지도 미국의 메이저 부동산중개회사로, 당시 나로서는 하늘

같은 회사였다. 그런데 막상 들어가 보니 그 오피스는 내가 생각했던 곳이 아니었다. 낯설다고나 할까 아니면 뭔지 모를 배타적인 의식이라고나 할까? 부동산 세일즈 퍼슨, 즉 에이전트는 통상 독립적인 위치에서 자기 능력껏 비즈니스를 하지만, 그곳의 분위기는 어쩐지 내 맘에 들지 않았다.

그리하여 일주일 만에 '그레이트 웨스턴(Great Western)'이라는 회사 소속의 헌팅턴 비치(Huntington Beach) 오피스로 자리를 옮겼다. 바로 그곳이 내 부동산 인생의 실질적인 출발지였다.

처음부터 한국계 회사를 택할 수도 있었으나 당시 한국계 부동산회사는 규모가 작았다. 기왕에 시작할 거라면 영세한 한국계보다는 미국 주류 사회의 좀 더 큰 회사에서 체계적으로 일을 배워보고 싶었다. 그런 나에게 그레이트 웨스턴 회사는 안성맞춤이었다.

미국 굴지의 금융 및 부동산회사로 남부 캘리포니아에만 100여 개의 부동산 오피스와 50여 개의 자체 은행을 보유하고 있어 부동산 비즈니스를 일으키는 데에 그만인 회사였다. 무엇보다 자체 은행을 통해 부동산 융자를 쉽게 해줄 수 있다는 점은 한국계나 다른 군소 부동산회사에 없는 강점이었다. 이곳에서 2개월 정도 일하면서 미국 부동산회사의 시스템을 파악한 후, 한국계 부동산회사로 옮기면서 나만의 세일즈 능력을 발휘할 수 있게 되었다.

이미 설명했듯이, 부동산 거래에 관여하는 라이선스는 브로커와 그 휘하의 세일즈 퍼슨(에이전트라고도 한다) 형식의 이중 구조로 돼 있다. 세일즈 퍼슨은 라이선스를 가지고 부동산 매매에 관여하지만, 그 매매가 최종적으로 승인되려면 윗선인 브로커의 서명이 있어야 한다. 거래가 끝난 뒤, 만에 하나라도 사기나 다른 불미스런 상황이 발생할 경우 거래를 알선한 에이전트와 오피스(브로커)가 그 책임을 지는 것이다. 에이전트 라이선스를 취득하기는 쉽지만 그 쓰임은 이렇듯 어렵고 까다롭다.

그렇다면 부동산(주택) 거래는 어떻게 이루어질까? 주택을 소유한 사람이 팔고자 한다면, 일단 부동산중개 에이전트에게 팔아달라고 의뢰를 해야 한다. 일종의 고용계약(리스팅)인데, 통상 '리스팅을 준다.'고 한다. 이렇게 하는 이유는 제도적으로 개인과 개인 간에도 거래를 할 수가 있지만 쉽지 않기 때문이다. 주택은 대개 은행에 담보가 설정돼 있다.

미국에서 현금을 100% 지불하고 집을 사는 일은 거의 없다. 현금이 있다면 다른 데에 쓰고 은행에서 적당한 자금을 대출받아 구입한다. 이것이 나와 같이 부동산 거래를 통해 먹고 사는 중개업자들이 존재하는 이유다. 주택에 걸려 있는 융자 문제, 기타 담보 문제 때문에 주택의 소유권자는 거의 자격증을 가진 브로커(에이전트)에게 집을 팔아달라고 의뢰를 하는 것이다. 이때 소유권자는 이 주택에 대한 모든 정보를 상세히 알려준다. 이 집에 도둑이 든 일이 있었는지, 사람이 죽었는지, 건축할 때 보온재로 석면을 썼는지, 집 주위에 성범죄자가 살고 있는지, 물이나 습기가 있어서 인체에 해로운 곰팡이가 서식하는지, 심지어는 인체에 해롭다고 결론이 난 수십 년 전의 페인트가 어디에 칠해져 있는지 등 주택의 품질에 관련된 사항이라면 상세하게 밝혀야 한다.

그러면 에이전트는 이 자료와 주택 감정평가사의 감정, 주변 시세, 향후의 전망 등 여러 조건을 따져 가격을 산정하여 판매하게 된다. 이때 주택 가격은 합리적이고 객관적으로 책정된다.

한국에서는 집을 파는 사람의 의사가 중요하지만, 미국에서는 에이전트에 의해 가격이 산정되는 경우가 많다. 그래서 흔히 아파트 단지 부녀회에서 하는 '얼마 이하로 집을 내놓지 말자!'는 식의 가격 담합 같은 것도 원칙적으로 있을 수 없다. 반 트러스트 법(Anti-Trust)에 의해서 금지된다. 부동산 에이전트 몇 명이 모여서 우리 커미션 얼마를 받자거나 얼마 이하는 받지 말자고 해도 법에 저촉된다.

에이전트가 책정하는 가격의 적정성은 부동산중개 수수료 제도에서 쉽게 확인이 된다. 그 단적인 예가 대개 집주인한테만 수수료를 받는다는 사실이다. 집을 새로 사서 오는 사람의 경우는 은행 융자를 비롯해서 집을 단장하고 가구를 새로 들이는 등 돈이 들어갈 데가 많다. 집을 사느라고 이미 지출을 많이 했으므로 수수료는 내지 않아도 되고, 대신 집을 팔아서 목돈을 챙긴 사람은 수수료를 내는 것이다. 거의 한쪽에서만 받으므로 수수료가 비싼 편이다. 통상 매매 가격의 6%를 받는다. 한국에서라면 놀라 자빠질 만큼 큰 액수다. 예를 들어 100만 달러짜리 집일 경우 6만 달러, 즉 10억 원짜리 집을 팔아주고 6천만 원을 챙긴다.

1%만 받아도 부당하다고 난리를 치는 한국에 비하면 엄청나게 많은 액수다. 토지나 사업체의 경우는 10%에서 많게는 12%까지도 받는다. 가히 부동산업의 천국이라 할 수 있다. 그러나 중요한 것은 부동산 커미션을 받아서 부동산 재벌이 탄생하는 일이 없다는 것은 이 제도가 어느 정도 공평하다는 것이다. 수백 년이 흘러오면서 그 정도는 받아야 평균 가정 네 식구가 생활할 수 있다는 합리적 근거에서 결정된 것이라면 한국의 부동산 업계는 너무 불합리한 것이 아닌지?

에이전트의 능력은 당연히 리스팅 물량을 얼마나 확보하느냐에 달려 있다. 그런데 이것은 의뢰를 받은 집을 소유자가 만족할 만한 가격에 잘 팔아주는 능력과 직결된다. 좋은 값을 받으면 에이전트 자신의 수입도 증가할 뿐만 아니라 그러한 평가가 축적되어 더 많은 리스팅 계약을 체결할 수 있게 된다.

바로 그 점에서 내게는 강점이 있었다. 메인테넌스 경력이 헛된 것이 아니었다. 주택의 상태를 나만큼 잘 알아보는 안목을 가진 사람은 그리 흔치 않았다. 게다가 나는 '청소의 달인'이라는 소리를 들을 만큼 청소를 잘하는 사람이었다. 내 손을 거치면 집값이 올라가게 돼 있었고, 내가 아이디어를 내면 더 잘 팔렸다. 감히 '마이다스의 손'이라고 하지는 못하겠지만, 주택 거래에 있어서만은 처음부터 생존력을 지녔을 뿐 아니라 가격 경쟁력이 있는 부동산 세일즈 퍼슨이었다.

"잘하겠습니다"

선망의 대상이 되는 전문직 종사자들에게 통용되는 생존법칙이 있다. 우선 공부하는 데 투자하는 시간에 비례하여 전공자들의 경쟁 대열에서 탈락하는 비율이 좌우된다는 법칙이다. 어려운 공부를 많이, 그리고 오랫동안 한 그룹이 해당 전문 분야에서 자리 잡을 확률이 더 높다는 얘기다. 예를 들어 10~15년을 공부하는 의사들의 경우는 100명 중에서 10~15명 정도가 낙오하여 다른 길을 가고, 5~6년 정도 공부를 하는 미국 변호사들은 20~40% 정도가 중간에 다른 업종으로 방향을 바꾼다. 회계사나 펀드매니저 등 첨단 전문직도 공부한 기간에 비례하여 그 탈락률이 좌우된다고 보면 크게 틀리지 않다.

부동산 브로커나 에이전트도 성공하면 선망의 대상이 될 수 있으나 대체적으로 쉽게 라이선스를 얻을 수 있다는 점에서 생존율이 희박하다. 부동산 브로커로 일을 시작한 사람 가운데 10~15%가 경쟁을 뚫는다. 그리고 여기서 살아남은 사람 중에 7~8%의 소수 정예가 전체 부동산 거래 물량의 85~90%를 움직인다. 내 입으로 말하기 무엇 하지만, 미국의 부동산업계에서 뉴스타부동산 그룹이 살아남았을 뿐만 아니라 매출 규모가 30억 달러에 이른다는 사실은 그래서 큰 의미가 있다.

우리 뉴스타부동산 그룹은 알다시피 미국의 메이저 부동산그룹인 'ERA'의 프랜차이즈 회사였다. 수년 동안 'ERA' 프랜차이즈 소속 부동산회사 중 3위권 내에 들고 있을 뿐만 아니라, 2005년과 2006년에는 하늘에서 별을 딴다는 4천여 개의 지사 중 당당히 일등을 했다.

주변에서는 이런 성공을 바탕으로 'ERA'를 떠나 독자적인 글로벌 부동산 브랜드로 거듭나는 문제에 대해 진언해 오고 본인 역시 뉴스타부동산이 한국계로서 갖는 태생적인 한계를 돌파하고 싶어 'ERA'나 '센추리21' 같은 메이저 부동산회사로 키워내고 싶은 야망도 있어 지금은 독자적인 뉴스타부동산 브랜드로 주류사회에 당당히 맞서고 있다.

92년 이사를 기념하며

한국계 부동산회사로 어떻게 여기까지 왔는가? 기운칠삼이든 운칠기삼이든 나에게 행운이있었음을 우선 인정한다. 한인커뮤니티의 성장과 한국의 국제적 위상 제고 역시 내 비즈니스에서 빼놓을 수 없는 후광이었다. 그것이 아니고서는 내 성공을 이야기하기 어렵다.

나는 그레이트 웨스턴사의 헌팅턴비치 오피스에 적을 두고 처음 에이전트 업무를 시작했다. 사무실 출입구 앞의 번잡한 곳에 내 책상이 놓였으나 개의치 않고 에이전트 '크리스 남'을 광고하는 문제에 집중했다. 새내기였기 때문이기도 하지만, 출입구 곁의 자리라도 활용하기 나름이라고 생각했다. 나같이 처음 시작한 에이전트가 임자 없이 방문하는 고객들을 가장 먼저 만나 상담할 가능성도 많았기 때문이다. 광고를 해서 알려진다면, 사무실을 방문한 고객이 가장 먼저 나를 발견하고 더욱 반가워할 수도 있었다.

그렇게 긍정적으로 생각하면서 광고에 심혈을 기울였다. 돌아보면 무모할 정도로 광고에 몰입했던 것으로 기억한다. 업무를 시작한 첫 한 달 동안 나는 8천 달러를 광고비로 지불했다. 이것은 내가 청소업을 하며 번 돈 전부를 건 큰 도박이었다. 나중에 그 돈이 얼마나 큰지를 셈해보니 내가 미국에 와서 4년간 뼈 빠지게 청소하여 저축한 돈의 5분의 1에 달했다.

1988년 당시의 8천 달러는 지금의 원화 8백만 원과는 비교할 수 없을 정도로 큰 목돈이었고, 어쩌면 2천만 원 정도의 가치라 해도 과언이 아니었다. 미국 돈이 얼마나 가치가 있고 모으기 힘든 줄은 미국에서 벌어 본 자만이 안다. 임금의 대부분을 각종 할부금으로 지불하여 거의 저축을 못하는 미국인들의 기준으로 보아도 상당히 큰 액수였다.

다른 부동산 에이전트와 비교해도 내가 그때 쓴 광고비는 엄청나게 많은 돈이었다. 그 당시 '제법 한다' 하는 부동산업자들도 한 일간지에 일주일에 1회 정도 3단 1/2짜리(신문 전면은 15단임) 광고를 하는 데 그쳤다. 그런데 나는 한인 교포사회의 양대 일간지인 한국일보와 중앙일보에 각각 주 6회 광고를 내보냈다. 다른 에이전트에 비해 최소한 열 배 이상의 광고비를 쏟아 부은 셈이었다.

신문 광고뿐만이 아니다. 버스 정류장 벤치에도 골프장 스코어 카드에도 내 사진과 이름이 새겨진 광고를 내붙였고 각종 판촉물을 만들어 내 이름을 알렸다. 아무튼 '남문기'라는 이름 석 자를 알릴 수 있는 곳이라면 장소와 구조물을 가리지 않고 붙였다.

나중에는 대형 빌보드 광고도 하게 됐는데, LA 한인 중에서 자신의 얼굴과 이름을 버스 정류장 벤치와 빌보드에 광고한 사람은 내가 처음이었다. 광고 문구는 이 한 마디였다.

"잘하겠습니다."

혹자는 이것을 파상적인 공세라고도 하는데, 나는 에이전트 초보자가 겁도 없이 시도한 대공습이었다고 생각하고 있다. 광고 분야의 혁명이라고 하는 사람도 많았다. 그때까지 아무도 그렇게 광고하는 사람은 없었다. 광고계에서도 이것은 신선한 충격을 준 사건이었다. 부동산업계에서는 태풍으로 받아들여졌다.

"잘 하겠습니다."라는 광고 카피는 에이전트를 새로 시작하는 나를 알리는 데 안성맞춤이었다. 이보다 더 확실하게 에이전트로서의 의지를 보여주는 말은 없었다. 말하는 내 쪽에서는 최선을 다하겠다는 의지를 표현한 것이고, 듣는 쪽에서는 공손하고 겸허하게 들리는 구호였다.

광고 전략은 적중했다. 속된 말로 대박이었다. 업무를 시작한 지 한 달 만에 나는 새로운 스타(New Star)로 떠올랐다. "잘하겠습니다." 라는 말은 한인 사회에서 유행어가 되었다. 그리하여 내가 나중에 활동하게 되는 오렌지카운티의 가든그로브 지역에서 남문기, 미국명 '크리스 남'을 모르는 사람이 없을 정도가 됐다.

LA로부터 남쪽으로 25마일 정도 떨어진 가든그로브는 당시 안정 주택 지로 한인들의 관심이 높은 요지로 꼽혔는데, 광고를 통해 이 지역 사람들의 인식에 남문기를 심어놓을 수 있었다. 또한 일간지를 통해 남부 캘리포니아 전역의 한인들이 내 얼굴과 이름을 알게 되었다.

실적으로 말해야 한다

육지에서는 탱크이지만 바다에서는 배로 사용되는 수륙양용 장갑차 LVT(Landing Vehcle Tracked)가 적의 해변에 상륙하면서 꽁무니를 여는 순간부터 해병대는 스스로의 요령으로 살아남아야 한다. 상륙을 지켜보고 있는 적은 무자비하게 총을 쏘고, 해병대는 그 총탄 속을 뚫고 전진하여 적을 제압하거나 공격을 해야만 살아남는다. 다시 말해 '이겨야 된다'. 실어다 준 배는 이미 떠났으니, 퇴로는 차단되고 전진을 해야만 살아남는 이 상황이 해병대 출신인 내가 생각하는 '배수의 진'이다.

광고에 모든 것을 걸었을 때의 내 기분이 그랬다. 최악의 경우, 내가 일등을 했던 청소업계로 돌아갈 수 있으리라는 생각도 있었으나, 여기서 포기하고 돌아간다는 것은 적탄을 맞고 죽는 것이나 다름이 없었다.

어쨌든 그렇게 주사위는 던져졌다. 나는 이 판에 거의 올인을 한 셈이었다. 걱정이 없을 수가 없었다. 걱정을 없애는 유일한 방법은 일을 열심히 하는 것이었다. 모든 것을 건 만큼 내가 할 일은 많았다. 신문 광고 문구를 챙기고, 리스팅 하는 방법을 공부하고, 손님들에게 편지를 쓰고, 서명해야 할 서류들을 정리하고…. 청소 일을 할 때는 아침 6시 15분에 시작했는데, 여기서는 그보다 15분이 빠른 6시에 나가 일을 시작했다.

사실은 부동산 라이선스를 따자마자 내가 가장 먼저 한 일이 있다. 부동산용 계산기와 컴퓨터, 전지가위와 모종삽, 낫 등이 들어 있는 가드닝(gardening) 도구 세트를 구입한 일이었다. 부동산용 계산기는 집을 사는 사람에게 이자율, 대출금 월 상환액수 등을 자동으로 계산해 주는 특수 장비로 부동산중개업자라면 누구나 구입해야 했지만, 아무도 고가의 부동산용 계산기를 구입한 사람은 없었다.

당시에 고가품이었던 컴퓨터를 구입한 것은 새내기다운 이색적인 결정이었고, 또한 차별화 전략이었다. 부동산업계에서 프로가 되려면 정보의 취득은 물론, 그것의 과학적인 분석과 종합을 통한 통계 작업에서 일반인들보다 앞서가야 했다. 비싼 사무기기라 하더라도 그런 이유에서 컴퓨터는 필요했다. 그렇게 함으로써 나는 출발점에서부터 다른 에이전트들보다 한발 앞설 수 있었다. 그때 대다수 한인 부동산 종사자들은 복덕방 수준을 넘지 못한 채 수기나 암산 방법을 택하고 있었다.

가드닝 세트를 구입한 것이 얼른 이해가 안 될 수도 있을 것이다. 그러나 내가 청소를 포함하여 페인트, 타일, 마룻바닥, 정원 등 집이나 빌딩 관리 일체를 주업으로 한 메인테넌스업에 종사했던 경험이 있다는 것을 상기한다면 '아하!' 하고 이해가 될 것이다. 이미 언급했듯이 그것은 나에게 정말 소중하고 대단한 이점이었다.

가드닝 세트는 '오픈 하우스' 용으로 쓰는 도구였다. 오픈 하우스란 손님으로부터 매각을 의뢰(리스팅)받은 집을 다른 부동산 에이전트들이나 구매 의사가 있는 사람들에게 보여주기 위해 주로 토요일과 일요일에 집을 일반인들에게 공개하는 것을 말한다.

오픈 하우스를 하는 날이 되면 리스팅을 받은 에이전트는 통상 해당 주택에서 반경 1마일 이내의 사람들의 통행이 빈번한 곳에 수십 개의 표지판을 붙여, 매물로 나온 집을 보여주게 되었다는 사실을 알린다. 표지판을 많이 꽂아 놓으면 그만큼 사람들이 많이 보게 되고 집을 구경하러 찾아오게 될 확률도 높아진다. 그렇게 와서 본 사람 중 한 사람이 집을 사게 될 수도 있는 것이다.

오픈 하우스 행사 날이 되면 에이전트들은 아침 시간을 표지판을 붙이는 데 할애하고 오전 11시경 무렵부터 본격적으로 집 구경을 오는 손님을 받는다. 이때 에이전트의 태도는 의뢰인에게 깊은 인상을 남긴다. 오픈 하우스 표지판을 단 하나라도 더 부착하려고 애를 쓰고 손님에게 성실히 설명하는 것은, 단돈 1달러라도 더 받을 수 있는 행동일 뿐만 아니라 의뢰인에게도 보기 좋은 그림이 아닐 수 없다. 그래야 집을 판 뒤에도 뒷말이 없고 거래를 흡족하게 생각한다.

첫 거래는 12월 23일에 이루어졌다. 한인 W씨의 집과 마켓 2건이었다. W씨는 LA에서 마켓을 운영하는 분으로 거래를 내게 맡겼는데, 그 거래의 끝에 좋지 않은 앙금을 남겼다. 집을 팔았으나 사실상 나는 얻은 것이 없었다. W씨가 주기로 한 부동산 커미션을 내게 주지 않아 내 몫의 5만 8천 달러를 떼였던 것이다. 새내기로서 치른 신고식 치고는 속이 쓰리고 혹독했다. 그러나 라이선스를 받은 날이 12월 16일이었으니 정말 놀랄 만큼 빨리 거래가 성사되었다는 점은 그나마 위안이었다.

그로부터 시간이 꽤 지난 뒤, 한 번은 W씨를 우연히 술집에서 만난 적이 있었다. 이미 정리된 일이라 마음속으로는 포기하고 있었으나, 막상 당사자가 눈앞에 나타나자 눌렀던 화를 참을 수 없었다. 정말 당시에는 눈에 불꽃이 튀어 아무런 생각이 들지 않았던 것 같다. 식사 중인 W씨의 잘 차려진 테이블 위로 거침없이 뛰어올랐다. 해병대 성깔이라고나 할까, 욱하고 치미는 분노를 도저히 견딜 수가 없었다. 냅다 한 대 걷어차 버리고 묵사발로 만들고 싶었으나 친분 있는 신문기자가 곁에서 붙들어 말렸다.

"크리스, 여기는 미국입니다, 경찰이 총을 쏴도 무방한 나라라고요. 바보 같은 사람 때문에 똑똑한 당신이 억울하게 당하고 싶어요? 어쩌면 저 사람은 '오냐, 그래 한 번 해봐라.' 하고 때리기를 기다리고 있는지도 모르지 않습니까?"

결국 나는 성질대로 못하고 말았다. 씩씩대고 분노를 삭이며 도로 내려올 수밖에 없었다.

그로부터 다시 또 얼마쯤 시간이 흐른 뒤, W씨가 사무실로 나를 찾아왔다. 그의 손에는 5천 달러 지폐 한 다발이 들려 있었다. 하지만 그까짓 돈으로 그 동안의 나의 분노를 달랠 수는 없었다. 이번에는 망설임 없이 돈뭉치를 발로 힘껏 차버렸다. 5천 달러가 사무실 안에 흩어져 날렸다. 미국에 와서 처음 본 '달러 비'였다.

첫 거래에서 5만 8천 달러를 떼였으나 남는 것도 있었다. 남문기 스타일의 오픈 하우스 기법을 찾은 것은 특히 의미가 컸다. 그때부터 나는 에이전트들이 이제까지 해 온 방식과는 다른 아이디어로 승부를 걸었다. 그러자 거짓말같이 일이 몰려왔다. 광고의 효과는 그렇게 컸다. 첫 거래는 망쳤으나 1월 성적을 결산해 보니 내가 속한 오피스 안에서 일등이었다. 2월에도 일등을 했다. 3월에는 가든그로브 내 한인 타운에서 한인이 운영하는 부동산회사로 옮겼는데, 거기서도 소속된 17명의 에이전트 중에서 내가 일등이었다. 총 8개를 팔면 내가 7개를 팔고, 10개를 팔면 내가 9개를 팔았다. 새내기 에이전트였으나 어느 사이 오피스의 핵심으로 인정받게 되었던 것이다.

이런 지나친 독주는 본의 아니게 주변 사람들을 불편하게 하기도 했던 것 같다. 양극화로 인한 심리적 박탈감이 시기와 뒷말을 낳게 했다고 할 수 있다. 하지만 부동산업계는 실적으로 말하는 세계였다. 내 실적이 오피스를 먹여 살렸으니 말이다.

나는 그래서 한 오피스에 오래 머물러 있을 수가 없었다. 결국 '서니부동산'에 간 지 3개월 만인 6월 하순에 'ERA 그로브 리얼티' 오피스로 자리를 옮겼다. 22명이 일했던 ERA에는 한인, 미국인, 베트남인, 히스패닉 등 여러 인종이 섞여 있었으며 거기서도 10개를 팔면 내가 9개를 팔았다. 많을 때에는 나 혼자 한 달에 28개를 팔기도 했다. 오피스를 옮길 때 에스크로를 28개나 가지고 옮긴 적도 있었다.

결국, 그런 여세를 몰아 9월 25일에는 오렌지카운티 가든그로브, LA 한인타운과는 좀 멀리 떨어진 곳에 '뉴스타부동산' 간판을 단 내 소유(오너)의 부동산 오피스를 열었다. 그리고 내 오피스가 미국 프랜차이즈 리얼티월드 남가주 일등이라는 최고 실적을 기록하여 부동산 업계를 바짝 긴장시키기도 했으며, 그 해 리얼티월드가 선정한 남가주 최고의 상을 받았다. 한 마디로 입문 첫 해에 신인왕과 시즌 MVP를 동시에 석권한 것이나 다름이 없었다.

언제부터 남문기가 유명했는지 물으면 나는 시인 바이런(Byron)을 이야기한다. 1988년 어느 날 보니 가든그로브에서, 아니 남가주에서 남문기를 모르는 사람이 없었다고 말이다. 신문광고, 벤치광고, 버스 정류장의 대형광고, 판촉물을 통한 광고 덕분에 한인들 중 상당수는 나와 일면식도 없으면서 내게 친근하게 인사를 하는 경우가 많았다. 광고 효과를 톡톡히 누린 셈이다.

연평도 폭격 후 우리나라를 지켜주는 후배들이 너무 고마워 후원금을 들고 찾아간 연평부대 LVT 앞에서 한성섭 해병대 선배님과 함께

히트 고객 서비스
"가드너가 아닙니다"

나의 고객 서비스는 기발하다 할 수 있었으나 그렇게 대단한 것은 아니었다. 에이전트들이 이제까지 해 온 방식보다 조금 더 극성을 부린 정도의 아이디어였다. 앞서 언급했듯이 내 경험의 활용과 한국인다운 붙임성, 그리고 부지런함이 전부였다. 그런데 그것이 '잘 하겠습니다.' 라는 광고와 결합되어 내가 기대한 것 이상의 효과로 나타났다.

리스팅(매각 의뢰)을 받은 집의 오픈 하우스가 예정돼 있는 날이 되면 나는 이른 새벽부터 표지판을 부착하기 시작했다. 다른 에이전트들이 반경 보통 4분의 1마일을 꽂는 데 비해 나는 2분의 1에서 1마일을 꽂았다. 나중에 그렇게 해서 내가 성공했다는 말을 듣고 따라 하는 사람이 있었는데, 그때 다시 1.5마일로 범위를 더 넓혀 '감히' 흉내 내지 못하게 방어했다. 또 1회의 오픈 하우스에 다른 사람들이 2~6개의 표지판을 부착했지만 나는 30개 이상의 표지판을 부착했다. 새내기로서 그 정도는 해야 표시가 나고 눈에 띌 것이 아니겠는가? 표지판을 한 개라

116

도 더 꽂아야 한 사람이라도 더 보고, 조금이라도 더 먼 곳으로 더 넓게 분포시켜야 한 명의 손님이라도 더 오게 될 것이라고 판단했던 것이다. 부동산중개업에 종사하는 닳고 닳은 에이전트들 가운데는 나중에 뽑을 표지판인데 뭘 그리 많이 꽂느냐는 사람도 있었다. 리스팅을 준 집주인을 위한 눈가림용으로 너덧 개 정도만 부착하는 간 큰 사람도 있고 개중에는 동네 아이들이 표지판을 중간에 떼어 간다며 아예 표지판 부착을 한두 개만 하고 기피하는 배짱 에이전트도 있었다. 새내기인 내가 그럴 수는 없었다. 그것은 리스팅을 준 고객을 기만하는 행위이며, 내가 발전하고 성장할 기회를 스스로 막는 어리석은 짓이었다.

내가 고객에게 제공하는 서비스는 거기서 그치지 않았다. 시간적으로 서두르고 표지판을 몇 개 세우는 데서 끝났다면 새내기 '남문기'라는 이름이 결코 스타덤에 오르지 못했을 것이다. 새벽부터 일어나 남들보다 많은 표지판을 꽂고 나면 보통 9시쯤 되었다. 리스팅 받은 집을 찾아가기 부담스러울 만큼 시간이 일렀다. 그래서 나는 집 안에 들어가지 않고 집 밖의 정원을 정리하고 청소를 했다. 이것은 내가 리스팅 전문 에이전트로서 좋은 평판을 얻는 데 매우 중요한 요소였다. 잔디가 자란 것 같으면 잔디 깎는 기계를 찾아 깎고, 스프링클러를 작동하여 잔디와 꽃에 물을 주었다. 정원의 나무가 무성하면 가드닝 세트로 가지치기도 했다. 기왕에 팔려고 내놓은 집이라면 조금이라도 더 산뜻하게 보여야 사려는 사람의 마음을 움직일 것이 아니겠는가.

여담이지만 그 당시 한국에 다녀오는 길에 낫을 몇 자루 사온 적이 있다. 미제 가드닝 세트보다 어린 시절 소꼴을 베고 나무를 할 때 많이 썼던 낫이 더 손에 익고 편해서였다.

집의 외부를 그렇게 정리하고 나면 집안의 주인이 문을 열고 나를 맞았다. 교양이 있는 집 주인들은 나름대로 미리 청소를 깨끗이 해놓지만, 한때 '청소업계의 신화'를 이룩했던 내 눈에는 늘 더러운 곳 천지였다. 눈에 보이는 곳만 청소를 해놓기 때문이었다.

하지만 나는 내가 주인이라는 생각으로 직접 걸레와 세제를 들었다. 창문턱에 수북하게 쌓인 먼지도 털어내고 전자레인지의 기름때도 닦았다. 집 안의 이미지를 좌우하다시피 하는 카펫 청소도 내가 손을 대면 완전히 달라졌다. 진공청소기를 돌릴 때 S자형이나 지그재그로 왔다 갔다 하기보다는 양탄자의 결이 살아나도록 각도를 잘 잡아서 움직이면 한결 낫다. 한쪽으로 질서정연하게 결이 통일되어 있으면 첫눈에 산뜻해 보인다. 마치 방금 새 카펫을 깔아놓은 듯 기분이 상쾌해진다.

방범기금 모금 일일식당에서 나를 반기며 파안대소하는 어른과 함께

아침 일찍부터 찾아와 너무 극성(?)을 떤다고 투덜대는 사람도 있지만 열 명 가운데 아홉 명은 그런 나를 보고 흐뭇해했다. 그 극성이 누구를 위한 극성인지를 자신들이 더 잘 알기 때문이다.

한 번은 이런 일이 있었다. 일을 시작한 첫 해 5월인가, 나는 리스팅을 받은 가든그로브의 어떤 주택의 오픈 하우스를 위해 새벽 일찍 그 동네로 찾아갔다. 다른 사람보다 '더 많이' 서비스하는 것이 내 특기인지라 새벽부터 부지런히 그 집의 동네 일원에 오픈 하우스 표지판을 세웠다. 그리고 오픈 하우스가 예정된 집에 도착해 보니 아침 8시 30분이었다. 그런데 그 집주인도 나 못지않게 부지런하고 깔끔한 사람이었는지 일찍 도착한 내가 딱히 서비스를 해야 할 일거리가 없었다. 집 안이 말끔히 청소돼 있었으며 정원도 크게 손볼 곳이 없었다.

보통 정오 무렵부터 오픈 하우스를 시작하므로 시간이 너무 많이 남았다. 이런 일은 또 처음이었다. 답답하고 무료했던 나는 이리저리 눈을 돌리다, 한 순간 제대로 관리되지 않은 흔적이 역력한 옆집 정원이 눈에 들어왔다.

이것이다! 나는 자동차에 싣고 온 가드닝 세트를 꺼내서 잔디와 정원수를 다듬기 시작했다. 내가 파밍하는 지역이기 때문에 동네 사람들은 거의 안면이 있고 알고 지내는 사이이기도 하다. '놀고 있느니 염불이라도 한다.'고 잠시라도 손을 쉬게 놔둘 수가 없었다. 초조하게 앉아 오픈 시간만 기다리며 걱정과 잡념에 사로잡혀 있는 것보다는 백 번 나은 일이었다. 땀을 뻘뻘 흘리며 한참 일을 하고 있으니 그 집 주인인 백인 할머니가 나왔다.

"여보세요, 지금 내 집에서 뭘 하는 있는 건가요?"

내가 수고비를 달랠까 봐 염려가 되었는지 할머니는 경계심이 가득 찬 표정으로 물었다. 와이셔츠를 단정히 입은 모습이나 여러 가지 정황을 비춰보아 도둑이나 미친 사람은 아닌 것 같은데, 왜 난데없이 남의 집 정원을 만지작거리고 있느냐는 뜻이었다.

"예, 저는 가드너가 아닙니다. 부동산 에이전트입니다!"

나는 얼른 호주머니에서 명함을 꺼내 들었다.

"오늘 옆집의 오픈 하우스를 준비 중인 부동산 에이전트 '남문기'라는 사람입니다. 오픈 하우스를 위해 집을 단장하다가 시간이 남아서 이렇게 허락도 받지 않고 할머님 댁 정원에도 손을 조금 댄 것입니다."

그렇게 나는 공손하게 사정을 설명했다. 순간 할머니는 도저히 믿기지

1,000명의 에이전트와 함께 일할 수 있기까지 성공할 수 있었던 것은 희생, 봉사, 서비스 정신으로 아낌없이 주는 것이라고 생각한다

않는다는 표정을 지었다. 그러고는 계속 하라거나 하지 말라는 말도 없이 집 안으로 쑥 들어가 버렸다. 그런데 그 할머니가 다시 나를 찾아온 것은 오픈 하우스가 거의 끝나갈 때쯤이었다. 할머니 손에는 직접 구운 예쁜 쿠키가 들려 있었다.

"나는 3년 전에 남편이 떠난 뒤 혼자 살고 있답니다. 그런데 혼자 힘으로는 정원 관리가 너무 힘들어서 눈에 띄는 데만 겨우 손질하고 지내왔어요. 아까는 잠깐 오해를 했지만, 앞으로 당신의 고객이 될게요. 나는 물론, 내가 알고 있는 모든 사람이 크리스 문기 남(Chris Moonkey Nam, 명함 속의 내 이름) 당신을 통해 집을 팔고 사게 하겠어요. 나는 이 동네에서 50년 이상을 살아 왔기 때문에 도움을 줄 수 있을 것입니다."

할머니는 집에서 손수 구운 쿠키를 들고 와 건네며 이렇게 말했다. 그러면서 백인 할머니는 내 명함 열 장을 얻어갔다. 그 후 실제로 그 할머니는 수당을 받지 않는 나의 선전원이 됐다. 지금은 돌아가셨지만 나는 할머니의 소개로 2남 1녀인 그 할머니의 자녀들 집을 포함해 정확히 9건의 거래를 성사시켰다. 이런 방법들이 부동산업에 입문한 첫해에 내가 일등을 한 비결 중 하나였다고 생각한다.

광고의 달인은 성공으로 보수를 받는다

내가 부동산업을 시작하던 때에, 부동산 오피스에 벤츠를 가진 에이전트는 한두 명에 불과했다. 그런데 지금 우리 뉴스타부동산 소속 에이전트 중 많은 분들이 벤츠를 굴린다. 부동산 경기가 호황이었을 때는 300~400여 명이 벤츠를 굴렸다. 그만큼 뉴스타 브랜드가 부동산 시장에 확대되었다는 뜻이기도 하지만, 한인 커뮤니티의 경제 규모가 성장했다는 것을 의미하기도 한다. 특히 세일즈 여건이 전보다 엄청 좋아졌다. 내가 에이전트로 뛰던 때에는 미국인이 우리에게 20% 정도 밖에 개방하지 않았으나 지금은 거의 50% 심지어 60%를 개방하여 리스팅을 주고 있다.

1987년 말에 내가 새내기로 시작하여 성공했던 것처럼, 지금 들어오는 새내기도 나름의 전략과 열정, 아이디어가 있다면 얼마든지 성공할 수 있다. 선배 에이전트들이 좋은 고객을 독식하고 있다고 포기할 일이 아니다. 에이전트 광고도 누가 누군지 모를 정도로 범람하여 효과가 의심스럽겠지만 결코 그렇지가 않다. 새내기는 해마다 배출되고, 기성 에이전트를 능가하는 다크호스 역시 매년 등장한다.

미국 부동산업계에는 부동산을 시작한 첫해 6~7만 달러를 벌면 부동산 시장에서 살아남지만 그렇지 않으면 소리 없이 사라진다는 말이 있다. 첫해를 넘기지 못하고 사라지는 사람이 대략 70%이니, 수 년에서 수십 년 동안 에이전트 직업을 갖고 있다는 사실만으로도 이미 능력이 출중한 사람이라고 할 수 있을 것이다.

첫해에 살아남는 기발한 방법이 있는 걸까? 단언하건대 왕도가 있는 것은 아니다. 다만 자기 고유의 광고 전략과 고객 서비스 전술에 따라 성공과 실패가 갈리게 될 뿐이다. 예전에는 예전의 방법이 통했고, 현재에는 현재 시점에 맞는 트렌드를 접목시켜 고객을 사로잡는 천차만별의 아이디어가 있을 수 있다.

지금도 마찬가지지만, 그때 나는 광고를 하지 않고 부동산을 하겠다는 것은 총을 가지지 않고 전쟁터에 나가는 것과 비슷하다고 생각했다. 오피스에서 일등 기록을 계속 갈아치우면서도 나는 광고에 올인하는 전략을 지속했다. 1년 동안 내 수입의 절반을 무조건 광고에 쏟아 붓겠다고 결심하고 그대로 실천했다. 결국 그것이 그 해 남문기를 새로운 스타로 만들어준 원동력이 되었다. 실력이 비슷비슷하다고 전제했을 때 잠재적 고객들의 뇌리에 나 자신을 확실하게 각인시키는 방법은 단연 광고였다. 광고를 중시했다 하니 신문이나 잡지 같은 매체 광고만을 떠올릴지 모르겠다. 그러나 그것은 누구나 할 수 있는 것이다. 개중에는 남들이 다 하고 있으니까 뭘 해야 할지 모르겠다고 푸념하는 사람도 있다.

미안하지만 그런 사람은 부동산 에이전트로 성공할 생각을 버리는 것이 낫다. 부동산업에서 사고가 구태의연한 사람과 아이디어가 빈약한 사람은 성공하기 쉽지 않은 직업이기 때문이다.

예를 들어 골프장에서 골프를 칠 때도 내 회사, 내 이름을 광고하는 방법이 있다. 골프를 좋아하는 나는 골프장에 갈 때마다 '뉴스타부동산 남문기'(New Star Realty : Chris Nam)라고 새겨진 골프티(tee)를 잔뜩 챙겨 나가서 내가 치고 지나간 티 박스마다 몇 개씩 뿌려 놓았다. 내 뒤에 오는 골퍼 가운데 아무나 내 이름이 적힌 티를 주워가라는 뜻에서였다. 골프공을 올려놓을 때 쓰는 나무나 플라스틱으로 된 이 작은 티는, 값은 얼마 하지 않지만 골퍼 누구라도 티 박스에 굴러다니는 티를 보면 줍게 마련이다.

사실 첫 번째 티 박스에서 '뉴스타부동산 남문기'(New Star Realty: Chris Nam)가 적힌 티를 주웠다고 해서 한 번에 내 이름을 기억하지는 못한다. 오히려 처음 한두 개를 주울 때는 티를 흘리고 다니는 칠칠치 못한 사람이라고 비웃을 수도 있을 것이다. 그러나 세 번째 홀, 네 번째 홀, 다섯 번째 홀…. 이런 식으로 계속 따라오며 줍게 되면 이야기가 달라진다. 내가 버린 티가 있는지 찾게 되고, 없으면 허전해진다.

'삼성그룹 창업자 이병철 회장도 골프티는 줍는다.'는 말이 있다. 결국 그 사람은 골프장 열여덟 홀을 돌면서 내 이름을 확실하게 기억하게 된다. 그리고 남문기라는 에이전트가 일부러 티를 뿌리며 지나갔다는 것도 깨닫게 된다. 아이디어가 제법 괜찮았다고 생각하는 것은 물론이다.

그런 일이 있은 후의 결과는 불을 보듯 뻔하다. 그 골퍼가 집을 사거나 비즈니스를 팔 기회가 생겼을 때 과연 누구한테 리스팅을 주거나 매입을 의뢰 하겠는가? 이름도 모르는 수많은 부동산업자 가운데 한 명이 겠는가? 아니면 티를 뿌리는 방법으로라도 매사에 자기를 알리려 애쓰며 노력하는 에이전트에게 주겠는가. 그는 아마 내 이름과 뉴스타부동산을 오래전부터 알아온 듯한 느낌을 받을 것이고, 동시에 신문이나 언론에 자주 오르내리니 내게 의뢰를 할 것이다.

광고기법이라면 나는 웬만한 광고 전문가 못지않다고 자부한다. 그만큼 다른 사람이 미처 생각지도 못한 다양한 방법으로 광고를 했고 그 효과를 톡톡히 봤다. 뉴스타부동산이 올린 매출 실적도 광고의 힘이 있었기 때문이었다.

지금 현재 LA 한인타운 한복판, 올림픽 블러바드(Boulevard)와 버몬트 애비뉴 코너에 있는 대형 빌보드 광고를 보자. 이것은 한인사회에서

LA 한인축제 퍼레이드 차량을 탄 남문기 뉴스타 부동산 그룹대표 부부

내가 처음 시도한 광고였다. 삼성이나 현대 등이 자사 제품을 홍보하기 위해 빌보드 광고를 하기는 했으나, 제품 선전이 아니라 빌보드 전체를 사람의 얼굴 광고로 한 것은 내가 처음이었다. 더구나 부동산중개업을 하는 사람이 빌보드를 통째로 빌려 사용하는 것은 놀라움 그 자체였다. 이 빌보드 광고료로 한 달에 수천 달러를 지불하고 있었으나 그것이 하나도 아깝지 않다. 아니 마음 같아서는 빌보드를 더 키우고 싶었다. 나는 그 지역에 들어설 때마다 빌보드에 띄워져 있는 내 얼굴을 보며 인사를 건네고 다짐을 한다.

"남문기! 너는 지금 잘하고 있는 거야. 앞으로 회사를 더 키워야지."

한인타운 초입에 내가 떡 버티고 서서 한인타운을 지키는 수호자나 장승 역할을 하는 것 같아 얼마나 기분이 좋은지 모른다.

LA 한인 타운 초입 'Olympic & Vermont' 에 대형 빌보드 광고를 내어 한인타운에 사는 많은 사람들이 광고를 볼 수 있다.

한인동포 사회에서 내가 처음 시도한 광고는 그 외에도 많다. 지금은 완전히 보편화되었는데, 내가 알기로는 명함에 사진을 넣는 방식도 LA는 물론이고 한국까지 통틀어서 내가 처음 시도했던 것 같다. 또 버스 정류장의 대형 유리창과 벤치에 붙이는 광고도 한인 사회에서는 내가 원조다. 부동산을 시작한 지 1년 만에 오렌지카운티 가든그로브로 진입하는 20개 길목의 버스 정류장을 비롯하여 비치와 채프맨, 매그놀리아와 카텔라, 뉴랜드와 트래스크가 만나는 곳 등 사람들의 통행이 빈번한 거의 대부분 지역의 버스 정류장에 한글과 영문이 병기된 내 이름과 뉴스타 로고, 얼굴 사진이 든 광고가 거의 도배하듯이 돼 버렸다.

그리고 몇 년이 흐른 뒤, 나는 LA의 한인타운으로 진출해서 같은 방식의 광고를 크게 늘렸다. 그리하여 올림픽과 버몬트, 월셔와 웨스턴 코너 등 무려 40개의 버스 정류장에 벤치 광고를 시작했다. 한인타운 어디를 가나 내 얼굴을 쉽게 볼 수 있는 것도 바로 그 벤치 광고 덕분이다.

'뉴스타'의 깃발을 올리다

어느 날 깨어보니 가든그로브 부동산업계에서 유명인사가 돼 있었다! 이것이 광고에 모든 것을 걸고 투자한 결과였다. 사실 그러한 광고 기법은 미국의 거대 회사들이 이미 예전부터 써오던 것이다.

예를 들자면 맥도널드 같은 회사가 그런 광고 기법으로 미국의 상징이자 자본주의의 상징으로 이미지를 굳히고 있다. 어떤 사회학자는 '미국인은 어느 누구도 맥도널드의 포위망에서 벗어날 수 없다.'고 쓴 바 있다. TV를 켜면 TV에서 맥도널드 선전이 나오고, 신문을 펼치면 신문에서도 맥도널드 선전이 나온다. 그것이 보기 싫어 TV를 끄고 신문을 덮은 후 인터넷을 켜니 인터넷 팝업창으로 또 맥도널드 선전이 뜨고, 인터넷마저 끄니 아파트 문틈 사이로 맥도널드 광고가 실린 전단지가 들어오더라는 것이다.

맥도널드가 햄버거라는 사실은 누구나 다 알고 있는데 왜 그렇게 '지겹도록' 또 '집요하게' 광고를 해대는 것일까? 이유는 간단하다. 배가 고프고 시장기를 느끼는 순간 자동적으로 맥도널드가 연상되도록 하기 위해서이다. 만약 그때 버거킹이 먼저 떠오르면 손님을 버거킹에 빼앗기는 것이 되며, 피자가 먼저 생각나면 피자헛에 고객을 넘겨주는 꼴이 되기 때문에 그것을 막기 위해 그렇게 줄기차게 광고를 한다는 것이다.

가든그로브에서 부동산업을 시작한 첫해의 내 광고가 맥도널드 광고와 같을 수는 없었다. 맥도널드의 광고 타깃은 1달러짜리부터 많아야 5달러 내외의 상품 소비자였고, 내 광고는 수십만 달러에서 백만 달러가 넘는 주택 소유자를 겨냥한 것이었다. 그렇지만 그 효과는 맥도널드가 거둔 성과 못지않았다. 가든그로브 지역에서 나만큼 많은 리스팅을 받은 에이전트는 없었다고 보아도 된다.

많을 때의 이야기이지만 한 달에 28개의 물건을 팔았다는 것은 내가, '남문기라는 물고기'가 자라고 놀던 '어항'보다 더 커버렸다는 얘기와 비슷하다. 다시 말하면 오피스 소속으로 있기에는 남문기라는 존재가 너무 컸다는 뜻이다. 그래서 결국 나의 이름으로 된 사무실을 개설하는 문제를 진지하게 고민하게 됐다. 주변에서도 심심찮게 그런 얘기를 했다. 농담 삼아 내가 즐겨 하는 얘기이기도 하지만, 그때 주변 사람들의 꾐에 빠져 회사를 설립한 것이 결국 나를 오늘에 데려다 놓았다고 할 수 있겠다.

에이전트의 생존율이 높지 않은 것과 마찬가지로 부동산 오피스의 생존도 쉬운 일이 아니다. 아니, 두 배 이상 어렵다고 보아도 과언이 아니다. 이렇게 말하면 살아남은 자로서 부리는 허세라고 할 수 있겠으나, 브로커가 자기 이름의 회사를 설립하여 휘하에 에이전트를 두고 꾸려 간다는 것은 굉장히 어려운 일이다. 에이전트가 주선한 거래가 성사되기 위해서는 반드시 브로커의 서명이 들어가야 하고, 잘못되었을 때는 브로커의 책임이 무겁고 때로는 전적인 변상 책임도 져야 하기 때문이다.

그런데 그보다 더 바보 같은 짓이 에이전트가 브로커를 고용하여 회사를 설립하는 경우다. 고용된 브로커의 책임이 오피스로 돌아오고, 결과적으로 오너 에이전트가 그 책임을 지는 것이다. 그런데 바로 그 바보 같은 짓을 한 사람이 나였다. 그래서 지금도 내가 사람들의 꾐에 빠졌다는 농담을 할 수 있다.

그런 사정 하에 나는 마침내 회사를 설립하기로 최종 결정을 했다. 유혹에 휘둘렸든 야망에 사로잡혔든 간에 결정은 틀림없이 내가 했다. 주체할 수 없을 만큼 거래 실적을 올리고 있던, 내가 중심인 내 회사였다. 라이선스를 받고 부동산업계에 뛰어든 때로부터 정확히 9개월 만이었다. 9개월이면 사람이 사랑을 하여 아이를 낳기도 하는 기간이니 나 역시 독립적인 내 회사를 설립할 만했다. 물론 섣부른 점이 있어서 그 대가를 지불하는 우여곡절을 겪기도 했지만 결과적으로는 잘한 일이었다. 하지만 나는 지금도 브로커 라이선스를 가지고 부동산 회사를 차리는 것을 말린다.

그리하여 1988년 9월 25일, 'Realty World New star'(리얼티월드 뉴스타)라는 이름의 내 회사가 출범을 하게 되었다. 리얼티월드(Realty World)란 미국계 대형 부동산회사 브랜드였다. 초고가 상품인 부동산을 거래하는 부동산회사인 만큼 회사에 대한 인지도와 신뢰도가 사업의 성패에 결정적인 영향을 주기 때문에 나 역시 세계적인 부동산그룹 리얼티월드 소속 프랜차이즈로부터 출발했던 것이다.

뉴스타 창립 6개월 후 가든그로브에서

회사 이름 뉴스타(New Star)는 다분히 즉흥적인 아이디어에서 취했다. 가든그로브, 나아가 전체 남부 캘리포니아 한인 커뮤니티에서 나는 정말로 새롭게 나타난 별이었다. 에이전트 커미션 수입 금액도 금액이려니와 광고를 통한 인지도가 웬만한 스타 연예인이나 스포츠 스타 못지않았다. 남문기라는 존재, 그 위상을 '뉴스타'보다 더 적절히 드러내고 알려줄 수 있는 회사명은 없었다. 네이밍 기법이 발달하고, 21세기적인 트랜드의 기업 이미지가 요구되는 환경이기는 하지만 나는 '뉴스타'라는 상호명이 우리 회사에는 가장 잘 어울린다고 생각한다.

뉴스타라는 이름을 즉흥적으로 얻었지만, 이 이름이 나의 존재감, 정체성을 뛰어넘은 넓은 의미의 좋은 이름인지를 나는 다시 숙고했다. 회사 설립자로서 품고 있던 내 미래의 비전에 비추어 손색이 없어야 했기 때문이다. 그랬더니 적어도 두 가지 면에서 '뉴스타' 라는 회사 이름을 쓸 이유가 발견되었다.

첫째는 한인 사회의 길잡이가 되는 회사라는 의미가 있었다. 스타는 별이란 뜻이다. 산중에서 길을 잃은 사람이 북극성을 보고 방향을 잡는 것처럼 미국이란 낯선 땅으로 이민을 온 한인들을 행복으로 인도하는 미국 생활의 길잡이가 되는 회사에 걸맞을 것으로 보였다.

둘째는 내 자신이 성공한 사람이 되고 싶고, 내 회사가 성공한 회사가 되었으면 좋겠다는 의미가 있었다. 군대에서 장군을 스타라고 하고 연예계나 스포츠계에서 가장 뛰어난 사람을 스타라고 하듯 나는 부동산 업계에서 가장 뛰어난 사람이 되고 싶었던 것이다. 그냥 별이 아니라 가장 빛나는 별인 샛별(금성)처럼 최고로 반짝이는 별이 되어 많은 사람들에게 꿈과 희망을 주는 기업이 되게 하고 싶었다.

여기에 마지막으로 한인 이민자들이든 다른 인종이든 누구나 노력하면 새로운 스타가 될 수 있다는 개방적이고 희망적인 기업정신을 뉴스타라는 이름이 갖는 의미로 추가할 수 있을 것이다. 이것은 물론 매출 규모 30억 달러에 이르는 큰 기업 집단으로 성장한 오늘의 뉴스타부동산 그룹이 추구하고 있는 가치다.

그렇게 회사를 출범시킨 뒤 나는 정말이지 무섭게 뛰었다.

남문기 신화, 드디어 시작되다

나 자신을 가장 잘 상징하는 명칭, '뉴스타'라는 이름으로 오피스를 열었으니 다시 한 번 배수의 진을 친 형국이었다.

오너로서의 실패는 세일즈 퍼슨으로서 낙오하는 문제와는 격이 달랐다. 따라서 죽도록 뛰어서 적진을 점령하든가, 내가 죽든가 하는 생각으로 모든 힘을 쏟았다.

나는 폭주 기관차처럼 일을 하기 시작했다. 광고에 수입의 절반을 쏟아부으며 뉴스타부동산과 남문기를 알리기 시작했다. 그게 뉴스타부동산의 브랜드 가치를 높이는 최선의 방법이었고, 지름길이기도 했다.

보쉬(Bosch)라는 회사를 들어본 적이 있을 것이다. 전 세계 자동차 부품 회사 중 가장 유명한 회사이다. GM이나 포드, 벤츠, BMW 등 세계 거의 모든 '완성차' 메이커들이 보쉬사의 부품을 사용한다 해도 과언이 아니다. 그런데 이 회사는 꾸준히 회사의 이름을 알리는 광고를 한다. 과연 그럴 필요가 있을까? 정답은 '그래야만 한다.'는 것이다. 보쉬가 브랜드 네임을 꾸준히 광고한 탓에 세계의 정상급 유명 자동차 메이커들이 보쉬사 자동차 부품을 선택한다. 보쉬사 제품이라면 무조건 믿을 수 있다는 신뢰를 얻고 있는 것이다. 이것은 자동차 소비자들의 요구이기도 하다. 그래서 보쉬사는 오늘날 난공불락의 자동차 부품 회사가 될 수 있었다.

브랜드 가치는 하루아침에 이루어지는 것이 아니다. 예를 들어, 나스닥이나 코스닥 등록을 앞둔 어떤 특정한 시점에 브랜드 가치의 필요성을 절실하게 느끼고 한꺼번에 많은 비용과 노력을 쏟아 부었다고 가정해 보자. 이 경우 원하는 만큼의 효과를 과연 얻을 수 있을까? 실질적인 효과를 장담할 수도 없거니와 잘못되어 역효과를 가져오는 경우도 있다.

기업 간 경쟁이 치열해질수록 기술력의 격차는 미미해진다. 이런 시장 환경에서는 결국 브랜드 가치가 경쟁력의 핵심적인 요소가 될 수밖에 없다. 회사의 미래를 보장받기 원한다면 처음부터 브랜드 빌딩(Brand Building)을 실천에 옮겨야 한다. 처음부터 '뉴스타'라는 이름을 각인시키기 위해 노력했던 것도 그래서였다. LA를 비롯한 캘리포니아, 나아가 미주대륙에서 부동산 하면 뉴스타를 떠올릴 정도가 된 것도 결국 그 힘이었다.

브랜드 이미지를 굳히는 부가적인 환경과 고객 서비스에서도 나는 다른 사람에게 뒤지지 않기 위해 엄청난 노력을 기울였다. 지금도 지켜오고 있는 습관인데, 나는 장거리 출장을 가지 않는 한 가장 먼저 출근해서 가장 늦게 퇴근한다. 아침 7시에 출근해서 보통 자정에 퇴근을 한다.

부동산 에이전트에게는 출퇴근 시간이 따로 없다. 부동산중개업이라는 것은 각자가 자신의 비즈니스를 하는 것이나 마찬가지이기 때문이다. 따라서 출근을 늦게 한다고 잔소리할 사람도 없고 퇴근을 일찍 한다고 나무랄 사람도 없다. 아예 회사에 나오지 않아도 문제가 되지 않는다. 다만 별다른 실적도 없이 오랫동안 출근을 하지 않는다면 회사의 오너 브로커가 한국식 표현으로 '방 빼!'라고 요구한다.

시간을 자유롭게 쓸 수 있다는 점은 실적이 있는 에이전트가 사회활동을 하는 데 굉장한 이점이 된다. 연간 필요한 큰 물건 몇 개만 팔면 욕심 내지 않고 자기 생활을 즐길 수도 있다. 이것이 에이전트가 갖는 가장 아름다운 꿈이다. 그러나 한편으로는 에이전트들이 이 자유 때문에 중도에 낙오하는 경우도 있다. 자기 앞에 무한히 널린 너무 많은 자유의 시간을 장악하고 관리하지 못하기 때문이다. 생활 리듬이 깨져 출근도 잘 안 하는 사람이 있고 모처럼 출근을 해도 낮 시간을 당구나 골프, 컴퓨터, 오락 따위로 때우다 해질녘이 되면 동네 선술집으로 향하는 사람도 적지 않다.

하지만 새내기 시절부터 나는 그럴 여유가 없었다. 리스팅을 받은 물량을 소화하기 위해서, 손님의 마음에 드는 물건을 찾기 위해서라면 밤늦게까지 일해야만 했다. 그런데 그렇게 열심히 일을 하는 모습도 광고 못지않게 고객에게 신뢰감을 주는 효과가 있었다.

파밍(Farming)이란 말 그대로 농사를 짓는다는 뜻인데, 부동산업에서의 파밍이란 자신이 공략할 지역을 정해놓고, 농사에서 모내기를 하고 거름을 주고 잡초를 뽑듯 하루도 빠지지 않고 명함과 전단지를 돌리고 편지를 보내는 것 등을 말한다. 뉴스타부동산을 연 후부터 나는 밤늦게까지 사무실에 혼자 앉아서 다음날 파밍할 때 사용할 광고전단지를 정리하는 것이 일상화 되었다.

부지런히 광고를 하고 성실하게 노력한 결과는 이루 형용할 수 없는 기쁨을 안겨줬다. 사무실을 연 지 1년 만에 뉴스타부동산이 남부 캘리포니아 지역 리얼티월드 최우수 오피스로 선정됐을 정도로 비약적인 발전을 했다. 그 이듬해까지 2년 연속 리얼티월드 북미주 최우수 오피스로 선정되기도 했다. 그리고 웨스트 오렌지카운티 부동산중개업 협회가 주는 아웃스탠팅 퍼포먼스(Outstanding Performance) 상도 그 다음 다음해부터 연속해서 받았다. 그것은 신화의 시작이었다.

정직하게 성실하게 최선을 다해 보자

김영삼 전 대통령이 야당 총수 때의 일이다. 낙선한 한 의원이 비통한 표정으로 김 총재에게 전화를 걸었다.

"총재님, 면목이 없습니다. 그러나 최선을 다했습니다. 도대체 얼마나 써야 당선이 됩니까?"

하고 돈을 쓰고도 낙선한 후보자가 볼멘소리를 했다. 김 총재 왈,

"자네 지금도 집 전화를 가지고 있구먼, 아직도 가지고 있나? 그 전화까지 팔아 선거자금으로 썼더라면 아마 당선되었을 걸세."라고 했다.

이것은 돈으로 선거를 치르던 비정상적인 시대의 정치적인 슬픈 일화(逸話)이기는 하지만 어떤 일이든 그만큼 최선을 다하고 도전하라는 뜻으로 해석된다. 고양이도 쥐 한 마리를 잡을 때 젖 먹던 힘까지 다해야 잡을 수 있다는 말이기도 하다. 얼마나 많은 선거들이 있는가?

2006년에 내가 몸소 치른 제28대 LA 한인회장 선거에서 느낀 것이다. 동포들의 민심을 담보로 인기를 얻는 선거는 그 출혈에 비해 한인사회가 얻는 게 적다는 생각이 들기도 하지만, 어떤 일이든 최선을 다해야

미주한인회 총연합

참된 보람을 느낄 수 있는 것이다. 그래서 너무 탁하다고 민선보다 관
선을, 직선제보다 간선제를 주장하는 사람들의 논리가 일면 타당하기
도 하다. 그러나 경제부흥에 있어서는 노력하는 만큼 모두에게 유익이
있다.

경제부흥의 최선은 정직과 근면, 선행으로 꾸려갈 수 있어 얼마나 다행
인가? 허망한 것이 아니고 열심히 일을 한다는 것이 얼마나 인간다운
삶을 영유할 수 있는가에 자긍심을 가져보자는 이야기다. 일을 열심히
하고 최선을 다한다는 것은 곁에서 보기에도 아름답고, 또 나 자신에게
도 얼마나 보람된 일인지 모른다.

부동산을 막 시작한 지 얼마 되지 않았을 때 지금의 부동산그룹을 이끌
기 전 내가 자그마한 뉴스타에서 직접 딜을 하고 직접 파밍을 하고 홍

보를 하고 있을 때의 일이다. 밤 11시 반쯤 되었을까, 아무도 찾아올 시간이 아닌데 내 사무실에 귀한 손님이 찾아왔다. 오렌지카운티 가든그로브에서 바디샵을 운영하는 장호산이라는 사장이었다. 장 사장은 한인 바디샵 업계의 대부 격인 분으로 평소 알고 지내는 사이이긴 했지만, 나와 부동산 거래가 없던 분이었기에 나를 찾아온 것은 아주 뜻밖이었다. 기분 좋게 약간 취한 그는 내가 권하는 의자에 앉으면서 말했다.

"남 사장! 내 집을 남 사장이 좀 팔아 주었으면 좋겠어, 그리고 가든그로브 길에 가면 미국인이 운영하는 큰 바디샵이 있는데 그것을 사고 싶으니까 딜을 좀 해주겠나?"

장 사장의 제안은 정말 의외였다. 내 이름이 알려지기는 했다지만, 장호산 사장으로부터 리스팅과 물건을 사 달라는 요구를 받기란 여간 어려운 일이 아니었다. 그분 주변에도 친구들이나 가까이 지내는 선후배들 중에 부동산업에 종사하는 사람이 아주 많았기 때문이다. 놀란 표정을 짓고 아무런 대답도 못하고 있는 내게 그는 말을 이었다.

"내가 퇴근하고 집에 가려면 꼭 이 사무실 앞을 지나가야 하거든. 다른 사무실이나 상가는 항상 불이 꺼져 있는데 이 사무실만 항상 불이 켜져 있었어. 그리고 남 사장, 자네 차만 주차돼 있더군. 나는 몇 달째 계속 자네를 지켜봤지. 볼 때마다 한결같았어. 자네가 성실한 줄은 진작부터 알고 있었지만 이렇게까지 성실한 줄은 정말 몰랐다네."

나의 성실함에 감동을 받아 내게 리스팅과 딜을 맡겨 보겠다는 말이었다. 자신의 재산을 가장 잘 증식시켜 줄 사람으로 나를 지목한 것이다. 사실 부동산을 시작하면서 매일같이 오전 7시 전에 사무실에 도착했고

뉴올리언즈에서 회장단을 대상으로 연설을 하는 중

밤 12시 넘어서야 귀가를 했으니 부지런함에 틀림없었다. 말로만 "내가 최고입니다. 최선을 다하겠습니다."가 아니라 바닥에서 한 계단씩 쌓아 올라가는 나의 땀이 여과 없이 보여졌던 것이다.

요즘 사회에는 부지런함과 성실이 아니더라도 성공할 수 있는 방법은 얼마든지 있다. 하지만 '성공은 지극히 체험적인 노력에 의해서만이 보람을 찾을 수 있어야 한다.'는 것이 나의 지론이다. 진정한 성공은 경제지에서 돈 버는 기사나 논문을 보고 얻어지는 것이 아니라, 손끝에서 빚어진 체험적인 것이라는 점을 강조하고 싶다. 정치꾼이나 고약한 뭇사람들처럼, 성공이라는 것이 상대를 시기하고 씹고 밟아서 일어나는 것이라면 세상은 얼마나 잔혹한 것일까? 그러나 세상의 이치는 절대 그렇지만은 않다.

사람들은 자신의 소망을 신 앞에 무릎 꿇고 해결해 달라고 한다. 그때도 아마 신은 그들의 마음 중심에서 이루어지는 행실과 결과를 보고 응답을 주는 것이라 생각한다. 그렇다. 주어진 일에 꾸준히 최선을 다하노라면, 그 운과 결과는 하늘이 내리는 것이라고 믿는다.

우리주변에는 요령과 변명, 얄팍한 꼼수가 얼마나 만연한가! 퇴근을 하다가도 주인이 보면 다시 돌아와서 일을 하는 척, 컴퓨터로 개인 일을 하다가 주인이 다가가면 회사 일을 하는 척, 업무시간에 개인전화를 하다가 주인이 지나가면 업무인 체하는 그런 사람들, 또 무슨 일이든 생색내기와 실적보고에만 신경을 쓰고 자신의 실리만 챙기는 호들갑형의 전시용 부지런함이 판을 치고 있다. 얕은꾀로 잔머리를 굴리고 손님이 보는 앞에서만 일을 하는 사람들은 얼마 못 가 지치고 만다. 내가 몸담은 소속사를 위하여, 또 나 스스로를 위하여, 자식이나 후세를 위해서라도 솔직하고 정직하고 성실하게 최선을 다해 보자. 그런 최선이라야 우리 동포들의 좌표가 될 수 있을 것이다.

정직과 근면이 핵심이다

내가 사는 동네나 코리아타운, LA 다운타운의 식당에서 밥을 먹고 있으면, 아주 반가운 얼굴로 나를 향해 다가오다가 가까이 와서는 갑자기 얼굴을 붉히며 돌아서는 사람들이 가끔 있다. 왜 그런 현상이 생기는 걸까?

신문이나 TV, 빌보드, 벤치 등을 통해 내 얼굴을 많이 접하는 바람에 사람들이 나를 개인적으로 친한 사람으로 착각하는 모양이다. 무심코 나에게 다가오다, '아차, 아는 사람이 아니지!' 하고 돌아서는 것이다. 그런 사람들 가운데에는 일부러 다가와 인사를 건네는 사람들도 꽤 있다.

"저, 남문기 회장 맞지요? 영광입니다. 정말 한번 뵙고 싶었는데 이런 데서 만나 뵙게 되다니……."

아는 사람인 줄 알았다가 정색하여 돌아서기 무안해서 건넨 인사라고 해도 나에게는 고마운 일이다.

"한인 사회를 위해 좋은 일을 많이 해주셔서 감사합니다."

이렇게 사회적인 의미를 부여해 주기도 할 때에는 한인 사회에서의 내 역할과 책임, 그리고 제대로 기여해야 한다는 생각을 다시금 해보기도 한다.

사실 얼굴이 너무 알려져 생활이 불편할 때도 있다. 프라이버시가 너무 없다. 그러나 나는 나쁜 점보다는 좋은 점이 훨씬 많다고 생각하는 편이다. 한번은 직원들 간식을 사다 주기 위해 햄버거 가게에 들른 적이 있었다. 햄버거를 살 때까지 나는 가게 주인이 한국 사람이라는 것을 몰랐다. 그런데 갑자기 가게 주인은 "남 회장님, 우리 햄버거 샵을 찾아주셔서 영광입니다." 하며 햄버거를 몽땅 공짜로 안겨주는 것이 아닌가.

그뿐만이 아니다. 리커스토어(liquor store)에 물을 사러 들렀다가 공짜로 물을 얻어오기도 하고, 이발소에 가면 나보다 먼저 온 사람들이 "바쁜 사람이니 남 회장부터 하고 가라!"고 순서를 양보해 주기도 한다. 심지어 버스를 타고 가다가 차창 밖으로 나를 발견한 한 할머니는 "손 한번 잡고 싶다."며 일부러 내리기까지 했다.

언젠가 한 번은 병원 응급실에 실려 간 적이 있었는데 치료를 마친 미국 간호사가 "크리스 남이 맞죠?" 하면서 무척 반가워했다. 가든그로브 버스 정류장 벤치에서 10년간 내 얼굴을 봤기 때문에 잘 알고 있다는 것이었다. 내가 처음 부동산중개업을 시작했던 가든그로브 지역의 경우 지금도 수많은 미국 사람들이 내 얼굴을 알아보고 길에서 만나면 반가워한다.

물론 얼굴을 알아보는 데서 그치는 것이 아니라 세일즈와 연결되는 것이 중요하다. 그런데 얼굴을 아는 사람과 모르는 사람 중 누가 세일즈로 연결될 가능성이 많을까? 그 대답은 너무나 자명하다.

그 점에서 나는 아직도 광고에 목이 마르다. 우선은 미국에 살고 있는 모든 한국 사람들이 나를 알아봤으면 좋겠고, 그 다음에는 미국 사람들도 모두 나를 알아봤으면 좋겠다. 그리고 궁극적으로는 한국에 있는 모든 한국인들도 '부동산 하면 뉴스타! 뉴스타 하면 남문기!'를 떠올렸으면 좋겠다. 그것을 위해 나는 LA에서 라스베이거스로 향해 가는 길목에도 내 얼굴이 담긴 빌보드를 조만간 붙일 계획이며, 언젠가는 인천공항 입구에도 비행기만큼 큰 내 사진과 뉴스타 그룹 간판을 내다 걸 것이다.

어디를 가나 알아봐 주는 남문기와 뉴스타부동산이 된다는 것은 정말 근사한 일이다. 그 인지도는 남문기, 나 한 사람에게만 혜택을 주는 것이 아니다. 뉴스타부동산 그룹과 뉴스타부동산 에이전트 모두가 함께 나누어 쓸 수 있는 거대한 자산이기 때문에 더욱 값지다.

가든그로브에서 부동산업을 처음 시작할 당시 나처럼 새롭게 자기 사업을 시작한 한인 몇 분이 있었다. 오늘날까지 나와 친분을 유지하고 있는데, 그 중에는 수천만 달러의 재산을 모은 분도 있다. 훌륭하고 존경 받을 만한 일이다. 한국인으로서 한국인의 재산이 수천만 달러에 이른다는 것이 얼마나 크게 가슴 뿌듯한 일인가? 하지만 내가 에이전트들과 함께 거둔 30억 달러의 매출 실적은 그에 비교할 수 없을 만큼 큰 의미가 있다. 그 매출 실적이 수많은 한국계 에이전트들을 미국 사회에서도 인정받는 고소득 전문직 종사자가 되게 하고, 결과적으로 그들의 성공을 결집하여 뉴스타부동산 그룹의 사세(社勢)가 확대되는 좋은 계기가 될 것이다.

뉴스타부동산 설립 초기에도 나는 오너 혼자만 잘해서는 회사가 클 수 없다고 보았다. 회사를 설립한 이상 오너로서 소속된 모든 에이전트들이 모두 좋은 성과를 낼 수 있도록 여건을 조성하고 이끌어줘야 했다. 그러기 위해서 몇 가지 에이전트 선발 원칙을 정했다. 그 중 대표적인 것이 '정직'과 '근면'이었다. 너무 흔해서 가치를 잊는 경우가 많은데, 조직을 운영하는 데 있어서 이것은 오늘날에도 핵심이 된다. 스타플레이어도 중요하지만 조직은 팀워크로 움직인다.

정직을 에이전트 선발의 중요한 원칙으로 삼은 것은, 고객의 재산을 관리하는 업무의 특성 때문이다. 만일 고객이 에스크로에 예치하라고 맡긴 돈을 단 하루라도 자신이 유용하는 식으로 부정직한 경우에는 회사에 치명타를 주게 된다. 또 어떻게 해서라도 거래를 성사시켜 커미션을 받을 속셈으로 고객을 속이거나 고지 사항을 감추는 행위를 하면 에이전트에게는 물건을 팔고 받는 조그마한 커미션에 불과한 문제이지만, 고객에게는 온 가족의 미래와 인생이 걸린 문제이기 때문이다.

옆길로 가는 얘기지만, 남자들의 세계에서 나이를 속이는 경우도 나는 싫어한다. 몇 살 더 많은 사람과 터놓고 지내고 싶어 그러는가 보다 하고 애교로 봐줄 수 있으나, 나이를 속이면 학교를 속이게 되고, 학교를 속이면 다른 것도 속이게 되는 거짓말의 악순환이 일어나기 때문이다.

언제가 어떤 에이전트가 커미션을 많이 붙였다며 이렇게 자랑한 적이 있다.

"이 손님은 나를 무조건 믿습니다. 내가 하라는 대로 합니다. 가격을 높이고 커미션을 많이 붙여도 괜찮습니다."

그래서는 안 된다. 그래서 나는 즉시 커미션을 내리라고 했다. 그것이

설사 영원히 감춰질 수 있다 해도 그를 믿고 맡긴 사람에게 할 도리가 아니다. 커미션이 적정한지의 여부에 대해서 집을 판 사람은 결국 확인을 한다. 사실을 알았거나 혹은 의심이 갈 때 누가 다시 리스팅을 주겠는가? 그런 사람은 나중에 회사도 배반할 수 있다.

나는 부지런함도 우리 에이전트가 갖춰야 할 최고의 덕목으로 꼽는다. 조직의 기강을 위해서는 부지런할 필요가 있다. 아침 8시 출근을 기본으로 하고, 늦어도 오전 9시까지 출근하지 못하겠다면 에이전트로 받아들이지 않았다. 먹고 살 것을 저장해 둔 것도 아니고 누가 월급을 주는 것도 아닌데 왜 출근을 늦게 하는지 이해가 가지 않았다. 지금도 그렇지만, 그때 나는 열심히 일하지 않는 에이전트는 결국 고객들의 돈을 갈취하는 것이라고 보았다. 한 채의 집을 팔거나 사기 위해 얼마나 할

많은 사람들로 가득 찬 토론토에서의 'How to succeed' 강의

일이 많은가?

예컨대 고객에게 3곳의 집을 보여주기에 앞서 어떤 에이전트는 30곳의 집을 둘러보고, 또 다른 에이전트는 10곳을 둘러보았다고 치자. 두 에이전트 사이에는 큰 차이가 있다. 30곳의 집을 둘러보고 그 가운데 가장 조건이 좋은 3곳의 집을 보여준 에이전트가 나중에 평판이 좋은 것은 당연하다.

고객의 돈을 아껴주기 위해 혹은 더 풍성하게 해주기 위해 노력했다는 것을 고객들은 오래지 않아 안다. 고객은 좋은 집을 샀을 뿐만 아니라 돈을 번 셈이 된다. 반면 달랑 몇 집만 살펴보고 난 후 '이 집이 최고요!' 하고 고객에게 제시한다면 고객은 모르는 가운데 주머니를 털린 셈이 된다. 이처럼 에이전트가 부지런히 일하지 않는 것은 결국 고객의 재산을 갈취하는 것이다.

나는 요즘도 에이전트들을 교육시킬 때 자신이 중개할 매물을 현장에 가서 직접 보고 오도록 한다. 자기 눈으로 직접 본 후 여러 가지 사실을 확인하고 팔면 '가슴'으로 파는 것이지만, 물건도 보지 않고 그냥 팔면 '입'으로 파는 것이라고 지적해 준다. 사실 요즘은 타주의 매물이나 한국의 매물도 많이 취급하는 편이다. 한국의 아파트나 오피스텔 투자용 땅 같은 경우도 마찬가지다. 가서 보든지 아니면 보고 온 에이전트와 동업(co-work)을 하라고 권유한다. 매매를 중개할 때 손님만 보내서 결정하게 하는 방법도 있지만, 그래도 더 좋은 것은 에이전트가 직접 가서 모든 것을 확인하는 것이다. 그래야 손님도 안심이 되고 에이전트 자신도 스스로 믿음직해서 마음이 편하다. 만약 그렇지 않고 서류에 의존해서 입으로만 팔고 나면 거래가 완전히 끝날 때까지 항상 불안하다.

심지어는 거래가 종료된 후에도 고객들로부터 전화가 오면 덜컥 불안해하는 경우도 있다.

능력이 있는 에이전트라면 게으름을 피울 틈이 없다. 게을러서는 좋은 값에 팔지 못할 뿐만 아니라, 살 때도 더 좋은 집을 사지 못한다. 고객을 위해 부지런하지 않은 것은 죄악이다. 행복하게도 나는 정직과 근면을 갖춘 많은 에이전트들을 선발하여 오늘까지 함께 달려올 수 있었다.

03

아메리칸
드림에
다가가다

의리의 대가는 돌아오는 법이다

조직은 팀워크로 움직인다. 내 생각에 이것은 기업 경영의 진리다. 여기에 추가할 덕목들이 몇 가지 더 있는데, 그 중에서 가장 중요하게 여기는 것이 의리다. 그런데 의리는 정직이나 부지런함과는 달리 상대방에게 요구할 수 있는 덕목이 아니다. 직원이나 에이전트를 선발할 때 의리를 평가 기준으로 삼을 수도 없다. 미국이건 한국이건 고용시장에서 '너는 나(회사)를 배신하면 안 된다.'는 식의 계약서나 다짐을 받아두는 것은 코미디다. 단지 그래 주었으면 하고 바랄 뿐이다. 그러니 의리라는 개념을 거론한다는 것 자체가 전근대적인 사고방식일지도 모른다.

나는 적어도 한번 맺은 인간관계는 남이 먼저 나를 버리지 않는 한 무덤까지 가지고 간다는 신념을 가지고 있다. 의리를 강조하다 보면 물론 본의 아니게 피해를 입는 경우도 있다. 회계 장부의 한 계정으로 본다면 어떤 의리이든 심리적 우월의식을 가질 수 있다는 점을 제외하고는 항상 적자 계정일 수밖에 없다. 그렇기 때문에 의리를 지키는 사람은 존중을 받거나 바보 소리를 듣는다.

부동산회사에는 펄펄 나는 에이전트가 있는가 하면 한쪽에서는 이른바 '공치고' 있는 에이전트들도 있다. 뉴스타부동산도 그 점은 마찬가지다. 불평등이란 언제나 존재하기 마련이다. 돈이 없어서 광고를 제대로 하지 못하거나 요령을 몰라 헤매는 에이전트가 있을 경우, 나는 회사의 오너로서 나름대로 최선을 다해 지원한다. 내 손님을 넘겨주기도 하고 함께 다니면서 많은 사람을 만날 수 있는 기회를 준다. 개인지도를 하듯이 부동산중개 업무 노하우를 전수해 주기도 하고, 또 돈이 없어 광고를 못하면 현금을 빌려주기도 했다. 부동산의 '부'자도 모르는 사람을 부동산학교에 등록시켜 가르치고, 에스크로나 융자 감정사(심의관) 등 유관 회사에 취업도 시키고, 또한 연결시켜 에이전트 업무를 볼 수 있게도 해주었다.

경영자로서 마땅히 할 일이었으나, 모든 게 '사람 사이의 일'이어서 뜻하지 않은 결과가 나타날 때도 있었다. 그럴 때는 나 역시 섭섭하기가 이루 말할 수 없다. 단 몇 퍼센트의 커미션을 바라고 뉴스타부동산을 떠난 사람도 있고, 자신이 아니면 회사가 당장 망하기라도 하듯 무리한 요구를 하고 행패를 부리는 사람도 있었다. 어떤 여자 에이전트는 입사 때 눈에 눈물이 가득한 채 이렇게 말했다.

"회장님, 아이들 셋을 데리고 혼자 살면서 밥을 얼마나 굶었는지 아실까요? 그 배고픔은 겪어 본 사람만이 이해할 수 있을 거예요."

맞다. 나는 그 에이전트의 처지가 충분히 이해되었기에 어쩌면 못 받을지도 모를 돈을 종잣돈으로 몇 만 달러나 빌려 주었다. 그러면서 그 에이전트는 일을 시작했고 또 성장했다. 그리고 몇 년 후 다른 회사로 옮겠다. 먹고 살 만하니 회사에 내야 하는 커미션도 아깝더란다. 또 옆 책상에 앉아 있는 에이전트가 왠지 모르게 꼴도 보기가 싫었단다. 말이 안 되는 말을 하고는 언제 굶었는지, 언제 회사를 이용했는지도 잊어버리고 뒤도 안 돌아보고 떠난 것이다.

그러나 내가 지켜온 의리의 대차대조표를 전체적으로 따져보면, 역시 흑자라는 결론이 나온다. 당장은 손해인 것 같지만 의리의 대가는 세월이 흐른 뒤 훨씬 크고 아름답게 돌아오는 법이다.

세상에는 얼마나 많은 사람이 있는가? 마음에 들지 않는 사람보다 마음에 드는 사람이 훨씬 많다. 나의 자산은 바로 그것이다. 매출 실적으로도 이미 상당한 성과를 올렸지만, 이 사업을 통해서 나는 주변에 많은 사람을 남겼다.

지금 뉴스타 그룹에는 1988년 9월의 '리얼티 월드 뉴스타' 시절부터 나와 고락을 같이해 온 직원들이 적지 않다. 우리 그룹의 시작부터 그룹이 안정이 될 때까지 밤낮으로 뉴스타인으로 살면서 수고를 아끼지 않았던 마크 민(민병영) 부회장, 그리고 현재 뉴스타 그룹 부회장을 맡고 있는 조셉(Joseph) 김 부회장과 , 최종호 씨, 경제호 씨, 케빈 한 씨 등이 그들이다. 또 ERA로 프랜차이즈를 옮긴 이후부터 10여 년 이상 동고동락한 사람들도 많다. 김병주 씨, 이수광 씨, 케빈 리 씨, 스티브 김 씨, 앤디 조 씨, 스티브 박 씨 등 수십 명에 이른다.

눈앞의 작은 이익을 좇아 철새처럼 옮겨 다니는 사람이 많은 부동산중개업계에서 이렇게 20년 가까운 세월 동안 슬픔과 기쁨을 함께 나누어 왔다는 것은 CEO로서 큰 축복이다. 그분들이 그렇게 고마울 수가 없다. 또 비록 초창기에 한두 번 마음이 흔들렸음에도 진심으로 포용하고 받아들여 결국은 영원한 뉴스타 맨으로 거듭난 분들도 있는데, 역시 그런 분들이 있어 오늘의 나와 회사가 있을 수 있었다.

현재 우리 그룹에는 10년 이상 된 직원이 수십 명에 이른다. 다른 회사가 좋다고 옮겼던 에이전트 중에 정말로 딜을 잘 하는 능력이 있는 에이전트들은 거의 뉴스타로 되돌아왔다. 뉴스타 그룹이 부동산업계에서 최고라는 것을 보여주는 결과이다. 그리고 또 현실적으로 가장 많은 이익을 안겨줄 회사라는 것을 인정한다는 얘기다. 커미션 스플릿 (commission split : 오너 브로커와 에이전트 간의 수수료 배분 비율을 정해 놓은 것)을 많이 준다고 돈을 더 버는 것은 아니다. 돈을 많이 벌게끔 환경을 만들어 주는 회사가 더 좋은 회사이며, 그것이 회사 선택의 중요한 척도가 되어야 한다.

뉴스타 학교를 졸업하고 부동산 시험에 합격한 후 9주 정규코스를 수료한 34기들의 킹스캐니언 졸업 여행

뉴스타 그룹에는 목사도 많았지만 회갑을 넘긴 직원들도 많이 있다. 미국이라는 나라가 취업에서 연령 차별을 하지 않는다 해도 자영업자가 아닌 이상 환갑을 넘긴 사람들이 일선에서 일하는 경우는 극히 드물다. 부동산업계에서도 나이가 많은 사람을 은근히 배척하는 경우가 많지만 뉴스타부동산에는 그런 일이 없다. 전 미주에 지점이 50개가 넘고 1,200명에 이르는 에이전트 왕국에서 나는 그럴 수는 없다고 본다.

현재 우리 회사의 최고령자는 1928년생인 차덕수 씨이다. 해사 3기에 해병대 참모장과 대우실업 초대 미주 지사장을 지낸 분으로 여전히 일선에서 활동하고 있다. 최종호 씨, 경제호 씨, 김병주 씨 등 고희를 넘긴 에이전트도 10여 명에 이르고 회갑을 넘긴 사람은 일일이 열거할 수 없을 만큼 많다. 그분들이 건강이나 그 밖의 사정으로 스스로 회사를 그만두기 전에는 사무실이 비좁고 실적이 저조해도 책상을 비워 달라거나 은퇴를 요구하지 않을 생각이다. 어제가 없는 오늘이 없고 오늘이 없는 내일이 없듯이, 그분들의 노력이 없었다면 오늘날의 미국 동포 사회도 없고 뉴스타 그룹도 없었을 것이기 때문이다.

원로들과 함께하는 것을 의아하게 생각하는 사람도 있다. 그러나 그것은 의리의 문제만이 아니라 현실적으로도 회사에 이익이 된다. 무책임하고 게으른 젊은 에이전트보다 그들은 자상하고 부지런하며 책임감이 있어서 고객들이 얼마나 좋아하는지 모른다.

나는 단 한 명의 직원이라도 놓치고 싶지 않다. 모든 사람들이 하루라도 더 같이 우리 회사 직원으로 함께 일하기를 바란다. 그리고 그러한 환경을 만드는 것이 기업주로서 내가 해야 할 의무이며, 우리 회사가 존재하는 의미이자 가치이다.

미국에서 형성된 새로운 가족

미국에서는 어느 집이나 거의 맞벌이를 한다. 우리 집도 예외가 아니다. 정착하지 못한 이민 초기 때도 그랬고, 나름대로 한 기업의 회장이라는 소리를 듣는 지금도 둘이 함께 나가 일을 한다. 이런 문화가 나는 전혀 낯설지 않다. 한국에서 제니와 결혼할 때 나는 이렇게 말했다.

"나는 당신이 한 살이라도 젊을 때 커리어를 쌓는 것이 당신의 미래를 위해 더 좋다고 생각하오. 만약에 당신이 전업주부로 있다가 나의 신변에 무슨 일이 생기기라도 한다면 얼마나 막막하겠소. 그러니 당신도 당신이 할 수 있는 일을 찾아 커리어를 쌓는 것이 좋겠소."

이런 생각은 미국에 와서도 마찬가지였다. 아니, 더 적극적으로 아내의 직장생활을 도와주었다. 아내는 한국에 있을 때 외국 회사인 캐세이퍼시픽항공(CPA)에 근무했을 정도로 영어를 별 문제없이 구사할 수 있었다. 또 한국에서 국민은행에 다닌 적도 있어서 일자리를 구하는 것은 문제가 없었다. 실제로 아내는 나보다 앞서 미국계 은행인 뱅크 오브 아메리카(Bank of America)에 취직하여 일할 수 있었다.

그런데 큰아들 석정(미국명 알렉스)이 하나뿐일 때는 직장생활을 하며 아이를 돌볼 수 있었으나, 둘째가 태어날 무렵에는 심각한 고민에 빠졌다. 아이가 둘이 되면 아내가 아이들을 돌보면서 직장생활 하기가 어려워지고, 그렇다고 아이를 돌보는 사람을 고용하기에는 은행원의 월급으로는 감당할 수 없었기 때문이다. 아이 둘을 베이비시터에게 맡기는 경우 그 비용이 은행원인 아내의 월급보다 많아 일을 하는 것이 경제적으로는 실익이 없었다.

그럼에도 우리 부부는 비교적 쉽게 결정을 내렸다. 아이가 둘이 됐다고 해서 아내가 일하는 문제가 달라질 것이 없다는 것이다. 무엇보다 아내의 커리어가 쌓이면 수입도 크게 증가하게 될 것이었다. 그래서 아예 경험이 있는 입주 도우미를 구하기로 결정을 내렸다.

그때 문 씨 할머니를 만났다. 내 딸 미아가 이 세상에 태어난 지 한 달 만에 우리 식구가 되어 얼마 전까지 함께 지냈다. 문 씨 할머니는 당시 한국 나이로 65세여서 입주 가정 도우미를 하시기는 연세가 많으셨다. 그러나 뭔가에 끌린 것처럼 우리는 그 할머니와 가족이 되기로 결정을 보았다. 첫 대면을 하러 올 때부터 할머니는 우리 집에 있을 작정을 한 것 같았다. 몇 마디 형식적인 질문을 하고 있는데 갑자기 벌떡 일어나 자신이 거처할 방으로 가서는 들고 온 보따리를 풀어놓는 것이었다. '이 집이 내가 있어야 할 집!'이라는 것이었다. 나도 때로는 막무가내일 때가 있지만 할머니는 나보다 한 수 위였다. 나는 그날 아내와 아들에게 단단히 일러두었다.

"할머니는 절대 가정부가 아니다. 당신에게는 시어머니요, 아이들에겐 친할머니와 진배없어요. 우리가 가족으로 대하면 친할머니처럼 하시고, 가정부로 대하면 가정부 역할밖에 하지 않으실 거야."

그 후 정말로 내 말처럼 됐다. 내가 할머니를 친어머니처럼 대하자 모든 음식을 내가 좋아하고 건강에 좋은 것으로 챙겨주셨다. 사실 나는 모든 어른들을 친부모님처럼 대하여 귀염을 받을 줄 아는 사람이었다. 이것은 에이전트 시절 내가 일등을 했던 한 요인이기도 하고, 의리라기보다 사람 사는 정이라고 해야 할 것이다.

문 씨 할머니는 내 아이들에게는 이미 오래전부터 친할머니 이상의 존재였다. 내 딸 미아가 중학교 시절 도시락을 미처 챙겨가지 못했을 때의 일이다. 문 씨 할머니는 미아가 태어났을 때 우리 집에 왔고, 그 핏덩이를 당신이 직접 키워서 그 사랑도 각별하지 않을 수 없었다. 그런 손녀가 점심을 굶지나 않을까 하여 할머니는 도시락을 가지고 내 딸의 학교까지 걸어갔다. 그러고는 아이들이 공부하는 교실마다 기웃거리고 다녀 마침내 손녀를 찾아내 도시락을 전해주었다.

총기사고나 유괴사고 등이 많은 미국에서는 어떠한 경우에도 학교 사무실의 허락 없이는 외부인이 아이들의 교실로 들어갈 수 없게 되어 있다. 그런데 영어를 한마디도 못하는 할머니가 그걸 해낸 것이다. 겉보기에도 일흔이 넘어 보이는 조그만 동양인 할머니가 오로지 '미아 남'만을 간절하게 외치며 이리저리 교실을 찾아다니는 모습에서 학교 경찰이나 교사도 감동을 했던 모양이었다. 차마 제지하지 못하고 할머니 뒤를 졸졸 따라다녔다고 했다. 그 일이 있은 뒤 할머니 얘기는 그 학교에서 두고두고 이야깃거리가 됐다. 교사들은 내 딸을 보면 '오늘은 도시락을 가지고 왔냐?'며 농담을 하거나 '그 용감한 할머니는 건강하시냐?'고 안부를 묻곤 했다.

그런 미아도 세월이 흐르자 제 짝을 찾아 가정을 이루었다. 미아가 태어났을 때 오신 문 씨 할머니는 거의 30여 년 동안 우리 집에 계신 셈이다. 석정이와 미아는 지금까지 문 씨 할머니의 생신을 잊어본 적이 없다. 워낙 헌신적으로 자신들을 키우고 돌보셨다는 것을 잘 알고 있기 때문이다.

사실 문 씨 할머니는 우리 집에 들어오던 그 당시에만 형편이 어려웠다. 한국에서도 원래 부유했었고, 한국에서 명문 대학을 나온 자제들이 곧 자리를 잡아 모셔갈 수 있었다. 잠시만 머물자는 생각으로 우리 집에 왔었는데 그사이 정이 들어 어느새 근 30여 년이 흘러버렸다.

할머니의 2남 1녀 자제들은 모두 나보다 연배가 높다. 현재도 모두 중류 이상으로 유복하게 살고 있으나 할머니가 한사코 우리 집에 있기를 고집했다.

"남 회장은 내 친아들이고 제니는 내 친딸이다. 또 석정이와 미아는 내 손으로 키운 친손주들이다. 이들이 단 한 번이라도 나를 가정부로 대했으면 내가 진작 보따리를 쌌다. 이들은 나를 친어머니와 친할머니로 모시고 있는데 내가 어디로 간단 말이냐? 나를 데리고 간다는 것은 아예 꿈도 꾸지 마라. 어림 반 푼어치도 없는 말이다."

우리 집을 떠나지 않으시는 이유를 이렇게 말씀하셨다. 문 씨 할머니의 고집으로 인해 결국 나는 형제가 세 명이 더 생긴 셈이 됐다. 할머니의 3남매가 할머니의 생신 등 중요한 일이 있을 때마다 우리 집을 찾아와 우리와 함께 하고 있다. 나는 할머니와의 인연을 통해 또 한 가지 중요한 것을 확인하고 있다. 내가 사람을 진심으로 대하면 상대도 나를 진심으로 대한다는 믿음이 옳았다는 것을 …

좋은 거래라는
믿음이 없이는 팔지 않는다

일할 뜻이 있고 신체가 건강하기만 하다면 미국에서 가난할 이유가 없다. 동양계나 흑인, 히스패닉이 앵글로 색슨계 백인이 올라가는 주류 사회의 위치까지 접근하기 쉽지는 않아도 나름대로 생계를 유지하고 아이들을 교육시키며 살아갈 수는 있다. 일할 의사가 있어 일을 한다면 수입도 괜찮고 사회보장도 어느 정도 되기 때문이다.

한국에서도 의지가 있다면 살기야 하지만, 미국에서만큼 기회가 많지는 않다. 미국은 막노동도 상당히 임금이 높다. 상대적으로 물가가 안정돼 있어 건강한 몸을 밑천으로 열심히 일하고 알뜰하고 검소하게 살면 상당한 재산을 모을 수도 있다. 성공한 재미 한인들이 대개 그랬다. 300달러를 가져온 나를 비롯하여 수백 달러에서 수천 달러를 가지고 출발하여 오늘날 거부가 된 사람이 많다. 물론 집안에 우환이 생기거나 수입에 비해 목돈 들어갈 일이 많이 생기면 일시적으로 가난해 질 수도 있다. 그러나 그런 경우라도 5년 계획이나 10년 계획을 세워 착실하게 꾸준히 일을 하면 얼마든지 가난을 극복할 수 있는 곳이 미국이다.

그렇다고 해도 나는 물불 안 가리고 돈이 되는 일을 좇지는 않는다. 가난한 것도 싫어하지만 더러운 부도 정말 싫어한다. 더럽게 돈을 벌면 그 반대편에는 반드시 희생자가 따르기 때문이다. 나는 이제까지 부동산중개업을 하는 사람으로서 내 의뢰인과 거래 상대방에게 모두 이익이 된다는 믿음이 없이는 거래를 주선하지 않았다. 내 자신이 확신하지 못하는 물건을 손님에게 사라고 권유할 수는 없기 때문이다.

뉴스타부동산이 어느 정도 안정을 찾아가고 있던 1991년 1월이었다. L.A에서 동쪽으로 70마일 정도 떨어진 아델란토(Adelanto)란 곳에 부동산 시장에서 이른바 '노다지'가 터졌다. LA에서 라스베이거스까지 가는 길의 3분의 1 정도 되는 지점에 위치한 지역으로, 당시 그곳에 대한 개발 청사진이 발표되었기 때문이었다. LA와 라스베가스를 연결하는 초고속 전철의 중간역이 들어서고, 미국과 아시아를 잇는 초음속 여객기들이 주로 이용하는 국제공항까지 들어선다는 꿈같은 지역개발 프로젝트였다.

이때 먼저 바람을 잡은 사람들이 한인 사회의 부동산중개업자들이었다. 고속전철이 내일 당장이라도 들어올 것처럼 선전하고, '지금 그곳'에 투자하지 않으면 일생에 몇 번밖에 오지 않는 기회를 놓치는 것처럼 분위기를 몰아간 것이었다.

그 지역 일대의 땅값은 미친 듯이 뛰었다. 그전에는 광대한 사막의 버려진 땅에 불과했던 곳이 하룻밤이 멀다 하고 값이 뛰었다. 계획이 발표될 당시 에이커당 1달러 하던 땅이 불과 3개월여 만에 에이커당 40달러로 치솟았다. 한인사회에서 돈깨나 있다는 사람치고 그때 아델란토 지역에 땅을 사지 않은 사람은 없었다. 문자 그대로 광풍(狂風)이었고 너나 할 것 없이 노다지를 캐기 위해 달려들었다. 한인 사회 여유 자금의 거의 대부분이 그곳에 몰렸다고 보아도 틀린 얘기가 아니었다. 자금 여유가 없는 사람들도 예외가 아니었다. 빚을 내거나 사업체를 저당 잡혀서까지 문자 그대로 투기의 대열에 합류하는 경우가 많았다.

그러나 나는 그 대열에 합류하지 않았다. 모두가 '예'라고 할 때 혼자 '아니다' 하는 배짱이 아니라, 그것이 정말 돈이 되는 투자인지 확신이 안 섰기 때문이었다. 그렇게 야단법석인데도 당시 나는 단 한 건도 내 이름으로 그 지역의 땅을 거래하지 않았다.

유망지라는 소문이 도는 그곳을 나 역시 면밀히 둘러보았다. 몇 번에 걸쳐 꼼꼼히 살펴보니 안타깝게도 비관적이었다. 그곳을 개발하려면 천문학적인 예산이 필요할 것 같았다. 그렇지 않아도 적자재정으로 고민이 많은데 그곳에 천문학적인 돈을 쏟아 부어 계획을 실현한다는 것은 당분간은 불가능해 보였다. 게다가 주류 미국인들이 투자하는 기미가 포착되지 않았다.

에이전트들이 거래 통계를 손님에게 다 제시하지는 않지만, 그런 빈 땅들은 대개 한국인들끼리 샀다 팔았다 하는 경향이 있다. "이번 주에 10개 이상이 팔렸습니다." 해서 거래 내역을 자세히 살펴보면 8개가 한국인 아니면 중국인의 이름이었다. 2017년 현재 시점에서도 그 점은 정말 조심해야 한다.

당시 투자자의 대부분은 집을 저당 잡히거나 없는 돈을 어렵게 만든 사람들이었다. 내가 보기에 그런 사람들 사이에 경쟁을 유도하는 것은 부동산중개업자가 할 일이 아니었다. 광풍이 불었기 때문이겠지만 일부에서는 부자가 되겠다는 일념을 교묘하게 이용하는 경우가 많았다.

나는 빈 땅을 사달라고 요구하는 고객들을 적극적으로 만류했다. 아차 하면 '쪽박'차기 십상이라며 좀 더 기다려 보라고 성의껏 권했다. 내 확신이 서지 않는 거래를 할 수가 없어서였다. 그때 평소 나의 고객이던 많은 손님들이 나를 떠났다.

"사 달라고 하면 사주면 될 것이지, 무슨 말이 그렇게 많아!"

이런 불평을 하는 소리도 들었다.

그러나 내 예상대로 그 지역 땅의 거품은 곧 걷히기 시작했다. 붐이 일기 시작한 지 불과 4개월여 만인 4월 17일에 '고속전철 개발 무기 연기'라는, 투자자들에게는 청천벽력 같은 정부의 발표가 났던 것이다.

40달러까지 올랐던 땅값이 이 발표 이후 급전직하로 떨어지기 시작했다. 이젠 투매현상이 일어났다. 하룻밤 자고 일어나면 절반씩 떨어졌다. 40달러, 30달러, 20달러, 10달러, 5달러 하는 식으로. 땅에 투자한 사람들이 자고 일어나 눈뜨기 무서울 정도였다. 3개월 만에 40배까지 올랐던 땅값이 제자리로 돌아오는 데는 1달여 밖에 걸리지 않았다.

그때 많은 한인들이 파산했다. 은행 융자금을 갚지 못해 다운 페이먼트(Down Payment)를 냈던 돈을 고스란히 날린 것은 물론이고 저당 잡혔던 집과 비즈니스를 빼앗긴 사람도 부지기수였다. 많은 사람들이 외롭고 힘든 이민생활을 하며 몇 십 년 동안 착실하게 모았던 돈을 안타깝게도 하루아침에 날린 꼴이 되었다.

당시에 더 많은 사람을 막지 못했던 것이 지금도 아쉽다. 그리고 한편으로는 분위기에 휩쓸려 땅장사를 하지 않은 나 자신이 대견스럽기도 하다. 그 당시 나라고 왜 돈을 벌고 싶지 않았겠는가? 주택매매 커미션은 6%이지만 땅을 매매하는 커미션은 10%나 되었는데 말이다.

"그때 내가 '땅 장사'에 뛰어들었다면 어떻게 됐을까?"

스스로 세일즈의 귀재라고 생각하는 내가 뛰어들었다면 아마 거기서도 일등을 하고 상당한 부를 축적할 수 있었을 것이 틀림없다. 방법이나 절차도 합법적이어서 문제될 것도 없었을 것이다. 게다가 고객들이 먼저 요구했기 때문에 나중에라도 발뺌할 수 있는 여지는 충분했다.

그러나 '합법적'이라고 해서, '발뺌할 수 있다'고 해서 모든 것이 용서되는 것이 아니다. 법적인 것보다 도덕적인 것이 더 우선하며 어떠한 경우에도 고객을 상대로 부도덕한 짓을 해서는 안 되는 일이다. 중개업자인 나 스스로 확신하지 못하면서 고객으로 하여금 도박에 가까운 투자를 하도록 이끈다는 것은 더더구나 있을 수 없는 일이다.

말이 나온 김에 한 마디 덧붙이자. 미국에서의 부동산 투자는 반드시 안전한 곳, 즉 도시와 가까운 곳에 하는 것이 원칙이다. 한국에서도 물론 어느 정도는 적용될 수 있는데, 먼 사막의 입구나 개발되지도 않은 산 중턱 등에 땅을 사는 것은 요행수를 바라는 도박이고, 감나무 밑에서 감이 떨어지기를 바라는 어리석은 짓이라는 것을 정말 강조하고 싶다.

어쨌든 그때 내가 '아델란토 지역의 광풍' 대열에 합류하지 않았기 때문에 오늘의 뉴스타 그룹으로 회사를 키울 수 있었다는 것만은 분명한 사실이다. 그 많은 한인 고객의 신뢰를 저버리고 어떻게 나의 왕국을 건설할 수 있었겠는가?

뉴스타 그룹의 에이전트들에게 지금도 입버릇처럼 강조하는 것이 있다. 특히 타인의 재산을 위탁 받아 관리해주는 부동산중개업자에게 가장 먼저 요구되는 덕목은 자기관리와 윤리의식이라는 것이다. 내 첫 직장이었던 한국의 은행에서 귀에 딱지가 앉도록 들었던 말이 있다.

"돈이 돈으로 보이면 은행을 그만둬라!"

이것은 돈만 다루는 은행에서는 돈을 종이로 봐야지, 그것이 돈처럼 느껴지면 고객들이 맡긴 돈에 손이 갈 수도 있다는 얘기였다. 우리 그룹의 직원들에게도 그와 비슷한 이야기를 자주 한다.

"고객보다 돈이 먼저 보이면 부동산업을 그만둬라!"

부동산 거래는 보통 사람들이 평생에 몇 번 하지 않는, 일생에서 가장 큰 거래라고 해도 무방하다. 여기엔 고객 자신은 물론이거니와 전 가족의 꿈과 미래가 걸릴 가능성이 높다. 그런데도 고객이야 어찌됐건 커미션을 먼저 생각한다면 어떻게 되겠는가? 고객의 입장에서 생각을 해보면 자명해진다. 환자를 맡은 의사보다 더한 윤리의식이 그래서 필요하다. 잘못되면 에이전트 본인의 인생을 망치게 되고, 크게는 뉴스타 그룹이라는 회사 전체의 이미지나 크레디트(Credit)를 망치게 되며, 더 크게는 온 우주를 다 줘도 살 수 없다는 사람들의 귀한 인생을 망치게 된다. '청빈(淸貧)도 싫지만 탁부(濁富)도 싫다.' 이것은 평생 동안 내가 지켜오고 있는 원칙 가운데 하나다.

두 달 만에 십 년 단골을 얻다

기자나 혹은 관심이 있는 사람들이 오늘의 뉴스타 그룹이 있기까지 위기를 겪은 적이 없느냐고 물으면 나는 할 말이 없다. 위기를 겪은 것 같지 않다. 시간이 지나 돌아보면 별것 아닌 일도 대단한 일인 것처럼 얘기하고 과장하고 싶어진다는데 나는 태생적으로 고생이나 좌절을 기억에 오래 담아두지 못한다. 그래서 고생한 얘기를 해야 할 상황이 되면 시간이 무료할 수밖에 없다.

고생했던 기억을 입에 올리지 않고, 부정적인 기억보다 긍정적인 기억을 더 많이 한다고 해서 어려움을 모르고 넘긴 것은 아니다. 왜 어려움이 없었겠는가?

사실 실적이 좋은 에이전트들이 많이 포진한 오피스의 에이전트들은 늘 부동산 경기가 좋은 줄 안다. 반대로 영업을 잘 못하는 에이전트들이 많은 곳의 에이전트들은 경기가 늘 안 좋다고 생각한다. 같은 지역에서 같은 시장을 놓고 다투는데도 어느 프랜차이즈는 경기가 좋다 하고 다른 프랜차이즈는 경기가 나쁘다고 한다.

ERA 뉴스타로 상호를 바꾸면서 내 이름으로 등기가 된 건물에 회사를 설립하고 일취월장했다. 나는 물론이고 우리 에이전트들은 부동산 경기가 좋다고 생각할 만했다. 지금도 나는 그 시기를 그렇게까지 어려웠다고는 생각하지 않는다.

그러나 내 아내 제니의 말을 듣고 돌아보면 그 시기가 나에게는 상당한 위기였던 것으로 기억된다. 1990년에는 이라크 전쟁이 발발했고, 1991년에는 아델란토 땅 투기 광풍이 불었으며, LA에서 일어난 4·29폭동의 여파로 한인들은 경제적으로 막대한 피해를 입었다. 그때부터 1994년 어느 시기까지 부동산업계에는 찬바람이 휘몰아쳤다.

나는 기억이 흐릿한데, 아내는 그 시기에 자금난으로 무척 마음고생을 했다고 말한다. 가든그로브에서 가장 실적이 좋았던 우리 뉴스타부동산도 사무실 유지비가 부족하여 1만 달러, 5만 달러, 10만 달러……. 이렇게 손가락으로 헤아리며 손위 처남에게 자금을 융통했던 것이다. 부채가 10만 달러를 넘으면 집을 팔든지 특단의 조치를 취하리라 했는데 다행히 거기까지는 가지 않았다.

그것은 일등만 하던 관성에서 오는 충격이었을 뿐 사실 어려움도 아니었다. 그렇다고 태평하게 손을 놓고 있었던 것은 아니다. 좀 더 광고하고, 좀 더 친절하고, 좀 더 많이 뛰고, 좀 더 노력했다. 그러면서 한편으로는 이민을 오고 싶어 하는 사람들에게도 내 힘이 닿는 데까지 도움을 주었다. 이민자들은 뉴스타부동산의 잠재 고객이었다. 몇 년 동안은 생계유지에도 급급해하지만 한인 특유의 근면함으로 돈을 벌게 될 것이고, 한인만의 문화적 취향에 따라 집을 사고 땅을 살 것이었다.

1994년, 한국에 왔을 때도 그랬다. 일정이 바빴으나 이민 상담을 하고 싶은 사람에게는 가능한 시간을 내서 필요한 사항을 알려주었다. 그 해 평창동의 올림피아 호텔 커피숍에서였다. 미국 이민에 관심이 있는 한 사람을 만나 상담을 해주고 막 커피숍을 나서려는데 누군가가 나를 불러 세웠다.

"혹시 미국에서 오신 뉴스타부동산의 남문기 사장님이 아니세요? 초면에 죄송합니다. 저도 미국으로 이민 가는 것에 관심이 많은데 미국에는 아는 사람도 한 사람 없고, 어디서부터 어떻게 해야 할지를 몰라 망설이고 있는 중입니다. 남 사장님을 만난 김에 몇 가지만 좀 여쭤보고 싶은데 시간이 괜찮으세요?"

뉴스타부동산의 10년 단골 고객인 권 선생을 그렇게 만났다. 나는 오갈 데 없는 권 선생에게 미국의 우리 집으로 와서 본인이 원하는 만큼 기거하면서 생활 방편 등 여러 가지를 알아보고 이민 여부를 결정하라고 했다. 권 선생은 나와 함께 미국행 비행기를 탔다. 그리고 약속대로 우리 집에 기거하고, 나를 따라다니면서 미국을 면밀히 살펴보았다.

두 달 정도 지났을까. 권 선생이 비장한 어조로 말했다.

"남 사장님, 나 결심했어요. 내일 한국으로 돌아가서 모든 재산을 정리하고 전 가족을 데리고 들어오겠습니다."

'사흘 묵어 냄새 안 나는 손님이 없고, 손님은 돌아가는 뒷모습이 예쁘다.'는 말이 있는데, 나는 달리 생각한다. 손님은 오래 묵을수록, 또 손님을 맞은 측에서 잘해 주면 잘해 줄수록 신세를 입었다는 고마운 마음을 갖게 되며, 그 고마운 마음은 평생을 갖게 된다고 믿는다. 권 선생이 그 증거다.

2개월여 우리 집에 머물다 떠난 권 선생은 한국에 돌아가자마자 이민 업무를 대행해주는 이주공사를 통해 미국으로 들어올 수 있는 입국 절차를 시작했다. 그리고 1년 후에 부인과 두 아이 등 전 가족이 관광비자로 들어와 미국에 눌러앉았다.

대단한 부자는 아니었지만 탄탄한 재력가였던 권 선생은 미국에 오자마자 나를 통해 그 당시에 내가 살던 곳 인근인 얼바인에 집과 비즈니스를 마련했고 그 후부터 지금까지 권 선생의 모든 부동산 거래는 내가 하고 있다. 단순한 산술계산으로도 그 장사에서 이익을 본 사람은 나다. 몇 개월간 하숙비를 받지 않은 대신 평생에 걸친 거래를 하게 됐으니 수십 배의 이문을 본 것이다.

사실 1990년대 중반부터 몇 년 동안 우리 집 차고는 자동차를 주차할 수 없었다. 늘 이민 초보자들의 짐으로 가득 차 있었다. 한국에서 온 손님들이 짐을 우리 집 차고에 풀어놓는 경우가 다반사였기 때문이다. 내 경험에 비춰볼 때 나는 그것보다 효과적인 세일즈 방법은 없다고 생각한다. 몇 달씩 나에게 신세 진 사람들은 모두 나의 평생 고객이 됐으니까.

한인사회의 심장 LA로 입성하다

LA 한인타운은 유명한 이름에 비해 겉모습은 그다지 번화한 곳이 아니다. 그것은 1970, 1980년대의 서울 외곽을 연상케 할 정도로 높은 건물도 별로 없다. 오래되고 낮은 건물들이 도로변에 즐비한데 그나마 역사 유적으로 보호되는 것들이 많아 낡아 보이는 경우가 허다하다. 심지어 미국 엔터테인먼트 산업의 상징인 할리우드를 지나면서 이런 생각을 할 정도니 한인 타운은 오죽하겠는가?

미국이란 나라는 매우 넓다. 한국이라면 5분 이내에 할 수 있는 일들을 미국에서는 자동차를 이용해야 한다. 무슨 일을 하던 한국과는 스케일이 다르다. 그 이유는 땅이 넓기 때문이다. 특히 LA는 땅이 매우 넓은 도시다. 건축물을 높이 세워야 할 이유가 별로 없다. 자연히 어떤 건물이든 겉보기와는 달리 내부가 무척 넓고 전통적인 서양문명을 계승하면서 현대적 테크놀로지를 꽃피워 놓고 있다.

비벌리힐스의 명품 샵들은 지구상에서 가장 화려한 상품들을 갖춰놓고 있으며 아울렛이나 할인점 같은 곳의 상품의 양이나 종류는 한국 사람이라면 상상하기 힘들 정도이다.

LA 한인 타운도 그러한 전형적인 미국 도시 중 한 시가지이다. 한인 타운이 생겨나던 초창기 기준으로 좁혀보면 남북으로는 올림픽 블러버드에서 윌셔 블러버드, 동서로는 버몬트 애비뉴에서 웨스턴 애비뉴에 이르는 가로 세로 1마일 정도를 한인 타운으로 본다. 지금은 남북으로는 피코 블러버드에서 1가, 동서로는 후버 애비뉴에서 크렌셔 애비뉴에 이르는 가로 세로 3마일 정도의 지역으로 확장되었다. 그러나 지금 이 순간에도 LA 한인 타운의 경계는 사방으로 계속 확장되고 있어서 어디서 어디까지라고 딱히 규정하기도 어렵다. 차이나타운을 제외하면 소수계 타운으로서는 규모가 큰 편에 속한다.

현재 뉴스타 그룹 본관 건물은 한인 타운에서도 한복판에 해당하는 8가와 버몬트 애비뉴 코너에 있다. 건물의 규모는 각각 연건평 3만 8천 평방피트와 1만 8천 평방피트인 두 개의 빌딩으로 되어 있다.

현재 기준으로 시가 1천만 달러를 훨씬 상회한다. 본부 건물에는 뉴스타부동산 본사와 LA 지사를 비롯하여 그룹 계열사들이 입주해 있다. 뉴스타 에스크로, 뉴스타부동산 학교, 뉴스타 광고기획, 뉴스타 IT 회사(NIT eConsulting), 뉴스타 경매사, 뉴스타 투자그룹, 뉴스타 장학재단 등 8개의 계열사와 150여 명의 직원들이 밤낮없이 일에 매진하고 있다.

뉴스타부동산이 지금의 본부 건물에 터를 잡은 것은 1996년 7월의 일이었다. 남부 캘리포니아 제2의 한인 타운인 오렌지카운티 가든그로브에 뉴스타 그룹의 본부 건물을 세우려 했으나 나는 LA 한인 타운의 대표성을 감안하여 이곳을 선택했다. 무엇보다 전 세계의 해외 한인을 대표하는 상징적인 곳이라는 점에서 LA입성은 의미하는 바가 컸다. 세계와 미래를 지향하는 뉴스타 그룹의 장래 비전을 달성하는 데 유리한 곳도 바로 이곳이었다.

그러나 LA로 진입하는 나를 모두가 환영한 것은 아니었다. 일찍 터를 잡은 LA지역 한인 부동산업자들의 텃세일까? 다른 회사 소속의 에이전트들이 우리 뉴스타부동산으로 이적하지 못하도록 협박하고 회유했다는 말을 나는 수도 없이 들어야 했다. 또 뉴스타부동산이 언제 터질지 모르는 시한폭탄이라는 음해도 나돌았다. 이것은 LA만의 현상이 아니었다. 내 개인의 부덕한 소치만도 아니다. 동물들도 경쟁자가 나타나면 영역을 지키려고 하는데, 하물며 사업을 하는 사람들이 오죽하겠는가? 새로운 시장을 개척하는 우리 지사장들이 그 점에서 고마웠고, 고생을 많이 시켰던 게 미안할 뿐이다.

그들 때문이라도 LA에서 나는 맹활약을 해야만 했다. 그뿐만 아니라 LA는 미주에서 가장 많은 한인 동포들이 살아가고 있으며 그 애환과 서러움이 가장 많이 깃든 통로이자 미주로 통하는 관문이었기에 이곳에서 수문장 역할을 담당하며 의미 있는 봉사도 하고 싶었다. 실로 이민터전의 반석을 닦기 위한 노력이 이곳 LA에서부터 시작되었지만 수십 년이 지난 지금까지도 내 스스로 만족할만한 성과를 내지 못했다. 내가 부동산업계를 완전히 평정하지 못하는 한 언제까지고 만족할 수 없을지도 모른다. ERA 수준의 메이저 부동산회사가 되는 날까지 나는 물론이고 지점장, 지사장들도 더욱 노력해야 할 것이다.

사실 뉴스타 그룹이 LA에 입성하기 전부터 나에 대한 이야기는 무성했다. 한국인들이 자조적으로 하는 얘기인 '앞에 가는 놈은 도둑놈' 이란 말처럼 누가 높이 올라가는 것을 못 보는 성향 때문인지, 내가 부동산 중개업을 시작하여 승승장구할 때부터 그랬다.

"남문기는 브로커 라이선스가 없다."는 터무니없는 얘기도 돌고, "뉴스타부동산 학교는 불법이어서 그 학교를 졸업해도 라이선스 취득 시험을 볼 수 없다."는 식의 가히 듣기 민망한 음해도 나돌았다. 더욱 가관인 것은 부동산업계가 조금만 불경기에 빠져들면 "뉴스타부동산 파산했다."는 소리가 툭툭 튀어나왔고, 심지어는 비즈니스 관계로 한국을 잠깐 방문하였다가 건강검진차 병원에 다녀온 것을 보고 "남문기가 한국에서 죽었다더라."는 소문이 나기까지 했다. 자기가 바라는 바를 말하고 믿는 것도, 영역을 지키려는 본능인 것을 어쩌겠는가? 내가 어찌 그 심정을 이해하지 못하겠는가?

그렇다. 난 이런 악성 루머들 속에서도 단지 안타까운 생각뿐이었다. 작은 파이를 놓고 다투어 먹으려고 할 것이 아니라 파이를 더 키우면 안 되는 것일까? 사과 10개짜리 시장에서 누군가 8개를 독식한다고 화를 낼 것이 아니라 사과 20개, 30개짜리로 상권을 넓혀서 문제를 해결했으면 좋겠다는 것이다. 그렇게 시장을 확장하는데 우리 뉴스타부동산은 언제나 가장 앞줄에 설 용의가 있다. 또 냉정하게 보아서 경쟁자의 바짓가랑이를 붙잡을 것이 아니라 스스로 능력을 길러야 한다는 생각도 한다.

뉴스타 그룹이 없었다면 LA 한인 부동산업계는 아직도 복덕방 수준을 면치 못했을 것이다. 미국 주류 부동산중계업계에서 곁방살이나 하면서 부러운 눈으로 우러러보고 있을 것이라는 얘기다. ERA 전체 프랜차이즈 오피스들 중에서 우리 뉴스타 그룹이 상위 실적을 올렸다는 자랑이 아니라, 결국 우리를 보고 한인 부동산회사들이 경쟁력을 쌓기 위해 노력했던 것이다. 그래서 한인사회에도 실속이 있는 여러 부동산회사가 생겨났으며 결국 한인사회 전체 부동산업계가 상당한 자생력을 갖추게 되었다. 또한 애리조나, 네바다, 뉴욕, 캐나다 등으로 뻗어나가는 뉴스타 그룹의 지점망 확충을 두고 문어발식이라고 욕하는 사람들이 있다.

그러한 견해에 나는 결코 동조할 수 없다. 만약 뉴스타 그룹이 거기 들어가지 않았다면 '센추리21'이나 '콜드웰뱅커' 등 미국계 회사들이 들어가서 그들을 다 합병하고 말았을 것이다. 미국계 회사에 먹히는 것은 괜찮고 한국계 회사에 합병되는 것은 자존심 상해서 안 된다, 그것이야말로 우리 민족 자체를 하위 민족이라고 여기는 것이 아닌가?

뉴스타 그룹이 ERA에 소속되어 있을 때 프랜차이즈 회사들 중에서 최상위에 속한다는 것만으로도 우리를 음해하는 사람들의 주장이 틀렸다는 것을 반증한다. 뉴스타 그룹은 하루가 다르게 발전하고 있으며 뉴스타 그룹의 일원이 된 에이전트들은 매일같이 성공신화를 써 나가고 있다. 그들은 하나같이 '지금까지 일해 본 회사 가운데 단연 최고'라는 평가를 내리고 있다.

또 뉴스타 그룹이 사회를 위해 도움이 되는 일을 했을지언정 사회에 해악이 되는 일은 한 번도 하지 않았다는 점에서도 욕을 먹는 것은 부당하다. 뉴스타 그룹은 당장의 이익보다는 먼 미래를 내다보는 기업이다. 미국 땅에서 한국인의 새 역사를 써 나가기를 추구하는 기업이기에 우리 스스로 철저하게 몸과 마음을 단속하고 있다. 음해와 모함이 있다 하여도 뉴스타부동산은 뉴스타부동산의 길을 갈 것이다.

나는 가끔씩 미주 한인사회 전체가 게(crab) 상자 같다는 생각을 할 때가 있다. 한 마리가 바깥으로 나가려고 하면 다른 놈이 끌어내리고, 또다른 놈이 바깥으로 나가려고 상자를 반쯤 기어 올라가면 또 다른 놈이 끄집어내려 결국에는 단 한 마리의 게도 바깥으로 나가지 못하는 모습 말이다. 한인사회는 더 이상 게 상자같이 되어서는 안 될 일이다. 이미 큰 사람과 크고 있는 사람은 더 키워주고, 클만한 사람의 성장 잠재력을 찾아내 자양분을 공급하는 사회가 되어야 하며, 그래야 한인사회에 미래가 있을 것이다.

한인회 회장 당선 후 한인회 이사들 첫 연차회의 모습

나는 견실한 대기업을 지향한다. 대여섯 명을 먹여 살리는 견실한 중소기업도 충분한 존재 가치가 있지만 수백 명, 수천 명을 먹여 살리는 대기업은 더 큰 의미가 있다고 생각한다. 누가 뭐라 하든 또 앞으로 어떤 일이 생기든 뉴스타 그룹을 더욱더 키워 더 많은 한국과 미국인들에게 일자리를 제공할 것이다.

어쨌든 숱한 소문과 뒷말이 있었음에도 뉴스타부동산의 LA 입성은 성공적이었다. 그리고 전 세계에 뉴스타 그룹의 깃발을 휘날릴 수 있는 교두보를 확보한 결과가 됐다.

민간외교를 활용할 수 있는
지혜가 있어야

민간외교가 때로는 정부의 공식 채널보다 더 힘을 발휘할 때가 많다. 그런 면에서 본다면 해외 한인 750만 명이 민간 외교관으로써 미국을 비롯한 세계 각지의 교포들을 민간외교의 첨병으로 활용한다면 그 파급 효과는 엄청날 것이다. 대한민국의 이민 정책은 해외자원 확보와 인구 억제 정책과 맞물려 이주를 확대, 장려하고 있는 실정이었지만 저출산 고령화로 인해 장기간 이어질 것으로 생각되진 않는다.

앞으로 다가 올 인구 감소를 위해 이민을 적극 수용해야 한다는 말까지 나오고 있긴 하지만 현재는 청년 실업 문제 등으로 인해 해외연수를 통한 이주를 정부차원에서 적극 지원 중에 있으니 이민 장려 정책으로 생각해도 무리가 없겠다. 'ALL AROUND THE WORLD'가 되는 것이다. 이 말은 민간 외교관이 더욱 늘어난다는 소리와 매한가지다.

나는 LA 거주 한인 동포들의 치열한 선거를 통해 한인회장에 당선되어 2006년부터 2008년까지 LA 한인회장을 역임하는 동안과 그리고 2008

년부터 2009년 5월까지 미주 한인상공회의소 연합회장과 이후 미주한인회 총연합회총회장을 거쳐 2014년 3월 이후 현재까지 해외한민족대표자협의회 공동의장과 새누리당 재외국민위원회 자문위원장을 수행하면서 참으로 많은 인사들을 만났다. 많은 인사들을 만나면서 느낀 것은 솔직담백하면서 현실에 부합되는 외교는 상황에 따라 우리 현지 동포들이 하는 것이 훨씬 더 효율적이라는 것이다. 그래서 현지 출신인 대사와 총영사, 현지 기업인, 한국 기업의 지사나 상사 대표들이 민간 외교에 더 힘을 실어주어야 한다고 본다.

현재 여러 가지 국제정세를 볼 때 한국은 미국과 긴밀하게 지내지 않을 수가 없다. 한국은 지리적으로 일본, 중국, 러시아 등 강대국들과 이웃하고 있는 현실이므로 미국과의 좋은 관계가 절대적으로 요구된다. 이런 상황에서 정부 대 정부의 관계도 중요하지만 상황에 따라서는 민간기업인들이 나서는 것이 더 효율적일 수 있다. 특히 재정이 열악한 미국의 각 주에 우리 기업인들이 'Give and Take' 식으로 협조한다면 정부 대 정부가 진행하는 것보다 더 효과가 클 것이다.

미국에서의 투자는 투자한 만큼 충분히 수익을 거둘 수 있다. 연방국가인 미국은 나라 전체를 보면 초강대국이지만, 대략 미국의 50분의 1에 해당하는 각 주는 초강대국이 아닌 작은 국가 혹은 정부라고 생각할 수 있다. 따라서 이 점을 잘 활용한다면 효과가 극대화되리라는 것을 미국에 어느 정도 살아 본 사람이라면 누구나 공감할 것이다.

조지아주의 기아차 공장은 아주 좋은 예로 이 지역은 밀농사로 근근이 살아가던 도시였는데 기아차 공장이 들어서면서 산업도시로 탈바꿈하였고 호텔과 레스토랑 등 서비스 업종이 생기면서 지역 경제에 크게 이 바지했다. 자동차 공장을 우리나라에 짓고 수출하면 더 좋은 것 아닌가? 라고 반문한다면 하나만 알고 둘은 모르는 소리다. 기업 이미지를 위해 마케팅 비용을 엄청나게 쏟아 부어도 효과가 미미할 때가 많다. 기업 이미지는 한순간이 이루어지는 것이 아니라 꾸준하게 지속적으로 쌓아가야 한다. 이러한 투자는 글로벌한 기업이미지를 심어 줄 수 있을 뿐만 아니라 보다 넓은 시장으로의 판로 개척에 큰 도움이 되어 우리처럼 작은 나라에선 꼭 필요한 투자방식이다. 조지아주에서도 적극적인 지지와 각종 혜택을 받기 때문에 현지인들에게도 긍정적인 이미지를 심어 준다. 이런 관점에서 민간외교가 때로는 더욱 큰 효과를 거둘 수 있다는 말이다.

남북한 문제도 발상을 전환해보면 어떨까 생각한다. 지금의 남북한은 그 어느 때보다 첨예하게 대립하고 있는 가운데 북한은 강력한 경제 제재가 가해질수록 더욱 핵에 집착하는 모습을 보이고 있다. 서방세계를 잘 알고 있는 외교관들의 탈북행렬은 어쩌면 너무 당연한 일로 여겨진다. 그럴수록 북한은 더욱 공포정치로 북한사람들을 내몰고 있다. 북한 문제는 우리 손에서 해결할 것은 더 이상 없는 것으로 보인다. 북한은 유엔 안전보장이사회의 압력에도 굽힘이 없으니 참으로 답답할 노릇이다. 가랑비에 옷 젖듯이 이럴 때 적절한 민간 외교가 나서준다면 통일 한국을 앞당기는 데 훨씬 도움이 되지 않을까?

 얼마 전 북한이 참석한 올림픽에서 남북한 두 선수의 다정한 사진이 화제를 낳았다. 서로의 모습이 닮은 듯 다르지만 진정 국경 없는 친밀한 모습이 밝은 통일의 미래를 조심스럽게 기대해 본다. 지금은 다소 허황된 소리처럼 들릴 것이다.

요즘 같아선 통일이 가능하기는 할까하는 의문마저 들 정도로 냉각 상태이기 때문이다. 그러나 나는 확실히 가능하다고 믿는다. 시대는 변화를 요구하고 있고 고여 있는 물은 언젠가는 썩어 악취가 진동할 것이다. 쇄국정책으로 살아남을 시대는 이미 오래전에 끝났다. 우리는 이러한 변화에 만반의 준비를 해야 한다. 통일도 이러한 변화의 바람 중하나이며 언제 우리에게 다가 올지 아무도 모른다. 다만 너무 오랜 시간이 걸리지 않길 바란다.

한인 시의원 한 명만 있었어도

남부 캘리포니아의 여러 카운티에 거주하는 한인들은 곳곳에 작은 한인 커뮤니티를 형성하고 있다. 동양의 도시에 비하면 규모가 작은 한인타운이라고 해도 걸어서 다니기 어려울 정도로 면적이 넓다. 가든그로브에도 슈퍼마켓, 세탁소, 한식당, 의류 판매점 등 한인 상가와 회사들이 모여 있는 한인타운이 있다.

나는 1991년 9월에 한인타운 1번지로 진출하였다. 지금은 베트남 투자회사에 매각된 옛 뉴스타부동산 본점인 가든그로브 건물로 옮기면서 프랜차이즈도 'ERA'로 바꿨다. ERA는 전에 쓰던 '리얼티월드'보다 몇 배나 큰 부동산회사로써 우리가 프랜차이즈로 이용하면 회사가 발전하는 데 유리한 면이 많았다. ERA란 'Electronic Realty Associates'의 약자로서 미국을 비롯하여 전 세계 37개국에 2,700여 개의 프랜차이즈가 있는 세계적인 부동산 기업이다. 팩시밀리가 처음 발명될 무렵에 팩스 등 여러 가지 전자기계를 이용, 부동산 거래 업무를 시작한 부동산회사라 하여 지금까지 ERA를 상호명으로 사용하고 있다고 한다.

한인타운 1번지, 여기서 'ERA 뉴스타'라는 상호로 바꾼 것은 재창업의 의미가 있었다. 무엇보다도 건물을 임대한 것이 아니라 자체 건물에 회사 사무실을 열었다는 점에서 뜻 깊었다. 내 이름으로 등기된 건물에서 내 회사를 재창업하는 기쁨을 어찌 말로 다 설명할 수 있겠는가? 목표는 아직 멀었지만 그날의 기쁨은 말할 수 없이 소중하고 컸다.

그랜드 오프닝 파티를 하던 날, 나는 어느 사이 60여 명으로 불어난 우리 직원들과 함께 엄숙하게 고사를 지냈다. 상 위에 돼지머리를 올려놓고 절을 하는 한국식 고사여서 기독교인들이 많은 미국 한인사회에서 조금은 이색적인 면도 있었을 것 같다. 하지만 이곳이 미국 땅인 만큼 나로서는 의미가 컸다. 고사 본래의 취지가 전혀 없었던 것은 아니지만, 한국 전통문화 행사를 통해 직원들과 손님들이 한국인으로서의 결속과 친근감을 공유할 수 있으리라고 보았던 것이다. 고향에서 보던 까마귀도 타향에서는 반갑다지 않던가?

나는 고사를 지내는 순간 마음속으로 이렇게 빌었다.

'천지신명이시여! 남문기와 뉴스타가 한인 이민 사회의 새로운 역사를 쓰게 해주십시오.'

생일 케이크 앞에서 촛불을 끄면서 소원을 빌기도 하는데, 돼지머리 앞에서 소원을 빌지 못할 이유가 어디 있겠는가? 그래서였을까? 믿기 나름이겠지만, ERA 뉴스타로 재창업한 뒤 나는 더욱 승승장구했다. 소원이 금방 이루어질 것처럼 호황이 계속됐다.

그런데 이듬해 4월에 한인 이민 역사상 영원히 잊을 수 없는 비극적인 사건이 터졌다. 4월 29일에 일어난 'LA폭동'이었다. 흑인 우범자 로드니 킹(Rodney King)에게 경찰이 가한 과도한 폭력이 발단이 돼 터진이 사건은 미국의 인종문제가 얼마나 심각한지, 또 소수민족계가 넘어야 할 산이 얼마나 높은지 단적으로 보여주는 증거가 되었다. 기가 막힌 것은 그 싸움은 흑백 간의 분쟁이 발단이었는데 불똥이 엉뚱하게 한인들에게 튀었다는 것이다.

로드니 킹에게 무차별적으로 경찰봉을 휘두른 백인 경찰들에 대한 재판에서 백인들로만 구성된 시미밸리(Simi Valley)법원의 배심원단이 무죄를 평결한 그날, 1992년 4월 29일 해거름부터 시작된 흑인들의 폭동은 그로부터 닷새 동안 LA 한인타운을 그야말로 쑥대밭으로 만들었다. 한인! 상가를 대상으로 한 흑인들의 무차별적인 방화와 약탈로 한평생 모은 재산이 한순간에 잿더미가 되었다. 약탈되고 불타는 가게 앞에서 울부짖는 한인들의 모습, 생명의 위험을 무릅쓰고 총으로 무장한 채

모처럼 모인 지사장님들 "수고하십니다"

업소를 지키는 아버지와 아들……. 25년도 더 지난 일이지만 불타는 한인타운의 모습이 어제 일처럼 생생하여 가슴이 미어진다.

그때 나는 그 약탈의 현장 LA 한인타운에서 30마일 정도 떨어진 곳에 위치한 오렌지카운티의 해병대 전우회장을 맡고 있었다. 오렌지카운티에 속한 가든그로브의 한인타운은 남부 캘리포니아 제2의 한인타운으로 언제 폭동의 여파가 번져올지 몰랐다. 해병 전우회장으로서 나는 모든 해병 전우들에게 비상소집령을 내렸다.

"전원 무장을 하고 군복장으로 가든그로브 한인타운 복판에 있는 우리 회사에 집결하시오."

해병 정신은 위기 상황에서 더욱 빛이 났다. 어느새 나는 부동산업자가 아닌 '귀신 잡는 해병'으로 돌아가 있었으며 다른 전우들도 마찬가지였다. 생업을 포기하고 임시 야전군 지휘본부로 변한 우리 회사로 속속 모여들었다.

그때부터 폭동이 계속된 4박 5일 동안 우리는 거의 뜬눈으로 밤을 지새며 한인타운을 지켰다. 전우들이 타고 온 모든 자동차의 양쪽 유리창에 '해병대 순찰대'라는 스티커를 붙이고 한인타운 순찰 근무는 물론 철야 경계태세에 들어갔다. 당시 나는 꼬박 닷새를 집에도 들어가지 않은 채 하루 평균 2시간 정도 겨우 눈을 붙이고 한인들의 안전대책에 몰두했다. 집이나 업무용 빌딩, 가게를 사거나 팔아주는 것이 사업의 전부가 아니었다. 한인들의 집과 비즈니스를 지켜주는 것도 내 임무이며 동시에 사업이었다. 그렇게 지켜내야 내 사업도 계속할 수 있지 않겠는가?

돌이켜보면 4·29 폭동은 손실만 주었던 것은 아니었다. 나를 비롯한 모든 한국인들이 '동포들의 참상'을 통해 분발하는 계기가 됐다. 억울한 일을 다시 당하지 않으려면 한인 커뮤니티의 힘을 더 길러야 하고 그러기 위해서는 한국인들끼리 더 단결해야 한다는 사실도 깨닫게 해 주었다.

그 당시 한인타운이 폭도들의 공략과 점거의 대상이 된 이유는 단 한 가지였다. 흑인들의 폭동을 미리 예상한 경찰 등 공권력이 흑인 밀집지역에서부터 외부로 통하는 통로를 모두 봉쇄해 버리고 흑인 밀집지역의 북쪽에 있는 한인타운으로 통하는 길만 열어 놓았기 때문이다. 이것은 음모라기보다 어쩔 수 없는 현실이었다.

미국은 철저히 지방자치제를 택하고 있고 경찰은 지방정부에 소속돼 있다. 지방정부의 시의원들은 경찰들의 예산권과 임면권 등 생사여탈권을 갖고 있는데, 당시 LA 시의원 가운데 한국계는 단 한 사람도 없었다. 만약 LA 지역에 한인 시의원이 단 한 명만 있었어도 경찰은 그 시의원의 눈치를 볼 수밖에 없고, 그렇게 되면 한인타운으로 통하는 방향의 경비도 강화했을 것이다. 한인이 주류사회에 많이 진출해야 하는 이유가 여기 있다.

물론 경찰 병력이 충분하지 않았던 것도 한 이유가 되었을 것이다. 사방을 방어하자니 인원이 모자랐던 것이고 그러다 보니 가장 정치적 영향력이 약한 한인타운이 방위의 사각지대가 됐던 것이다.

이때부터 나는 그 경험을 통해서 내 꿈의 중간역인 '뉴스타 시티'의 건설을 구상했다. 시의원도 한인이 맡고, 시장도 한인이 맡는 그런 도시가 만들어진다면 적어도 이러한 비통한 일은 다시 겪지 않을 것이 아닌가?

04

내일을 위한 잔치

한인 사회에 내 방식의 고용창출,
성공을 향한 희망의 문 열어

2004년 5월, 미국에서 초 일류급에 속하는 퍼시픽 팜스 호텔 컨벤션 룸에서 우리 그룹이 속했던 미국 최대의 부동산 프랜차이즈 ERA의 연례 시상식이 열렸다. 한 해의 실적을 총 정리해 가장 성공적인 사람에게 포상하고 격려하는 1년 중 가장 큰 행사였다. 이 날 만큼은 행사에 참석한 모든 사람들이 영화제에 참석하는 유명 연예인처럼 한껏 멋을 낸다.

브렌다(Brenda) 사장의 개회사가 끝나고 이날 행사의 하이라이트인 시상식이 시작됐다.

사회자가 부문별 수상자를 호명하자 장내는 온통 박수와 환호로 뒤덮였다. 그럴 수밖에 없는 것이 미국에서도 제2차 세계대전 이후 가장 부동산 경기가 좋았다는 2003년 한 해를 결산하는 시상식이었기 때문이다. 수상자를 배출한 회사의 직원들은 축하와 선망의 환호를 보냈고 상을 타지 못한 사람들은 내년에는 '내가 저 상을 꼭 타고야 말겠다.' 고

로스엔젤레스 무역협회에서 경남무역관을 오픈하는 행사의 환영사를 하며

다짐하는 의미로 더 크게 함성을 질렀다.

그런데 시상식이 진행될수록 분위기가 이상해졌다. 다른 회사의 직원들이 상을 타면 장내가 떠나갈 듯이 박수와 환호를 보내다가, 우리 뉴스타 그룹 소속의 에이전트들이 수상자가 되어 앞으로 나서면 박수를 치지 않는 것이었다.

'주택부문 동상 뉴스타 리얼티 ○○○!'라고 했을 때는 장내가 물을 끼얹은 듯 조용해졌다가, '은상 글로블 벅시 레이놀즈!', '금상 빅파이브 자넷 스미스!'라고 하면 엄청난 박수와 휘파람과 괴성을 질렀다. 그러다 다시 '대상 뉴스타 리얼티 ○○○!' 하면 약속이라도 한 것처럼 조용했다. 이런 분위기는 주택, 상가, 비즈니스 등 그날 있었던 각 부문별 시상식이 끝날 때까지 계속되었다.

사실 이런 일은 뉴스타 그룹이 ERA 프랜차이즈에 가입한 후 지난 10여 년째 계속돼 온 일이기 때문에 새삼스러울 것도 없었다. 해마다 시상 식장에서 수상자의 60~80% 이상을 우리 그룹의 직원들이 차지하여 다른 회사의 에이전트들로서는 박수 치는 재미가 없을 만도 하다.

밤이 깊어지고 시상식의 열기가 식은 뒤, 나는 잠자리에 들기 위해 객실로 찾아갔다. 그리고 와이셔츠를 벗으려는 순간 전화가 왔다.

"회장님, 아직 주무시지 않으시면 제가 커피 한 잔 사겠습니다."

그날 시상식에서 대상을 차지한 애나 최 씨였다.

"특별한 일 아니면 내일 이야기하지, 피곤할 텐데….."

"오늘 저녁이 아니면 평생 말씀드리지 못할 것 같아서요."

할 수 없이 벗었던 양복을 다시 걸치고 1층 로비로 내려갔다.

"회장님! 회장님은 저의 은인이세요."

애나 최 씨는 그렇게 이야기를 시작했다.

"사실 저, 회장님을 만나기 전까지 아무것도 잘하는 것 없는, 그야말로 별 볼일 없는 사람인줄 알았어요. 그래서 삶의 의미도 별로 느끼지 못했어요. 그런 저한테 회장님은 정말로 새로운 세계를 열어주셨습니다. 오늘 제가 일등을 차지했다는 사실보다 또 지난 한 해 동안 대기업 CEO 부럽지 않게 많은 돈을 벌었다는 사실보다 더 기쁜 게 있습니다. 회장님! 그게 말이에요, 저 자신의 존재 가치를 제가 충분히 느낄 수 있다는 거예요. 그걸 회장님께서 만들어주신 것입니다. 정말 고맙습니다. 요즘 정말 사람답게 사는 것 같습니다."

아닌 밤중에 홍두깨라더니, 이 무슨 뜬금없는 '고해성사'인가 싶었다. 그러나 어깨를 들썩이는 그녀를 바라보니 눈에서 눈물이 핑 돌았다.

새삼 '내가 정말 보람 있는 일을 하고 있구나!' 하는 생각이 들었고, '이런 역할을 함으로써 진정으로 성공한 재미 한인이라는 평가를 받는 것이구나.' 싶기도 했다.

백만장자는 누구나 될 수 있다. 그러나 아무나 되는 것은 아니다. 적어도 내가 부자가 아닐지라도 나는 그 백만장자를 만들어 낸 것 같다. 특히 자본금이 없는 싱글 맘들이 부동산업을 많이 한다. 그 싱글 맘들에게 안락한 일자리를 주고, 같이 뛰고, 같이 힘들어하고, 그렇게 하는 것이 어디 쉬운 일인가.

경제적인 성공은 영원불변한 것이 아니다. 또 재력으로 따지면 나보다 더 큰 현금 부자도 많을 수 있다. 드러나지 않아서 그렇지, 미국 도처에 한인 알부자들이 꽤 있다. 우리 뉴스타 그룹이 거두는 연간 매출액

미주 한인 부동산협회 총연합회 총회장으로 매년 라스베가스에서 정기총회를 한다

30억 달러도 적지 않지만, 그것보다도 재미 한인 사회에서 내가 스스로 자랑스러운 것은 애나 최 씨의 고백처럼, 어려운 환경의 한인들에게 내 방식으로 고용을 만들어주고 성공을 향한 희망을 주었다는 점이다. 우리 회사의 수많은 에이전트 중 상당수가 남문기 또는 뉴스타 그룹과 인연을 맺기 전에는 이민 생활의 하루하루를 힘겹게 살아가는 평범한 사람들이었다.

그러나 뉴스타 그룹 소속 에이전트로 나의 지휘 방침에 따라 자기계발을 함으로써 그들의 생활은 판이하게 달라졌다.

미국에서도 역시 부의 상징으로 통하는 벤츠를 타고 자기 집을 몇 채씩 소유하고, 부러울 것 없는 생활을 하게 된 것이다. 여름에는 외국 여행, 연말에는 크루즈 여행을 하는 등 정신적으로나 문화적으로 여유 있는 생활을 한껏 구가하고 있다. 무엇보다도 이러한 성공이 준 가장 큰 변화는 이민자로서 자신감을 갖게 됐고, 아메리칸 드림을 이루어가고 있다는 점이다. 영원하다는 것은 아름다운 것이기에 ….

시대착오적인 한국의
공인중개사 시험제도

오늘날 유태인들은 세계 도처에 흩어져 살고 있다. 이스라엘 본토에 사는 사람보다 외국에 사는 유태인들이 훨씬 많다. 그런데 유태인들은 가는 곳마다 실질적으로 그 나라에서 막강한 경제력을 바탕으로 정계, 언론계, 학계, 문화계를 장악해 본토의 병풍 역할을 맡고 있다.

화교상인들도 마찬가지이다. 최근 중국 본토의 급속한 성장도 세계로 뻗어나가 있는 화상들의 자본력과 네트워크가 밑받침이 된 것이다. 싱가포르, 말레이시아, 인도네시아 등 동양권은 말할 것도 없고 미국과 유럽에도 화상들은 세포처럼 뿌리내리고 있다. 그러한 화상들이 중국에 물건을 주문하고 중국에서 생산된 제품을 판매하는 역할을 하고 있으니 어떻게 중국이 발전하지 않을 수 있겠는가? 그런 의미에서 나는 한국 사람들이 좁은 한국 땅을 벗어나 세계로 뻗어나가야 한다고 본다. 한국에서 강연을 하거나 교육을 할 때마다, 또 영향력 있는 관계자들을 만날 때마다 나는 수시로 강조한다. 내 의견이 받아들여졌는지 모르지만 내가 주장한 정책 중 몇 가지는 현재 시험적으로 시행되고 있다.

그리고 말이 나온 김에 한국의 부동산 관련 당국에 한 가지 제안할 것이 있다. 한국의 부동산중개사 시험제도를 생산성 있고 합리적인 방식으로 바꾸는 것이 좋지 않을까 한다.

한국은 부동산중개사가 되는 관문이 너무 좁다. 부동산중개사 자격증을 취득하기 위해서 하던 일을 전폐하고, 짧게 잡아도 1년 이상, 길게는 몇 년씩 시험공부에 매달려야 한다는 것은 옳은 일이 아니다. 이것은 이론에만 너무 치우쳐 현실을 보지 못한 결과가 아닌가 싶다.

널리 알려졌다시피 부동산중개업은 실패율이 80%나 될 정도로 험난하다. 자격증을 취득한 뒤에는 부동산중개업 현장에서 혹독한 경쟁을 하게 된다. 부동산중개업은 그만큼 체질에 맞고 재능이 있어야 업으로 삼고 살아갈 수 있는 일이다. 그런데 대략 3년 동안 공부하여 부동산 자격증을 획득하고 부동산중개업에 투신하였다가 적성에 맞지 않거나 능력 부족으로 중도에 그만둔다면 어떻게 되는가?

중도에 그만둔 사람은 시험공부한 3년 동안을 헛되이 보낸 것이다. 명퇴를 했거나 50세 전후에 공부를 시작한 사람이 중도에 그만뒀다면 별문제 없겠지만, 그렇지 않은 경우라면 인생에 있어 막대한 손실임에 틀림없다. 그것은 개인적인 손실을 넘어 국가적으로도 대단한 낭비이다.

이에 비해 미국은 합리적이다. 특히 미국 캘리포니아 주의 경우는 굉장히 간단하다. 부동산중개업을 해봐야겠다고 마음먹고 뉴스타가 운영하는 부동산학교에 등록하면 곧바로 응시원서를 제출할 수 있다. 응시원서 제출 후에는 거의 7주 이내에 시험을 볼 수 있고, 그 7주 사이에 본인만 열심히 공부하면 90% 이상이 합격할 수 있을 만큼 합격률도 높다. 빠른 시간에 본인이 원하는 일에 종사할 수 있게 하고 적성 여부는 본인이 판단하게 하는 것이다.

사실 부동산중개업은 법 조항을 얼마나 많이 알고 있는가에 크게 좌우되지 않는다. 게다가 부동산중개사 시험에 응시하는 사람의 경우 대부분 고학력자이고 고급 인력들이다. 웬만한 법률들은 이미 '상식선'에서 알고 있다. 굳이 시험 보기 위해 법조문을 달달 외우는데 많은 시간을 쏟을 이유가 없다는 것이다.

한국 부동산 중개업협회(회장 황기현)과 항상 세계화에 초점을 맞추는 대화를 하지만 실제적으로 생활과 연결되지 않는 것 같다

솔트레이크시티에서의 라인댄스를 추다

"그렇게 놀면 일은 언제 합니까?"

이런 질문을 받을 때마다 잘 노는 사람이 일도 잘하고, 재미있는 회사가 돈도 잘 번다고 강조한다. 회사는 돈을 버는 곳이지만 일하는 사람들에게 재미있는 곳이어야 한다. 지루한 회사는 상상만 해도 끔찍하다.

우리 뉴스타 그룹은 행사가 많은 곳이다. 회사 안에 있는 취미 동호회만 해도 축구팀과 골프팀(여성 골프팀도 별도로 있다), 탁구팀, 볼링팀, 야구팀, 스타즈회, 마라톤 동호회 등이 있다. 그리고 지점마다 조금은 차이가 있지만 친목계도 있다.

또한, 시즌별 관광여행도 한다. 봄부터 여름과 가을까지는 버스를 대절해 3박 4일 정도의 일정으로 옐로스톤 국립공원(Yellowstone National Park)이나 자이언 캐니언(Zion National Park), 그리고 라스베이거스 등 미국의 명승지를 돌아본다.

크리스마스 시즌에는 한 해 20만 달러 이상의 실적을 올린 에이전트들과 회사에 특별 기여를 한 에이전트들을 부부 동반으로 초청하여 크루즈 여행을 떠난다. 크루즈 여행은 매번 탑 계열의 많은 에이전트 분들이 참가하고 있으며 2007년까지 7회째 개최했었던 중 2005년에는 12월 18일부터 크리스마스 무렵까지 세계에서 가장 아름답다는 카리브해에 있는 멕시코 칸쿤(Maxico Canaun)에 다녀왔다. 그때 참가인원은 100여 명 이상이었고 멋진 여행 겸 단합대회로 손색이 없었다.

그런데 뉴스타 그룹 뉴스타맨이 여행이나 체육대회 같은 조직 활동을 하게 되면 거기가 어느 곳이든지, 어느 시간대든지 뉴스타 스타일로 바뀐다. 우리 직원들은 일할 때는 어떤 회사보다 더 열심히 일하지만 한 번 작심하면 그야말로 화끈하게 논다. 옛 기록에 우리 민족이 가무를 즐겼다고도 하는데, 역시 우리는 일을 하며 쌓였던 모든 스트레스를 다 날려 보낼 만큼 몰입한다.

이와 같이 뉴스타 식구들과 함께 미국의 구석구석을 수없이 돌아다녀 봤는데, 그 중 정말 잊지 못할 추억으로 남아 있는 것은 2003년 9월 24일부터 3박 4일의 일정으로 다녀온 옐로스톤 관광이다. 세계 최대, 미국 최초의 국립공원이라는 명성에 맞게 그야말로 조물주의 위대한 능력을 실감케 하는 자연의 웅장함을 느꼈다. 매 70분마다 뜨거운 지하수를 하늘 높이 내뿜는 간헐천, 산중 호수로서는 북미 대륙에서 가장 큰 136평방 마일의 넓은 호수, 높이 300피트 내외의 거대한 폭포들, 여름철에도 백설을 안고 있는 고도 1만 피트 이상의 수없이 많은 산봉우리들, 미국의 국립공원 가운데 단 한 개만 구경할 수 있다면 단연 옐로스톤을 택해야 한다는 말이 왜 나왔는지 알 수 있었다.

그러나 평생 잊을 수 없는 벅찬 느낌을 안겨준 것은 옐로스톤의 비경이 아닌 일정의 마지막 밤을 보낸 한 호텔에서의 일이었다.

2박 3일의 일정으로 둘러본 옐로스톤을 떠나 인근의 그랜드티톤 국립공원(Grand Teton National Park)까지 둘러보고 여행의 마지막 밤을 보내기 위해 우리 일행은 솔트레이크시티(Salt Lake City)의 한 호텔에 자리를 잡았다. 여행의 마지막 밤은 아쉽기 마련이어서 저녁식사 후에 이심전심으로 49명이 호텔의 가라오케식 카페에 모였다. 가무를 즐기는 민족적인 전통에 따라 신나는 밤을 보낼 참이었는데 음악이 문제였다. 동양인들이 별로 찾지 않는 솔트레이크시티의 카페에 한국인이 즐길 만한 노래가 없었다.

뭔가 아쉬워하는 직원들의 표정을 보고 내가 나섰다. 카페 DJ에게 살짝 다가가 1백 달러짜리 지폐 두 장을 건네주고 우리가 준비해 간 CD를 틀어줄 수 있느냐고 물었다. 돈도 돈이거니와 사람 수의 힘도 컸다. 평소에는 동양인이 거의 없던 카페에 갑자기 동양인이 다수가 된 데다 뜻밖의 부수입을 올리게 된 DJ는 '다섯 곡만' 틀어주겠다고 했다.

준비한 첫 곡이 흘러나왔다. 가수 이정현의 '바꿔'였다. 그 다음 곡은 2002년 월드컵 때 전 세계에 흩어져 있던 한국인을 하나로 묶어 줬던 '오! 필승 코리아'였다. 갑자기 우리 일행 전원이 플로어로 몰려나왔다. 그리고 누가 시키지도 않았는데 어깨동무를 하고 라인댄스를 추며 노래를 합창했다. 우리 회사의 행사가 있을 때마다 틈틈이 연습해뒀던 라인댄스 실력이 빛을 발하는 순간이었다.

열정은 참으로 전염력이 강한 것이며 음악은 만국 공통의 언어라는 것을 그날 저녁 다시 실감했다. '오! 필승 코리아'에 이어 연거푸 몇 곡의 빠른 템포의 한국 노래들이 앰프에서 흘러나오고 우리일행이 열광적

196

뉴스타 탑 에이전트와 함께한 그랜드 캐니언 국립공원

으로 합창하며 라인댄스를 추자, 테이블에 앉아 있던 백인들이 슬며시 눈치를 보며 우리의 라인댄스 대열에 합류했다.

믿기지 않는 광경이 벌어졌다. 다섯 곡이라고 제한했던 DJ는 우리가 가졌던 CD를 통째로 틀었다. 나중에는 DJ가 우리 에이전트이자 1970년대 종로3가의 유명한 DJ 출신인 강강문 씨로 바뀌고 말았다. 카페 안에 있던 모든 사람은 인종의 구분 없이 한 덩어리로 어우러졌다. 기차놀이 형태로 어깨를 붙잡고 카페 내의 위층 아래층 할 것 없이 구석구석을 돌아다녔으며, 마침내 열기를 견디다 못해 카페 바깥의 호텔 로비까지 진출했다. 뜻밖의 광경이 신기했던지 로비에 있던 사람들도 박수 치고 환호하며 휘파람을 불었다. 로비의 프런트 데스크에 있던 호텔 직원들만 제외하고는 모두가 우리 대열에 합류했다. 무슨 신내림이라도 하는듯한 광기(?)가 새벽 2시까지 이어졌다.

신기한 일이었다. 그곳은 몰몬교의 성지로서 보수적이고 배타적이며 백인 우월주의가 팽배한 솔트레이크시티의 백인 동네였다. 이런 곳에서 한국 노래가 어떻게 그렇게 울려 퍼질 수 있었는지, 검은 머리에 작은 체구의 동양인들이 그들을 감동시켜서 마침내는 한데 어울려 노래를 부르고 춤을 추게 하는 이변을 연출한 것이었다.

그 밤은 그렇게 나한테 감동적이고 열정적인 순간이었다. 2002년 월드컵 때의 4강 진출과 붉은 악마의 신화가 말해주듯 아름다운 열정은 세계인을 감동시킬 수 있다는 것을 나는 다시금 확인한 것이다.

그리고 그것은 언제나 연례행사로 자리를 잡았고 뉴스타가 가는 곳이면 어느 곳이든지 계속되고 있다. 라인댄스는 '뉴스타댄스'로 이름을 바꾸어서 지금까지도 계속되고 있다.

뉴스타 축구팀, 뉴스타 올림픽

노는 데에는 스포츠가 빠질 수 없다. 스포츠 자체로서 즐기기도 하고 운동을 통해 단합하고 뉴스타맨으로서의 정신을 함양하는 기회도 갖는다. 사내 취미 동호회로 결성된 '뉴스타 축구팀'은 특히 우리 뉴스타맨들에게 정신적 연대감을 갖게 해주고 있다. 2005년에는 남부 캘리포니아 한인 축구대회에서 우승하여 뉴스타맨으로서의 자부심이 최고조에 이르렀다.

2004년 7월 10일, 축구팀은 물론이고 나와 뉴스타 그룹 전체에 이날은 기념할 만한 날이었다. 경기력도 좋았지만, 장소가 특별하다는 점에서 잊지 못한다. LA 지역의 프로축구단인 LA 갤럭시(LA Galaxy)의 홈구장인 홈디포 센터 메인필드(Home Depot Center Main Field)에서 시합을 한 것이다. 홈디포 센터 메인필드 구장은 축구 전용 구장으로서는 미국 내에서 가장 시설이 좋은 곳으로, 아마추어들에겐 한 번쯤 밟아보는 것이 소원일 만큼 꿈의 구장으로 불리는 곳이다.

그곳에서 시합을 할 수 있었던 것은 홍명보 선수 덕분이었다고 할 수 있다. LA 갤럭시 구단은 2002년 월드컵 때 4강 신화를 이끌었던 홍명보 선수가 소속돼 있는 구단으로, 뉴스타 그룹은 홍명보 선수를 응원하기 위해 LA 갤럭시 구단의 공식 후원사를 맡고 있었다. 그래서 구단 측이 자신들의 경기에 앞서 오픈게임으로 우리 축구팀이 경기를 할 수 있도록 허가했던 것이다.

이날 뉴스타 축구팀의 상대는 미국에서 가장 큰 한인 교회 가운데 하나로 손꼽히는 토런스 제일 장로교회 축구팀이었다. 이날 응원전이 백미였는데 양 팀 모두 약 300명 가량의 응원단과 가족들이 나와서 열띤 응원전을 펼쳤다. 특히 뉴스타 그룹 에이전트와 가족들은 전원 붉은색 셔츠나 재킷 차림으로 회사 측에서 제공한 붉은색 담요까지 뒤집어쓰고 한국 국가대표 축구팀 경기를 방불케 하는 '붉은 악마' 응원전을 펼쳤다. 게다가 꽹과리와 북 같은 한국 전통 악기를 동원하여 홈디포 구장이 한때나마 한국인의 함성으로 물결 쳤다. 한데 모여 응원하고 마음껏 소리치며 재미있는 한때를 보낸 것도 뜻깊은 일이지만, 거기서 직원들이 단합하고 뉴스타맨이자 한인으로서의 자부심을 느끼는 것 같아 기분이 좋았다. 아마 그것이 스포츠의 가치일 것이다. 그날의 경기와 응원전을 지켜본 한 신입사원은 우리 뉴스타 그룹 홈페이지에 다음과 같은 소감을 올렸다.

「그동안 바빠서 한 살 된 아들하고 야외에 나가지 못하다가 뉴스타 축구팀의 경기가 있다고 해서 참석했습니다. 우리 아들이 너무 좋아하는 거 있죠. 바람 부는 푸른 잔디에서 아마추어 축구팀의 경기도 보고, 아이와 같이 시간도 보내고, LA 갤럭시 경기도 보고, 맛있는 음식도 먹고 … (중략) … 분위기 좋은 회사, 분위기 좋은 오피스에서 일하는 것이 얼마나 중요한지 깨달았습니다.

저희 발렌시아 오피스는 분위기가 매우 좋습니다. 먼저 들어온 에이전트는 경험과 정보들을 쉐어(share)하여 케이스 스터디를 하고, 새로 오신 에이전트 분들의 궁금증도 풀어주고…, 서로 나누는 모습이 너무 보기 좋습니다. 모두 적극적이고 긍정적이신 분들이라서 서로 격려하고 선의의 경쟁을 하는 모습이 보기 좋습니다.

뉴스타와 같이 모두 함께 성장하고 싶은 것이 저희의 바람입니다. 광고도 많이 하는 편이라 한인 사회에 발렌시아 붐을 일으켰으며 뉴스타부동산이 발렌시아 한인 시장을 양적으로 성장시키는데 일등 공신이 되었습니다.

월드컵 응원을 위해 올림픽 길을 가득 메운 인파들을 보면 LA는 미국이 아니라 한국인 것이다
"보라! 저 함성을"

경기가 끝나고 오면서 생각했습니다. 부동산은 혼자 하는 것이 아니구나! 회사와 같이 팀워크를 이루어 비전을 공유하고 같이 성장하는 것이구나! 회사가 크면서 나도 같이 커야 되겠구나. 그러면서 항상 뉴스타호에 승선한 한 일원으로 뉴스타가 지향하는 것을 알고 따라가야 되겠구나! 오늘은 배우고 즐기는 큰 선물을 받은 날이었습니다.」

어느 기업체에든 있는 사내 체육대회도 매년 시행하고 있다. 에이전트라는 직업적 특성과 각 지사 지점 체제로 구성된 조직 특성, 그리고 개인주의가 보편화된 미국 사회의 특성 때문에 체육대회가 쉽지 않지만, 우리는 '뉴스타 올림픽'이라 부르는 체육대회를 매년 500여 명 이상이 모여 함께 즐긴다.

LA 남쪽 세리토스 지사의 카니 정 씨가 2004년 '뉴스타 올림픽'에 참석한 뒤 그룹 홈페이지에 올린 글을 옮겨본다. 우리 그룹 체육대회가 직원들에게 어떤 의미를 주는지, 또 얼마나 재미있는지 잘 나타나 있다.

「아침 안개 자욱한 세리토스 파크의 호숫가를 배경으로 …. (중략)

뉴스타의 상징인 흰색과 빨간색의 유니폼을 입은 반가운 얼굴들과 싱그러운 미소를 미리 준비된 대형 텐트 안에서 꽃을 피우며 뉴스타 사가(社歌)가 울려 퍼질 때 …. 어느새 우리들의 마음은 다져진 하나가 되어 있었다.

여성 팔씨름 대회에서부터 시작된 LA, OC의 대결은 양 팀 모두 한 치의 양보도 없는 응원으로 목청이 터질 지경이었다. 우승 후보인 샤넬 최, 다이앤 주 씨가 떨어져 나가고 마지막으로 지난해 우승자인 새러 배 씨가 신예 진박 씨에게 어이없이 밀리는 이변이 일어나면서 대회가 점점 무르익었다.

사무엘 선생님께서 아침부터 계속 구워 내놓은 먹음직스런 갈비와 맛깔스런 음식에 눈이 반짝, 1인용 접시에 수북하게 담아 먹은 야외에서의 점심식사는 다이어트 계획을 미루게 할 만큼 정말 일품이었다.

배구, 발야구는 LA팀이 우승했다. 하이라이트인 여자 닭싸움. 예상을 깨고 날씬이 이인주 씨가 전 챔피언을 누르고 우승을 차지했다. 전 게임을 종횡무진 뛰면서 다음 게임은 못 한다며 너스레를 떨면서도 게임 안내가 있으면 부지런히 쫓아가는 그 프로 정신이 대단했다.

400미터 이어달리기에 '천천히 같이 달리자!'는 린 최 사장님 말을 믿은 착한(!) 다이앤 주 씨는 늦어도 기분 좋은 듯 늘 웃는 얼굴이라 사정 모르는 사람들은 그녀가 우승한 줄 알았다고 했다.

MVP는 미키 씨가 아닐까? 볼링에서 개인상을 받더니 그 어려운 피구에서도 마지막까지 남은 유일한 생존자였다(그렇게 강한 눈빛으로 쏘아보니까 상대편에서 미키 씨에게 공을 못 던졌다는 후문이다). 뿐만 아니라 선약 때문에 먼저 자리를 비우면서도 받은 경품권이 줄줄이 당첨되자 얼굴은 온통 함박웃음이었다. 커미션 10만 달러를 받았다 해도 저렇게 기뻐할까?

임민수 선생님은 배구하면서 공이 오면 다칠까 봐 피하고는 꼭 아웃이었다고 우기셨다. (매번) 서브가 짧아 그물에 걸리기도 했다. 소속 팀이 어딘지 워낙 적이 없는 분이라 경기 중에도 자꾸 상대팀을 도와주셔서 좀 안타까웠다. 그래서 제임스 성, 박동희 씨가 동분서주하느라 두 배로 땀을 흘리게 되었다.

마지막 종목인 줄다리기는 어이없게도 양쪽 우먼파워에 눌려 줄이 그냥 끊어지는 바람에 무승부가 되었다.

경기가 끝난 후 각 지사와 개인 소개를 마치고 모두 모여 사가를 합창하며 눈부신 햇살 아래 기념사진을 찍었다. 우리는 한마음, 한뜻으로 더욱 다져지는 뉴스타인임을 다시 한 번 확인한 단합 체육대회였다. 바쁜 하루를 접어두고 모처럼 동심으로 돌아가 달리고 뛰고 공 잡으러 다니며, '깨끗한 웃음과 함께 소박한 마음을 갖고 다시 시작하는 우리가 되자!'는 회장님 말씀에 짝짝짝!!! 동의하며 아쉬움과 함께 내년을 기약했다.

제니 남 사장님께서 정성껏 마련한 디너와 과일 잔치에 하루의 피로를 녹이며 우리 뉴스타 그룹 구호인 '팀!!!', '뉴스타!!!'를 외쳤다. 동심에 젖은 분들의 해맑은 모습이 더욱 멋져 보였다. 벌써 그리워지는 체육대회…. 다음 행사를 기대하면 마음부터 설렌다.

모두 수고 많으셨어요. ☆뉴스타에는 사랑이 있습니다. ☆뉴스타에는 훈훈한 정이 있습니다. ☆뉴스타에는 내일이 있습니다. ☆☆고로 뉴스타는 영원합니다.」

카니 정 씨의 순간 포착 능력이 탁월하기도 하지만, 한 가족이 아니고서는 느낄 수 없는 단란한 한 때를 묘사하고 있다.

나는 앞으로도 우리 회사를 세상에서 가장 재미있는 회사로 만들기 위해 끊임없이 이벤트를 개발할 것이다. 재미있는 회사에서 재미있게 일하면서 돈도 많이 벌면 그곳이 바로 '지상천국'이 아니겠는가?

밥을 함께 먹자

미국에 처음 와서 청소 업을 하던 4년여와 부동산을 처음 시작한 후 10
년 동안 할머니가 싸주신 점심 도시락을 최소한 5인분에서 많게는 10
여인 분을 언제나 들고 다녔다. 직원들과 함께 나눠 먹기 위해서였다.
식사를 함께하면 여러 가지 좋은 점이 많다. 밥을 먹으면서 정이 드는

한인회 기금마련을 위해 일일식당을 운영하며 직접 봉사하고 있다

것은 동서고금이 같다.

정보도 교환할 수 있고 성격도 알 수 있다. 또 밥을 같이 먹으면서 싸우는 경우는 거의 없다. 그래서 나는 몸이 몇 개라도 모자랄 만큼 바빠진 요즘도 아무리 배가 고파도 밥을 혼자 먹지 않는다.

어릴 때부터 밥을 혼자 먹는다는 것은 요새말로 '쪽 팔린다.'는 생각을 했기 때문이다. 부동산을 시작하고 초창기 시절, 눈코 뜰 새 없이 바쁠 때도, 차에서 햄버거로 대강 때운 적은 있어도 식당에서 혼자 먹은 적은 없다. 항상 직장동료나 직원들이나 손님, 지역사회 유지, 지인들과 함께 먹어왔다. 식사를 함께 할 사람이 없으면 굶든지 아니면 '파트너'를 기어이 구하고야 말았다.

한 가지 더 내가 고집하는 것이 있는데 바로 밥값은 내가 낸다는 것이다. 그것은 한국에서든 미국에서든 마찬가지였다. 우선은 경제적인 여유가 있는 탓도 있지만 여기에는 약간의 계산(?)도 포함돼 있다.

자본주의 사회 구조 자체가 밥값 낸 사람이 큰 소리 치게 돼 있다. 그러니 내가 사는 밥을 몇 차례든 먹게 된다면 나중에 집을 사거나 팔 일이 생겼을 때 남문기와 우리 뉴스타 그룹을 생각하게 될 것이라는 얘기다.

이처럼 먹는 것에 큰 의미를 부여하는 내가 매년 빼놓지 않고 치르는 행사가 있다. 추석 때 돌리는 배 선물이 바로 그것이다. 나는 추석이 되면 수백 상자의 배를 구입한 후 이를 트럭에 가득 싣고 각 지사를 순회하며 직원들에게 배를 한 박스씩 선물을 하곤 한다. 선물이라는 것은 묘한 것이어서 그것이 돈으로 치면 몇 푼 안 될지라도 받는 사람의 입장에서는 여간 즐거운 것이 아니다. 매년 추석 때마다 배 배달용 트럭이 사무실에 도착하면 직원들은 완연히 축제 분위기로 돌변한다.

싱싱한 배를 한 입씩 베어 물며 자신들이 뉴스타 그룹의 일원임을 확인하는 직원들을 보고 있노라면 내 마음도 즐겁기 한이 없다. 이 좋은 일을 내가 어떻게 그만둘 수 있겠는가? 나는 내년에도, 후년에도 추석만 되면 배 배달원 노릇을 계속할 것이다. 배를 수백 상자씩 싣고 다니며 직원들에게 나눠주는 일은 어느덧 나의 취미가 됐다.

내가 직원들에게 나눠줘서 유난히 즐거운 것이 또 하나 있다. 2003년 이후부터 매년 할리우드 볼(Hollywood Bowl)에서 열린 '한인 음악 대축제'의 티켓을 나눠주는 것이 바로 그것이다.

널리 알려졌다시피 할리우드 볼은 세계 최고, 최대의 야외 음악당이다. 한꺼번에 1만 8천 명까지 수용이 가능한 이 음악당에 서보지 않으면 세계적인 음악가라고 말할 수 없을 정도이다. 한국인으로서는 성악가 조수미나 바이올린 연주자 사라장이 이곳에 섰다.

몇 해 전부터 이 음악당의 새로운 명물로 떠오른 것이 바로 '한인 음악 대축제'이다. 한국일보 미주 본사가 MBC나 SBS 등 한국의 방송국과 공동 주최하는 형식으로 열리며, 한국에서라면 한 무대에 세우기 힘든 유명 연예인들이 참석하는 행사이다.

캘리포니아 일대 한인들의 관심이 높아 첫 회부터 연거푸 표가 매진되는 사태를 빚었다고 한다. 이 행사가 대단한 것은 단순히 표가 매진됐기 때문만이 아니다. 미국에 이민 온 수많은 민족 가운데 특정한 민족이 할리우드 볼을 통째로 빌려 자신들의 언어로 공연을 한 것 자체가 처음 있는 일이기 때문이다. LA의 한복판이자 영화산업의 중심지인 할리우드 산 중턱에 있는 세계 최대의 야외 공연장이 2만여 명에 달하는 한국인들이 흔드는 태극기의 물결로 뒤덮인다는 것은 정말 장관일 수

밖에 없다.

바로 그 행사를 미국에 세운 한인 기업으로는 유일하게 뉴스타 그룹이 메이저 스폰서로 후원을 했다. 그리고 주최측에서 메이저 스폰서에게 제공하는 티켓을 우리 뉴스타 그룹의 직원들에게 한 장도 빠짐없이 나눠주었다.

매년 수백 장의 티켓을 직원들에게 나누어 주는데, 이 즐거움이 얼마나 큰지 모른다. 티켓을 나누어 줄 때면 나는 '우러러보던 회장님'에서 졸지에 '젊은 오빠'로 바뀌고 만다. 평소에는 어렵다는 이유로 나에게 별로 전화하지 않던 젊은 에이전트들이 앞다퉈 전화를 걸어와 "회장님, 티켓 남은 것 없나요?"라고 물어올 때면 내가 연예인이 된 기분이 들기도 한다.

미국 전역에서 모인 노인회 회원들과 청와대 방문을 했다

나는 앞으로도 재정이 허락하는 한 이러한 문화적인 후원을 아끼지 않을 작정이다. 나 자신도 공연장에서 형언할 수 없는 감동을 느꼈지만 공연을 보고 온 직원들이 홈페이지에 올려놓는 감상들이 더욱 나한테 그렇게 하도록 유도하고 있다. "내가 한국인임을 새삼 느꼈으며 한국인의 저력이 대단하다는 것을 눈으로 확인했다." "지난번 다저스 구장에서 스폰서로 자막에 '뉴스타부동산'이라고 오를 때도 가슴이 저미는 듯 했는데 이번에 또 보니 정말 대단하다는 생각이 들었습니다." 공연을 보고 나면 며칠간은 이러한 감상과 흥분으로 사무실 분위기가 들떠 있다. 비용이 얼마가 들던 메이저 스폰서를 맡는 것은 정말 가치 있는 일이라는 생각이 든다

한 가지 더 말하자면, 공연을 관람한 뉴스타 그룹의 직원들은 모두 그

「할리우드 볼 06」에서 최병효 총영사, 제니 남과 함께

룹의 로고색인 빨간색으로 장식한 옷을 입고 오거나 등 뒤에 전부 뉴스타부동산이라고 커다랗게 쓴 재킷을 입고 다니는데, 그게 나로서는 큰 기쁨이자 보람이다. 이것은 이메일을 통해서 내가 연출한 작품이었다.

"뉴스타 가족 여러분! 오늘은 여러분 각자가 뉴스타 그룹의 이동 광고판입니다. 우리 그룹을 상징하는 빨간색 상의를 입어 주시고, 등 뒤에는 커다랗게 뉴스타부동산이란 글씨를 적도록 하세요(우리 뉴스타는 야외용 잠바는 물론 티셔츠이든 여행용 가방이든 선물용 볼펜이든 골프모자이든 심지어 골프 칠 때 쓰는 티조차도 전부 빨간색을 사용한다). 그리고 그 옷을 입고 물건을 사러 가거나 화장실을 다녀오는 등 최소한 세 번 이상은 움직여 주셔야 합니다. 여러분의 일거수일투족은 뉴스타의 미래와 연결돼 있습니다. 여러분의 한 걸음, 한 걸음은 곧 뉴스타의 광고이며 또 다른 고객 감동을 자아낼 것입니다. 저는 그렇게 믿습니다. 회사가 여러분을 위해서 무엇을 해주냐도 중요하지만 여러분도 회사를 위해서 노력하셔야 합니다."

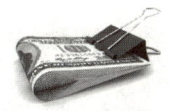

실력은 아마골퍼, 매너는 프로골퍼

매년 '뉴스타 회장배' 골프대회를 개최했고 타주에서도 매년 5월과 10월에 개최했다.(2004년 5월)

한국에서는 골프를 좋지 않은 시선으로 보는 사람들이 많다. 국토 면적이 좁은 나라에서 즐기기에는 너무 넓은 땅이 요구된다거나, 지나치게 자본주의적이라거나, 위화감을 조장한다거나 하는 이유 때문이다. 처음에는 나 역시 그런 정서에서 벗어나지 못해서 골프를 그다지 좋아하지 않았다. 내 비판의 골자는 다른 것이 아니라 한 번 라운딩하는데 시간이 너무 많이 걸린다는 것이었다.

그런데 비즈니스 관계로 몇 차례 치다 보니 어느새 나도 골프 예찬론자 가운데 한 사람으로 변했다. 나이에 구애 받지 않고 평생 할 수 있는 스포츠라는 점에서도 좋고, 푸른 잔디와 길게 늘어선 나무 등 쾌적한 자연환경에서 하는 운동이어서 좋다.

또 육체만이 아니라 정신 건강에도 긍정적인 영향을 미친다. 클럽을 마음껏 휘둘러서 빨랫줄 같은 타구를 날릴 때면 가슴속이 시원해지므로

매년 뉴스타 회장배 골드대회를 개최했고 타주에서도 매년 5월과 10월에 개최했다.(2004년 5월)

스트레스 해소에 탁월한 효과가 있고, 홀을 돌며 이야기를 나눌 수 있
으니 대인관계나 사교에 있어서도 그만큼 좋은 운동이 없다. 골프
GOLF의 G는 Grass (잔디)의 약자이며 O는 Oxygen 즉 산소를 뜻하고,
L은 Light 즉 태양 광선을 말하며, F는 Friendship 즉 우정과 Foot-
walk 도보의 준말이라는 호사가들의 말도 그래서 일리가 있나 싶다.
잔디 깔린 대자연에서 산소를 호흡하고 햇살을 맞으며 친구와 우정을
나누면서 함께 걸어가는 것보다 더 좋은 것이 있겠는가.

골프는 인생 수양이 된다는 점에서도 좋은 운동이다. 욕심을 낼수록,
힘이 들어갈수록 잘 되지 않는다. 야구나 축구, 탁구, 농구 등 모든 공
놀이는 움직이는 공을 상대로 하는 것이지만 골프는 정지된 공을 치는
것이다. 그래서 더욱 자기 몸을 제대로 제어하지 못하면 공은 제멋대로
날아간다. 그게 매력이다. 파란 하늘, 푸른 잔디 위에서 골프채를 잡고

서면 마음도 한없이 맑아진다. 성격이 급한 편인 나는 운동을 하면서 정신수양을 하는 셈이니 얼마나 좋은지 모른다. 공을 치기 직전 호흡을 가다듬을 때면 '경솔하지 말아야지. 내 자신과의 싸움에서 이겨야지!'라는 생각을 하게 되고, 그러다 보면 집중력을 향상하는 훈련이 된다. 그리고 내가 골프를 좋아하는 또 하나의 이유는 이 스포츠가 고도의 윤리성을 요구하기 때문이다. 사실 골프는 점수를 속이려고 마음을 먹으면 얼마든지 속일 수 있다. 풀숲에 들어가 치기 어려운 곳에 놓인 공을 발로 슬쩍 차내서 치기 좋은 곳으로 이동시킬 수도 있고, 공이 사라져 버렸다면 같은 브랜드, 같은 번호의 공을 주머니에서 꺼내 원래 그 자리에 공이 놓여 있었던 것처럼 위장하고 치면 된다. 그러한 부정의 유혹에 넘어가서는 안 된다는 것을 쉴 새 없이 일깨워주는 것이 골프다. 그래서 골프를 더 좋아하는지도 모르겠다.

나한테 "실력은 아마추어인데 매너는 프로 같다."고 말하는 사람들이 있다. 지켜야 할 모든 룰을 지키는 것은 물론이고, 남들이 잘 하지 않는 것도 하기 때문이다. 예를 들어 카트를 몰 때 지켜야 하는 '90도 룰'이 있다. 카트를 몰고 골프장에 들어갈 때는 콘크리트 길인 카트 패스를 따라 움직이는데, 이때 공이 놓인 부분에서 90도 각도로 카트를 몰고 골프장을 드나들어야 한다는 규정이다. 이 '90도 룰' 같은 것도 나는 거의 원칙대로 지킨다. 골프장의 잔디를 보호하기 위한 것인데 100% 그대로 하는 경우는 드물다. 또 나는 골프 하러 나가기에 앞서 반드시 카트에 모래 두 통을 싣고 나간다. 그리고 라운드를 하는 중에 디봇(divot : 골프채 등으로 인해 움푹 파인 자국)이 눈에 뜨이면, 통에 모래가 있는 동안은 거의 메우고 지나간다. 만약 시간이 바빠서 매 홀의 디봇을 메우지 못했다면 마지막 홀에서라도 틀림없이 다 부어 메운다. 그린에 생긴 공의 자국도 18홀을 도는 동안 최소한 18자국 이상을 메운다. 아니, 메워야 한다고 생각한다. 이것은 나 자신과의 약속으로, 하나의 홀에서 메우든 여러 홀에서 몇 자국씩 메우든 반드시 지켜가고 있다. 특별한 이유는 없다. 단지 내 뒤에 오는 사람들이 더 쉽게, 더 편하게 칠 수 있는 환경을 만들어주고 싶은 것뿐이다. 이것을 보고 느끼는 몇 명이라도 뒤따라 해준다면 세상이 더 아름다워지지 않을까 하는 막연한 희망도 물론 있다.

이렇게 하고 나면 기분이 참 좋아진다. 스스로 착해진 느낌도 들고, 환경을 보호한 듯한 기분을 느낄 때도 있다. 무엇보다 디봇에 모래를 부을 때마다 어릴 적 어머님이 방생하시던 모습을 떠올리게 되어 기분이 좋다. 개천이나 강에 물고기를 풀어주면 새 생명을 얻게 된 물고기들만 좋은 것이 아니다. 그러한 행위를 하는 사람도 선업(善業)을 쌓는 즐거움이 있다. 그래서 나는 골프를 치는 한, 디봇 메우기를 계속할 생각이다.

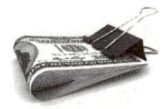

함께하는 세상 – 노블레스 오블리주

많이 가진 사람들이 자신이 가진 것을 조금씩만 나누어주면 모든 사람이 행복해지는 세상이 오지만 주변을 보면 그런 일은 흔치 않다. 사람들은 무엇이든 소유하고 나면 결코 내놓으려 하지 않는다. 내놓기는커녕 아흔아홉 개를 가졌음에도 백 개를 마저 채우려고 아등바등한다.

나는 한국에 살 때부터 한국 사회의 가장 큰 문제가 이른바 '노블리스 오블리주'(Noblesse Oblige : 높은 신분에 따르는 정신적 의무) 문화가 정립되지 않은 것이라고 믿어 왔다. 현대판 귀족인 성공한 기업인들이 자신들의 의무인 부의 사회 환원을 제대로 이행하지 않아 '부자는 전부 도둑놈'이라는, 자본주의의 근본을 뒤흔드는 생각이 한국 사회에서 공공연히 통용되는 것이 아닌가 한다.

그런 의미에서 나는 미국 최고의 갑부들이 펼치고 있는 '책임 있는 부자(Responsible Wealth)' 운동에 찬사를 보낸다. 미국의 힘의 근원이 거기에 있는 것이 아닐까 싶다. '상속세 폐지 반대, 공평 과세, 최저임금 인상, 기업의 사회적 책임 확대, 최고경영자(CEO)의 연봉 축소' 등이 '책임 있는 부자' 운동의 핵심 강령인데 한국으로 치면 민주노총이나 진보적 시민단체들이 펼칠 주장을 미국은 최고의 부자들이 앞장서서 주장하고 있다.

M.S(Microsoft) 빌 게이츠 회장의 아버지 빌 게이츠 시니어나 조지 소로스 퀀텀펀드 회장, CNN 창업자인 테드 터너, 세계 최고의 투자가 워렌 버핏, 미국의 전통적 재벌인 록펠러가(家)와 루즈벨트가(家) 사람들 등 한국인에게도 익히 알려져 있는 세계 최고 갑부 약 140여 명이 이 운동을 펼치는 주요 인물들이다. 이들의 주장은 "상속세 납부는 부자의 의무이며 이를 폐지하면 부의 불균형이 더욱 심화된다."는 것이다. 즉 '우리의 세율이 낮아지면 그만큼 중산층, 저소득층에게 부담이 돌아간다.'는 것이다. 주가 조작, 분식 결산, 편법 상속 등이 공공연히 이뤄지고 있는 한국의 부자와 대기업들에 비하면 진실로 '책임 있는 부자'들이 아닐 수 없다.

한국의 기업가들 가운데서 내가 가장 존경하는 사람은 가족들이 어렵지 않게 살 수 있는 최소한의 돈만을 남겨두고 나머지 재산을 전액 사회에 환원한 유한양행의 창업자 고(故) 유일한 회장이다. 또 43년간 비즈니스를 하는 동안에 단 한 번도 차입 경영을 하지 않은 것으로 유명한 신도리코의 설립자 고(故) 우상기 회장도 존경한다. 우상기 회장이 살아 생전 입버릇처럼 말했던 "회사 이익의 30%는 주주를 위해, 30%는 종업원을 위해, 30%는 회사의 발전을 위해 유보하고 나머지 10%는 사회에 환원하라."는 이야기는 내가 뉴스타 그룹을 이끌어가는 정신과 거의 비슷하다.

한국 재벌 가운데 역대 최고의 상속세를 납부한 대한전선의 고(故) 설

원랑 회장 가족들도 칭찬받아 마땅하다. 한국에서 열 손가락 안에 꼽는 재벌 그룹의 상속자들이 모두 몇 십억, 많아야 몇 백억 단위의 상속세를 낸 데 비해 재벌 순위 50위권인 설 회장의 유족들은 전체 상속재산인 3천 3백억 원의 절반에 가까운 1천 355억 원을 자진납세 했다니 얼마나 칭찬받을 일인가?

그러나 설 회장 가족이 상속세를 제일 많이 냈다는 것보다 멋진 일은 설 회장 본인이 재벌 2세이며 자식들이 재벌 3세임에도 불구하고 자신과 자식들이 모두 '현역복무'를 했다는 사실이다. 그리고 미국의 최고 명문 경영대학원인 와튼 스쿨에 재학 중인 둘째 아들이 방학을 맞아 한국에 오갈 때 이코노미클래스 외에는 타지 못하게 했다는 것도 본보기가 될 만하다는 생각이 든다. 상속세를 1,300억 원씩 내는 재벌가의 아들이 항상 이코노미클래스를 탄다는 대목은 저절로 고개를 숙이게 하는 부분이다. 그래서 나 역시 '노블레스 오블리주'를 실천하고자 노력하고 있는데, 미국 생활 20년을 훌쩍 넘긴 지금 그동안 한 일을 한번쯤 정리해둘 필요도 있을 것 같다.

한 해 동안 내가 낸 기부금을 간추려보면, 한인 음악 축제인 할리우드 볼에 5만 달러 중 1만 달러는 관객들을 위한 선물비, 한인 청소년 마약 중독자 재활기관인 나눔 선교회의 운영에 도움을 주기 위해 1만 달러, 중앙일보가 후원하는 어린이 미술경연대회에 1만 달러, 뉴스타 그룹 장학사업에 1만 달러, 한인동포 1.5세 및 2세들의 정체성 확립을 위해 각종 교육 사업을 벌이고 있는 한국 교육원에 1만 달러 등을 우선 꼽을 수 있겠다.

한인사회의 최대 잔치인 LA 한국의 날 축제와 오렌지카운티 한인 축제를 돕기 위해서도 매년 거액을 기부하고 있으며, 오렌지카운티 한인회 운영기금으로도 또 상당한 자금을 지원하고 있다. 그 밖에 한인회, 상공회의소, 학부모회, 체육 단체들, 그리고 각종 한인 단체의 크고 작은 행사에는 거의 빠짐없이 기부를 하고 있는데, 거기에 이런저런 경조사 비용을 포함하면 한 달에 지출하는 비용이 최소한 2만 달러는 넘는 것 같다.

우리 뉴스타 그룹 직원들도 나를 따라 좋은 일을 많이 하고 있다. 특히 장학사업에 많은 에이전트들이 나서고 있다. 기쁨과 즐거움은 전염된다는 말이 맞는 모양이다. 2005년의 경우 내가 낸 얼마간의 자금을 종자돈으로 삼아 8명의 직원이 3만 5천 달러를 모아 총 6만 달러의 장학금을 조성해서 100명의 학생들에게 전달했다. 또 UCLA 한국음악과 살

이만큼 산다는 것을 신의 축복이라고 생각하며 항상 '노블리스 오블리주'를 실천하기 위해 사회봉사 사업을 많이 할려고 노력하고 있다

리기 운동의 경우에는 내가 아무런 지침을 내리지 않았는데도 직원들이 먼저 앞장서서 운동을 하여 5천 달러 이상을 지원하기도 했다. 견리사의(見利思義). 눈앞에 이익이 보일 때 의를 생각하는 것은 뉴스타 그룹의 기업정신이다. 우리부터라도 이러한 정신으로 솔선수범하고 자꾸 퍼뜨려나가면 세상은 좀 더 밝고 살 만한 곳이 될 것이다.

뉴스타 장학재단에 대한 감사의 마음

어떤 일이든 시작할 때 미래에 대한 신념과 이상을 확실하게 세워두면 그 일은 시작부터가 남들과 다르다. 확고한 신념은 어떠한 어려움과 난관이 닥치더라도 결국은 꼭 꿈을 이루겠다는 힘의 원천이 되어 성공할 확률을 더 높여준다. 그러나 이러한 이상과 신념은 현실과 조금씩 어긋날 때가 있어서 자존심이나 가치관 등은 잠시 접어 두어야 할 때가 꼭 오게 되어있고 세속적인 성공은 돈과 결부되어 평가되기 마련이다. 그래서 사람들은 삶의 대부분을 많은 돈을 벌기 위해 노력하고 심지어는 밥을 먹을 때나 잠을 잘 때도 더 많은 돈을 벌기 위해 고심한다. 물질만능주의 사회에서는 돈의 위력이 참으로 대단하여 이룰 수 없는 일이 없는 것처럼 보인다.

그러니 초심의 신념과 이상보다는 출세 가도를 달리기 위해 수단과 방법을 가리지 않을 때도 있으며 주위사람들을 의식적이든 무의식적이든 상처 주는 경우도 생긴다. 그래서 세상이 점점 각박해져 간다고 사람들은 말한다.

그런데 여기에 버는 일보다 쓰는 일에 더 가치를 두고 살아가는 사람들을 소개하고자 한다. 어떻게 생각하면 어리석은 사람들로 보일 수도 있고 속세에 관심이 없는 사람들일까 싶지만 그들은 그저 우리 주위에 있는 너무도 평범한 이웃들이며 미래가 살찌기를 바라고 베푸는 삶을 실현하는 아름다운 사람들이다.

뉴스타에는 2000년에 설립된 장학재단인 '뉴스타 장학재단'이 있다. 재단이 설립되기까지 몇 년간의 준비기간이 필요할 만큼 쉬운 일이 아니었다. 또한 한 사람의 노력만으로 이루어질 수 있는 일도 아니어서 뜻을 같이 해준 존경스런 분들의 도움이 없었다면 불가능했을 일이다. 경제적 여유가 되시는 분들은 나름 사회적 공헌이다 봉사다 하여 명분을 세우지만 정말 빠듯한 상황에서 남을 돕는다는 것은 생각처럼 쉬운 일이 아니다. 당장 내가 써야 할 것을 나누어 주는 일이기 때문에 금액에 상관없이 그분들에게 더 큰 감사의 마음을 갖게 된다. 그들이 돈의 안락함을 몰라서도 아니고 더군다나 돈이 넘쳐나서도 아니다. 다만 주위를 돌아보는 따뜻한 마음에서 우러나는 참된 선행이기 때문에 그 가치가 더 높고 귀중한 분들이다.

뉴스타 장학재단의 목적은 미래의 엘리트 그룹을 육성하여 그들이 우리 사회에 좋은 밑거름이 되어 주면 좋겠다는 작은 바람에서 시작되었다. 엘리트 그룹 육성이라니 소수 정예 인가 생각하겠지만 소외된 아이들에게 더 많은 기회를 줌으로써 단지 경제적 어려움으로 인해 학업을 잇지 못하는 일이 없고 인재가 꿈을 저버리는 일이 없도록 작은 보탬이 되고 싶어 시작한 일이다.

비영리 단체이니 뿌린 만큼 거두어야 된다는 계산이 깔린 것은 아니지만 뉴스타 장학금은 다른 장학금과는 달리 사회 공헌의 서약서를 작성한다. 증여자와 수여자 모두 이 서약서를 보관하도록 하는 것인데 일종의 의무감과 부담감을 안겨주는 것이다. 조금 치사하다 싶더라도 목표를 놓치지 말고 잘 지켜가라는 의미로 살아가는데 맞닥뜨리게 될 여러 난관을 헤쳐 나갈 책임감을 안겨주는 일이다.

그들이 사회에 나가 타의 모범이 되고 지역 사회에 도움이 된다면 그것처럼 남는 장사가 또 어디 있을 것인가? 정말 작은 묘목이 우리에게 그늘이 되어주는 거목이 되어 돌아와 준다면 그보다 더 보람된 일은 없을 것이다. 거목은 아니더라도 받은 만큼 베풀 수 있는 사람으로 성장한다면 그 또한 손해 보는 장사는 아니다. 또한 꼭 받은 만큼 베풀지 않아도 좋다. 작은 나사못 하나도 자신의 역할이 있는 것이고 마음은 되어도 형편이 따라주지 않으면 어쩔 수 없는 일이다. '낙오되는 자 없이 잘 사

뉴스타 그룹은 매년 100여 명 이상의 학생들에게 장학금을 지급한다

는 것'이 궁극적인 목표이기 때문에 정말 손해 보는 일은 아니다. 다만 일신의 영달만을 쫓는다면 이처럼 서운한 일은 없을 것이고 큰 손해 보는 일이 될 것이기 때문에 그의 성공에 진심으로 박수를 보낼 수 있을지 자신이 없다.

장학금으로 모든 학비나 생활비가 해결된다면 정말 좋겠지만 더 많은 사람들에게 기회를 주는 것이 목적이기 때문에 장학생에게는 큰 금액이 아닐 수도 있다. 그러나 우리의 작은 응원과 격려가 용기와 긍정의 힘을 실어 준다면 진정한 장학금의 의미가 될 것으로 생각한다. 너의 뒷배가 있다. 혼자가 아니니 좀 더 힘을 내봐라하는 모종의 장막인 것이다. 뭐 그리 대단한 일이라고 공치사하느냐 말하는 사람들도 있으나 뿌듯하고 자랑스러운 건 감출 수 없는 사실이다.

뉴스타그룹이 그동안 성장한 배경에는 한인 동포 사회의 힘을 부인할 수가 없으니 사회 공헌은 당연한 일이라고 꼭 짚어 말하는 사람들도 있다. 나도 맞는 말이라 생각한다. 한인커뮤니티와 함께 성장할 수 있도록 성원해 주신 많은 한인동포 여러분들에게 감사의 마음을 전하고 회사의 이익을 동포사회에 환원하여 함께 잘 살아가는 공동체로서의 기쁨을 나누고자 하는 것은 너무도 당연한 일이다.

그러나 이렇게 장황하게 늘어놓는 이유는 조용히 뒤에서 뉴스타그룹과 뜻을 함께해준 고마운 분들에게 감사의 뜻을 전하고 그동안 도움을 받은 장학생들에게 성공만큼이나 베풀며 살아가도록 환기시키기 위함이다. 돈의 가치와 의미를 되새기게 해 주는 우리들의 평범하지만 아름다운 이웃에게 한 번 더 감사의 마음을 전하고 싶고 그들이 있기에 세상은 아직 희망이 있다.

이봐, 해봤어?

현대그룹의 창업자인 정주영 회장은 부하직원을 야단칠 때 "빈대만도 못한 놈!"이라고 했다. 부두 노동자 시절 몸으로 익힌 정 회장의 철학이 담긴 욕설이라고 한다. 그 말이 나오게 된 배경이 재미있다.

정 회장이 열아홉 살 어린 나이로 인천에서 막노동을 할 때였다. 그때 묵었던 노동자 합숙소는 밤이면 들끓는 빈대로 잠을 잘 수 없을 지경이었다. 몇 사람이 빈대를 피하는 방법을 연구한 끝에 침상을 짜서 침상 위로 올라가 자기로 했는데, 빈대는 침상 다리를 타고 기어 올라와 사람을 물었다. 사람들은 다시 머리를 짜내 침상 네 다리에 물을 담은 세숫대야를 하나씩 고여 놓고 잤다. 하지만 편안한 잠은 며칠뿐이었다. 빈대가 세숫대야 장애물을 뛰어넘어 다시 사람들을 물기 시작한 것이다.

정 회장은 도저히 이해할 수가 없었다. 빈대들이 침상 위에서 자는 사람들을 공격하기 위해서는 반드시 물을 담은 세숫대야를 지나야만 했다. 헤엄을 못 치는 빈대들이 몽땅 세숫대야 물에 빠져 죽거나 사람들을 공격하지 못해야 하는데 그렇지 않은 것이 이상했던 것이다.

그 의문은 오래지 않아 풀렸다. 그것을 알고 나서 정 회장은 아연실색할 수밖에 없었다.

정 회장이 유심히 살펴본 결과, 침상다리를 타고 올라가는 게 불가능해진 빈대들이 벽을 타고 까맣게 천장으로 올라가서는 천장에서 사람 몸을 향해 수직으로 낙하하더라는 것이다. 정 회장은 그때의 소름끼치는 놀라움을 평생 동안 잊지 못한다고 했다.

하물며 빈대도 목적을 위해 저토록 머리를 쓰고, 저토록 죽을힘을 다해 노력해서 성공하지 않는가? 인간도 무슨 일이든 절대 중도에 포기하지 않고 최선을 다해 노력한다면 이루지 못할 일이 없다.

그는 나중에 사업을 하면서 빈대에게서 배웠던 그 파격적인 아이디어를 자주 응용하여 전설 같은 기록을 숱하게 남겼다. 천지가 얼어붙은 한겨울에 유엔군 묘지 단장 공사를 맡아 할 때, 공사 발주처인 미군으로부터 그 묘지를 파랗게 단장해 달라는 작업 지시를 받았다. 고민 끝에 그는 파란 보리 포기를 떠다 묘지에 심어 미군으로부터 OK를 받아냈다.

조수(潮水) 간만의 차이가 너무 커 콘크리트를 쏟아 붓는 대로 파도에 떠내려가 도저히 공사를 할 수 없었던 서산 간척지 공사에서도 그의 아이디어는 빛났다. 수십만 톤급 폐유조선 한 대를 끌어와 바다에 수장시키는 것으로 조수 간만의 차를 간단하게 해결했다.

정 회장이 박정희 전 대통령과 떼려야 뗄 수 없는 불가분의 관계를 맺게 된 것은 바로 한국 경제의 대동맥인 경부고속도로를 만들 때의 일이다. 두 사람이 조우하는 광경을 머릿속에 그려보기만 해도 가슴이 고동

재외동포연구소 개소 테이프 커팅

친다.

박 전 대통령이 경부고속도로를 만들겠다고 결심한 것은 1965년 경제 개발에 필요한 차관을 얻기 위해 독일을 방문했을 때의 일이었다. 한국에는 변변한 비행기 한 대 없어 독일 비행기를 빌려 타고 독일을 방문했던 박 전 대통령은 그곳의 아우토반 고속도로를 보고 한눈에 매료됐다. 당시 포장도로조차 흔치 않았던 한국에서는 시속 50킬로미터로도 달리지 못하는 상황이었는데, 아우토반은 시속 200킬로미터라는 경이적인 속도로 차가 달릴 수 있었다.

한국에 돌아온 박 전 대통령은 "현대 정주영을 불러오라!"고 명령을 내렸다. 박정희와 정주영의 독대(獨對)였다. 일찍이 해외 건설에 눈을 돌렸던 현대는 그 무렵 태국에서 국제 경쟁 입찰로 고속도로 공사를 한

바 있었다. 수지는 맞추지 못한 공사였으나, 고속도로 건설 경험의 축적이라는 지적 재산을 모을 수 있었다. 그 때 한국에는 그런 경험을 가진 건설회사가 없었다. 보통 사람들은 고속도로가 무엇인지에 대한 개념마저 정립되어 있지 않았다. 고속도로 건설이라면 선진국의 우수 건설회사들이나 하는 어려운 공사로만 알고 있었다.

두 사람의 불같은 성격상 고속도로 공사는 바로 시작됐다. 정주영 회장은 신이 났다. 공사는 불철주야(不撤晝夜)로 진행됐고, 공사장에는 항상 정 회장이 있었다. 잠깐씩 선잠을 자는 습관이 바로 이때에 생겼다고 한다. 하늘에는 가끔 박정희 대통령이 공사 진행 현장을 돌아보는 헬리콥터가 떴다.

세계적인 건설회사들은 한국이 자신의 힘으로 고속도로를 건설한다고 하니 콧방귀도 뀌지 않았다. 어지간해서는 해낼 수 없는 공사가 바로 당시의 고속도로 공사였기 때문이다. 그러나 박정희의 독기와 정주영의 오기가 이러한 우려를 말끔히 걷어냈다. 공사는 예정보다 빨리 진행되고 있었다.

그런데 막바지에 큰 문제가 발생했다. 소백산이 가로 놓여 있는 옥천과 영동의 당재터널(지금은 옥천터널로 불리고 있음)을 팔 때였는데, 터널을 파 들어 가보니 토질이 경석이 아닌 절암(節岩) 토사(土砂)였다고 한다. 터널 공사에서 콘크리트처럼 단단한 경석(硬石)이 아닌 모래나 진흙 같은 절암(節岩) 토사(土砂)를 만나면 날벼락이나 다름이 없다. 파는 순간 와르르 무너지기 때문이다. 장비들이 수없이 망가지고, 공사 현장에서 생명을 잃는 사고가 발생했다. 터널을 파고 들어가기는 커녕 무서워서 공사 현장에 접근조차 못할 지경이었다.

사태가 이렇게 되자 건설부 장관이 일주일에 한 번씩 현장에 왔다. 도로국장은 삼일이 멀다 하고 현장에 왔다. 정주영은 단 하루도 현장을 떠날 수가 없었다. 박 전 대통령의 추상같이 호된 질책이 매일같이 장관과 정주영 회장의 면전에 쏟아졌다. 정주영 회장이 달리는 말이었다면, 박정희 대통령은 뛰는 말에 박차를 가하는 기수였다. 그래도 경석이 아닌 절암 토사의 터널 공사는 쉽게 진행되지 못했다.

결국 우여곡절 끝에 보통 시멘트보다 20배나 빨리 굳는 시멘트로 공사하는 방법을 찾아내서 공사를 무사히 마치게 되었다. 단군 이래 최대의 공사인 경부고속도로는 이렇게 해서 착공 290일 만에 개통되었다. 박정희와 정주영과 한국 국민의 쾌거였다. 멀다던 부산과 서울을 하루 만에 오고 가는 시대가 열렸다. 구름도 쉬어 간다는 추풍령도 단숨에 넘을 수 있게 되었다. 경부고속도로가 개통되자 서울과 부산, 그리고 그 주변 도시들은 모두 일일 생활권으로 편입되었다. 한국인의 손으로, 한국인의 기술로 이룩한 일이었다.

사실 경부고속도로는 너무 급하게 서두른 공사여서 부실 공사 투성이였다. 정확한 통계는 모르지만 건설한 지 50년이 거의 되어가는 현재까지 건설 비용의 몇 배에 해당하는 보수공사 비용이 들어갔다는 것이 정설이다. 그러나 문제없는 성공은 없다. 경부고속도로가 문제가 많다고는 하지만 그때 그 공사는 꼭 했어야 하는 공사였다.

정 회장은 자신의 회고록에서 그때의 일을 이렇게 회고했다.

"우리 경부고속도로는 일본의 동명선보다 늦게 시작해 일찍 끝났습니다. 물론 일본은 보상비도 비싸고, 두껍게 시공한 이유도 있겠지만, 박 대통령의 뜻은 우선 고속도로를 건설하고, 통행료를 받아가며 보수하는 것이 차관 금리보다 싸다는 계산이었죠. 개인이나 국가나 그 사정에 맞게 살림을 펼치는 것이 꼭 필요하지 않습니까? 박 대통령의 그 치밀함은 말할 수가 없습니다. 밤 10시에도 부르셔서는 1억을 들여 건설한 외국 고속도로 인터체인지를 그리면서 이렇게 하면 7~8천이면 안될까 하고 설계하는 분이셨습니다. 경부고속도로는 박 대통령이 구상자이고 설계자이며, 또한 실현되도록 독려하는 감독자였습니다."

그런 정 회장이 부하 직원이나 자식들에게 자주 했던 말이 "이봐, 해봤어?"였다고 한다. '하면 된다.' 정신 비슷한 투지와 추진력을 상징하는 말이다. 오늘날 한국에서 살건 낯선 이국땅에서 살건 한국인이라면 참고해 볼 만한 말이 아닌가 싶다.

정 회장은 도전해 보지도 않고 포기하는 태도를 가장 싫어했다. 70년대 초, 절박했던 에너지 파동 하에서는 중동 건설 붐을 이끌어 외환 위기의 돌파구를 마련했으며, 모두가 회의적이었던 경부고속도로 건설을 박 전 대통령과 함께 관철해냈고, 거의 무에 가까운 기반으로부터 조선 등 중화학공업의 발전을 주도했다. 더구나 강대국의 압력을 뿌리치고 독자적인 자동차사업 구축에 성공한 것은 "이봐, 해봤어?"라는 그의 저돌적인 추진력에 의한 결실이었다.

정주영 회장은 이렇게 말했다.

"모든 일은 가능하다고 생각하는 사람만이 해낼 수 있는 것이다. 가능성에 대한 의심, 중도에서의 좌절, 독약과도 같은 부정적인 회의만 없다면 누구든지 무슨 일이든 뜻을 이룰 수 있다. 어려운 일에 부딪혀도

곰곰이 생각해 보면, 배고픈 빈대가 천장으로 기어 올라가 사람의 배 위에 떨어져 욕망을 해결하는 식으로 길이 나온다."

나도 교육을 하거나 면접을 할 때, 매사를 비관적이거나 부정적으로 보는 사람과는 놀지도, 얘기하지도 말라고 충고한다. 소극적인 사고방식은 전염병보다 더 무섭다.

박정희 전 대통령의 '하면 된다'와 정주영 현대그룹 창업자의 '이봐, 해봤어?'는 나의 한평생을 지배하는 말이기도 하다. 그래서 우리 사무실 정면에는 '하면 된다'라고 적힌 액자를 붙여 놓고 있다. 사정을 모르는 손님들은 내가 해병대를 제대했기 때문에 그런 구호가 적힌 액자를 붙여 놓은 것이라고 해석하는데 그것이 아니다. '하면 된다'는 생각은 해병대에도 해당되지만 세일즈에 있어서도 가장 중요하고 값진 신념이다.

05

성공을 위해
꿈꾸는
당신을 위한
작은 강의

꿈과 자기암시의 효과

미국 템플대학 창시자 러셀 코웰 박사가 제2차 세계대전 후 미국에서 백만장자로 성공한 4천 43명을 조사한 결과 아주 흥미로운 공통점을 발견했다. 성공한 사람은 목적이 분명하고, 그 목적을 위해서 최선을 다했으며, 자신의 무능과 무지를 깨닫고 열심히 공부했다는 것이다.

그것처럼 '뜻이 있는 곳에 길이 있다(Where there is a will, there is a way)'라는 말이 있다. 이건 사실 맞기도 하고 틀리기도 한 말이다. 뜻이 있어도 길이 없는 경우도 가끔은 있다. 그러나 애당초 뜻이 없으면 길은 아예 보이지도 않는 경우가 대부분이다. 또 개중에는 뜻 없이 걸어가다 중간에 길이 보여 그 길로 가는 경우도 있다. 그러나 이런 경우는 처음부터 뜻을 정하고 걸어가는 사람에 비해 많이 뒤처지게 된다.

인생에 있어서 뜻을 세운다는 것은 꿈을 가지는 것과 같은 의미인데 인생에 있어서 꿈은 나침반과 같은 것이다. 모르는 산길을 걸어갈 때 나침반을 가지고 걸어가면 목적지에 쉽게 도착한다. 그러나 나침반이 없으면 산 속을 헤매다 길을 잃게 되기 십상이다.

꿈이란 미래에 대한 비전이다. 꿈이 반드시 현실로 이뤄진다는 보장은 없다. 또 꿈을 현실화한다는 것도 굉장히 어렵다. 그러나 애당초 꿈이 없는 것보다 꿈이 있는 것이 꿈을 이룰 가능성이 훨씬 높다. 복권을 사는 사람은 복권에 당첨될 확률이 천만 분의 일이 되지만, 애당초 복권을 사지 않는 사람이 복권에 당첨될 확률은 전혀 없는 것과 같다. 어떤 분야에서 일등이 되겠다, 최고가 되겠다고 마음먹은 사람은 일등이 되고, 최고가 되기 위한 방법을 모색한다. 그러나 처음부터 최고가 되겠다는 생각이 없는 사람은 그 방법을 찾지도 않겠지만 설령 그 방법이 저절로 다가온다고 해도 그것이 방법인지 깨닫지도 못하는 경우가 많다.

'한민족대표자회의' 에서

꿈의 기능 가운데 가장 큰 것은 언제나 한결같은 자세를 갖게 해준다는 것이다. 꿈이 없는 사람은 유혹에 쉽게 넘어간다. 쉬고 싶고, 눕고 싶을 때 '딱 일 분만!'하게 되고, 하지 말아야 할 어떤 일이 눈앞에 닥쳤을 때도 '딱 한 번만!'하며 그 유혹에 넘어가는 경우가 많다. 그러나 꿈이 있는 사람은 다르다. 자신이 세운 뜻 때문에 자신의 행동과 마음가짐을 단속하는 태도를 갖는다.

일단 꿈을 세웠으면 '하면 된다', '할 수 있다', '하고야 만다'는 자기 암시를 거는 것이 대단히 중요하다. 나는 틈날 때마다 거울을 본다. 그리고 직원들에게도 집에 거울을 많이 달아두고, 사무실 책상에도 거울을 두라고 권한다. LA의 우리 뉴스타 그룹 본사 복도 역시 일부러 대형 거울을 달아 놓았다. 복장을 살피겠다는 일차적인 이유도 있지만 그것보다는 나 자신을 정면으로 응시하면서 자기최면을 걸기 위해서이다.

거울을 보면서 내가 가장 자주 하는 말은 "남문기, 넌 할 수 있어!"이다. 그것보다 더 중요한 말이 달리 무엇이 있겠는가. 가끔은 구체적으로 말을 할 때도 있다. 큰 계약이 걸려 있는 고객을 만나기 직전이 그런 때인데, 거울을 보면서 복장을 꼼꼼히 점검한 후 나 자신에게 이렇게 말한다.

"너는 오늘도 틀림없이 잘해낼 것이다. 오늘 만나기로 한 상대방이 틀림없이 계약하자고 할 것이다. 암, 그렇고말고. 꼭 그렇게 되고 말 것이다."

이렇게 자기최면과 암시를 반복하면 실제로 그대로 된다. 나도 모르게 내 몸에서 자신감이 생기고 실제로 내가 원했던 모든 것이 성사되는 경험을 나는 자주 했다.

나폴레옹은 "나의 사전에는 불가능이란 없다."라고 말했다. 그 말도 결국 나폴레옹이 자신에게 건 자기최면이었다. 일단 매사에 자신감과 '하면 된다'라는 긍정적인 생각을 갖고 열정적으로 밀어붙이면 대부분의 일은 되게 돼 있다. '하늘은 스스로 돕는 자를 돕는다(Heaven helps those who help themselves)'고 했다. 꿈을 세우고 그 꿈을 실현하기 위해 꾸준히 자기암시를 걸면 하늘도 그 사람을 돕게 되어 있다. 앙드레 말로는 "오랫동안 꿈을 그리는 사람은 마침내 그 꿈을 닮아간다."고 말했다. 나는 그 말이 확실하다고 믿는다.

한인축제의 '사랑의 자전거 주기' 운동에서

성공한 사람을 벤치마킹하라

벤치마킹은 원래 토목 분야에서 사용하던 말이다. 강물 등의 높낮이를 측정하기 위해 설치된 기준점을 벤치마크(Benchmark)라고 부르는데, 그것을 기준으로 삼아 설계나 시공 등을 해야 한다. 이것을 경영학에서 모범되는 사례를 따라 한다는 의미로 사용하게 된 것이다.

벤치마킹을 실제 경영에서 처음 도입한 곳은 복사기로 유명한 제록스사이다. 제록스사는 제품의 품질 면에서는 결코 일본의 캐논사에 비해 뒤질 것이 없었는데, 자꾸 매출액과 시장 점유율이 떨어지고 있었다. 제록스사의 경영진은 캐논사의 제품이 왜 잘 팔리는지를 연구하라고 지시했다. 결과는 제품의 질 때문이 아니라 디자인과 애프터서비스였다. 제록스사는 캐논사의 디자인과 애프터서비스 방법을 거의 똑같이 실시하여 잃어버렸던 시장 점유율 1위의 자리를 되찾았다.

벤치마킹이란 말은 어려운 말이 아니다. 순 우리말로 풀이하면 '베끼기'가 바로 벤치마킹이다. 나는 기회가 있을 때마다 성공하고 싶으면 성공한 사람을 따라 하라고 강조한다. 자신의 방법을 찾기 전까지는 일단 베끼라는 것이다.

성공은 욕심만으로 불가능하다. 자신의 열정과 함께 성공으로 가는 방법을 배워야 한다. 성공으로 가는 방법을 배우는 가장 좋은 길은 성공한 사람을 그대로 따라 해보는 것이다. 한국이나 미국에서 운영되는 한국계 부동산 회사들이 뉴스타 그룹을 많이 벤치마킹 했으면 좋겠다. 이것은 나의 평소 뜻이다. 그래서 뉴스타 그룹의 성공 노하우를 원하는 곳이 있다면 그곳이 한국이든 미국이든 어디든지 달려가서 특강을 해주고 있다.

벤치마킹은 나만 강조하는 것이 아니다. 세계 최고의 경영자로 손꼽히는 잭 웰치 전 GE 회장도 "배워서 행동으로 옮기면 그것이 곧 경쟁력이다."라고 말했다.

지금 미주 한인 부동산업계에서는 실제로 나를 벤치마킹의 대상으로 삼고 있다. 내가 부동산중개업을 시작할 때만 해도 프랜차이즈를 쓰는 한국계 부동산 회사는 거의 없었다. 8%씩 프랜차이즈 피(fee)를 주면서 로고를 굳이 달아야 할 필요가 있느냐고 했다. 그땐 내가 어리석은 사람이었다. 그러나 지금은 한인타운의 거의 모든 한국계 부동산 회사가 프랜차이즈화 되고 있다.

지사를 확장하는 것도 마찬가지이다. 처음 내가 지사를 내기 시작할 때는 이른바 문어발식 확장이라며 시기하고 욕하는 사람이 많았다. 그런데 요즘은 나를 비난했던 회사들이 경쟁적으로 지사를 열고 있으며 특히 지사의 위치를 일부러 뉴스타부동산 근처에 여는 경향이 있다. '뉴스타부동산이 그곳에 지사를 개설했다면 뭔가 이유가 있을 것이다'는 것이 그들의 생각인 모양이다.

'뉴스타부동산 학교'도 벤치마킹의 대상이다. "뉴스타 그룹이 부동산 대학를 운영하니까, 에이전트를 많이 모집할 수 있구나!" 하는 생각에서 회사마다 부동산 학교를 만들거나 만들 계획을 세우고 있다.

한인사회 전체의 발전을 위해 한국계 부동산 회사들이 나를 벤치마킹하는 현상을 다행스럽게 생각하고 있다. 보람도 느끼고 있다. 한인사회 전체의 경제 규모를 봤을 때, 아직도 부동산업계는 발전의 여지가 많으며, 특히 눈을 한인사회 바깥으로 돌리면 무궁무진한 발전 가능성이 있다. 제2, 제3의 뉴스타 그룹이 계속 만들어진다면 얼마나 좋겠는가? 한인들이 그만큼 풍요로워지지 않겠는가?

사람들은 이정표 없는 길을 가는 것에 대해서 큰 두려움을 가지고 있다. 이때 누군가 '이쪽으로 오세요', '저쪽으로 가세요', '여기는 지금

LA직업학교 졸업식에 참석하여 축사를 하고 학생들을 격려하며 함께 기념사진 촬영

어디입니다'하고 알려 준다면, 사람들은 아마 긴 안도의 한숨을 내쉴 것이다. 성공한 사람들은 이정표와도 같다. 그 사람들이 가라는 곳으로 가면 성공이라는 목표 지점에 도달하기가 훨씬 수월해진다.

그런데 벤치마킹은 단순한 성공의 방법론만 베끼거나 껍데기만 따라 하는 것이 아니다. 성공하는 사람의 태도나 철학까지 따라 하는 등 보이지 않는 내면적인 곳까지 벤치마킹을 해야 한다.

성공하는 사람들은 뭔가가 다르다. '성공하는 사람은 넘어지면 앞을 보고, 실패하는 사람은 넘어지면 뒤를 본다'는 말이 있다. 성공하는 사람과 실패하는 사람의 차이는 간단하다. 전자는 '하면 된다'는 강한 신념과 사물을 긍정적으로 바라보는 눈을 가지고 있는 반면, 후자는 '하면 될까?' 하는 회의와 사물을 부정적, 비관적으로 바라보는 눈을 갖고 있다.

벤치마킹은 성공 사례만 베끼는 것이 아니다. 다른 사람의 실패를 보고, 나는 똑같은 실패를 되풀이하지 않겠다고 결심하는 것도 아주 훌륭한 벤치마킹이다.

수도 펌프질을 하듯이 세일즈를 하라

요즘 한국의 초등학교에는 학교마다 운동장 한쪽에 꼭지가 여러 개 달린 수도가 설치돼 있다. 운동장에서 뛰어 놀고 나서 세수를 하거나 손을 씻는 시설이다. 그러나 내가 어렸을 때는 운동장 한쪽 구석에 녹슨 펌프가 하나 세워져 있었다. 이것으로 전체 학생들이 목마르면 먹고, 더러우면 씻었다. 펌프로 물을 퍼 올리려면 물을 조금 붓고 한참 동안 펌프질을 해야만 했다. 그 일이 힘들어 펌프질을 중단하면 올라오던 물이 다시 내려가고 말았다. 물을 나오게 하려면 물이 쏟아져 나올 때까지 멈추지 않고 계속, 인내심을 가지고 펌프질을 해야 했다.

세일즈도 마찬가지다. 세일즈를 하다 보면 성공의 문턱에서 좌절하는 경우가 많다. 세일즈에서 성과를 얻는 것은 생각보다 느릴 때가 많기 때문에 조급함이 발목을 잡는다. 그러나 확실한 것은 중단하는 사람은 실패하며 결코 성공할 수 없다는 것이다.

나도 펌프질을 할 때 우물에 물이 없는 것처럼 보여 중도 포기를 생각했었다. 그렇지만 그럴 때일수록 더 힘차게 펌프질을 했다. 일단 물이

나오기 시작하면 천천히 펌프질을 해도 계속해서 물이 나온다는 사실을 알고 있었기 때문이다. 세일즈도 다를 바 없다. 일단 성공의 물줄기가 나타나기 시작하면 성과는 계속해서 불어나고 작은 노력으로도 큰 성과를 거둘 수 있게 된다.

펌프질 이야기를 좀 더 하자. 펌프질이라는 것은 참으로 맹랑하다. 밖에서 보아서는 펌프질을 얼마나 계속해야 물이 나올 수 있을지 알 수 없다. 그러나 펌프질을 계속 하다 보면 어느 순간 물이 나올 것 같은 느낌이 손바닥에 감지된다. 처음에는 헛바람 소리를 내며 겉돌기만 하던 것이 어느 순간 조금 **빽빽**해지는 것이다.

세일즈도 그렇다. 언제쯤 물줄기가 터질지 모른다. 그러나 분위기를 느껴보면 엄청난 물굽이를 거느린 본류가 생성 중이라는 판단을 할 수가 있다. 그 지표 중의 하나는 단골 고객이 늘어나고 있다는 사실이 감지되는 것이다. 그렇게 되면 그 다음은 쉽다. 또 그 흐름의 본류는 참으로 대단해서 한 번 흘러왔다 하면 둑이 무너질 정도로 엄청난 경우가 많다.

물론 펌프질을 하기 전에 미리 살펴봐야 할 것이 있다. 펌프의 고장 여부와 성능을 확인하는 것이다. 만약 펌프가 고장 났다면 아무리 펌프질을 해봤자 물이 나오기는커녕 팔만 아플 것이다. 반대로 펌프의 성능이 좋다면 펌프질의 횟수가 상대적으로 적어도 물은 더 빨리, 더 세게 나올 것이다. 이를 세일즈와 연결시켜 말한다면 시스템이 더 잘 되어 있는 회사, 브랜드 네임이 확실한 회사, 네트워크가 확실한 회사에서 일한다면 성공의 가능성도 그만큼 높아진다는 것이다.

"하느님은 태양을, 에디슨은 전구를 우리에게 주었다."는 말이 있다.

뉴스타 하계 단합대회에서

그러나 에디슨이 전구를 만들 때 2천 번의 실패 과정을 거쳤다는 것을
아는 사람은 많지 않다. 전기를 발명한 후에 한 기자가 에디슨에게 이
렇게 물었다고 한다.

"2천 번이나 실패하셨는데 중간에 포기할 생각은 안 하셨습니까?"

그러자 에디슨은 이렇게 답했다.

"그것은 실패가 아니지요. 전구를 발명하기 위해 1천 999가지 방법으
로 안 된다는 것을 확인하는 과정을 거쳤을 뿐입니다."

에디슨은 실패를 실패로 생각하지 않고 성공을 향한 한 과정으로 간주
하고 실패를 성공의 발판으로 삼았던 것이다. '실패는 성공의 어머니'
라는 말은 에디슨의 그러한 철학이 담긴 말이다. 실패를 두려워하여 아
무것도 시작하지 못하는 사람들이 있다. 시작을 하지 않으면 실패는 없

다. 그러나 성공도 없다. 인생은 실패할 때 끝나는 것이 아니고 포기할 때 끝난다. 그래서 에디슨은 이런 말도 했다.

"인생에서 패배한 사람들의 대부분은 실패한 순간 자신이 성공에 얼마나 가까이 왔는가를 깨닫지 못하는 사람들이다."

우리 옛말에 작심삼일(作心三日)이라는 말이 있다. 결심한 마음이 사흘을 가지 못하고 느슨하게 풀어진다는 것을 말한다. 세일즈에서는 이것이 가장 큰 적이다. 한 번 칼을 뺐으면 무라도 자르고 말겠다는 결심으로 끝까지 밀고 나가야 한다.

시간은 돈이다

현대그룹을 일으킨 고 정주영 회장이 나의 벤치마킹의 대상이라고 앞서 언급한 바 있지만 나는 정 회장이 평생 동안 가졌던 유일한 불만에 대한 이야기를 듣고 무릎을 치며 공감한 적이 있다. 매사에 낙천적이고 여유가 있는 정 회장이 한 가지 조바심을 냈던 대목이 있다. 바로 '아침에 해가 빨리 뜨지 않는다'는 것이었다. 빨리 해가 떠야 일터로 나가고 그래야 더 많은 일을 할 텐데, 해가 빨리 뜨지 않으니 할 수 없이 기다려야 했고, 그렇게 해가 뜨지 않아 일할 수 없는 시간을 너무 아까워했다는 것이다. 농담이 아니라, 나 역시 그런 날이 하루 이틀이 아니다. 늦게 자고도 좀 더 자고 싶은데 할 일이 많아서 더 자는 것이 아까워서 일어나야 한다.

현대는 치열한 경쟁사회이다. 그러한 상황에서 살아남을 수 있는 방법은 뭔가 '남달라야' 한다는 것이다. 그런데 그것이 재능적인 측면이라면 다분히 부모로부터 물려받은 유전자의 영향이 강하기 때문에 어떻게 해 볼 도리가 없다. 그러나 부지런한 것은 누구나 마음을 먹으면 할 수 있는 일이다. 특별히 가진 것도 없고 특별히 잘하는 것도 없는 사람이 다른 사람과의 경쟁에서 이기기 위해서는 부지런을 떠는 것 외에는 달리 방법이 없다.

나는 지금까지 평생을 두고 아침 7시 이후까지 자본 적이 없다. 부동산 중개업을 시작하고부터는 사무실에서 가장 빨리 출근하는 사람은 항상 나였다. 아침 먹기 전에 쇠죽을 끓이는 등 많은 일을 해야 했던 어릴 때의 시골 생활이 몸에 밴 탓도 있겠지만, 그것보다는 늦게 일어나면 그만큼 남들보다 뒤진다는 승부욕 때문이었다.

나는 뉴스타 그룹의 식구들에게 기회가 있을 때마다 "부동산은 부지런해야 잘한다."고 강조한다. 말 잘하는 것과 눈치가 빠른 것이 세일즈에 어느 정도는 도움이 되지만 그렇게 큰 도움이 되는 것은 아니다. 아침 8시에 부스스하게 일어나서 오전 9시에 시작하는 미팅이나 교육에도 늦게 참석한다면 성공하기는 힘들다.

이른 아침부터 움직이기 시작하면 이로운 점이 한둘이 아니다. 두뇌 활동이 활발해지는 것은 물론이고 육체 건강에도 좋으며 마음도 상쾌하다. 언젠가 뮌헨 의과대학에서 수백 명의 학생들을 대상으로 실험해 본 결과, 눈동자가 가장 활짝 열리고 생리적으로 머리가 가장 맑은 시간대는 오전 8시~10시라는 사실이 확인됐다는 발표를 본 적이 있다.

부동산중개업도 말 그대로 "Time is of the essence"이다. 먼저 제출한 오퍼가 셀러로부터 억셉트되면 그 다음에 아무리 좋은 오퍼를 들이밀어도 '헛일'이라는 말이다. 또 집이나 비즈니스를 찾는 고객에게는 그 고객을 위해 내가 아무리 좋은 집, 좋은 비즈니스를 찾아냈어도 다른 중개업자가 그 고객에게 먼저 물건을 보여주고 고객의 서명을 받아

내 버리면 끝이다. 한밤중에 받게 되는 경우 팩스로라도 먼저 내 리스팅의 서명을 받아둬야 한다. 만약 그것을 '내일 하지'라고 미뤄뒀는데 부지런한 다른 중개업자가 밤새 고객의 서명을 받아버리면 그야말로 '십 년 공부 도로아미타불'이 되는 것이다.

한인회 회장 당선 발표를 받고

내 경험에 비춰보면 시간을 사용할 줄 모르는 사람들이 바쁘다는 핑계를 대는 경우가 많다. 하지만 그것은 변명에 지나지 않는다. 시간이 없어서 다른 일을 못 한다고 하는데 자세히 살펴보면 쓸데없는 일에 시간을 허비하고 있는 경우가 많다. 그래서 시간이 없는 것처럼 보이는 것이다. 시간을 제대로 사용할 줄 아는 사람은 자투리 시간을 헛되게 보내지 않고 잘 활용한다. 만약 출근할 때 버스를 탄 다음 전철로 갈아탄다면 버스를 기다리는 10분과 전철로 갈아타는 10분은 자투리 시간에 해당한다. 이것이 하루일 경우에는 자투리로 끝나지만 매일 반복된다면 그 시간을 얼마나 잘 살리느냐에 따라 커다란 차이가 생긴다.

'한인의 날' 제정을 기념하며

아이디어를 찾아주는
'독서백편의자현'

어릴 때 할아버지로부터 배웠던 여러 한문 구절 가운데 평생 동안 공감하는 글귀가 있다. '독서백편의자현'(讀書百遍意自見), 즉 '책을 백 번 읽으면 그 뜻을 스스로 깨닫게 된다'는 말로 열심히 공부하면 뜻한 바를 이룰 수 있다는 말이다.

후한 헌제(獻帝) 때 동우(董遇)라는 사람은 높은 학문으로 인해 황제에게 발탁돼 큰 벼슬을 차지하고 관리와 유생들에게 경서를 가르치는 업무를 맡았다. 그런 동우의 명성이 세간에 알려지면서 그의 문하에는 제자 되기를 희망하는 사람들이 모여들었다. 하지만 그는 아무나 제자로 받아들이지 않고 이렇게 말했다.

"내게 배우기보다는 스스로 책을 읽고 또 읽어보게. 책을 백 번 읽으면 그 뜻을 저절로 알게 된다네."

그는 또 책을 읽는 법에 대하여도 이렇게 말했다.

"책을 읽을 때는 '세 가지 여분(자투리 시간)'을 활용해서 하게. 세 가지 여분이란 겨울, 밤, 비 오는 때일세. 겨울은 한 해의 여분이고, 밤은 낮의 여분이며, 비 오는 때는 해 있는 때의 여분이라네. 그러니 그 여분을 이용하여 학문에 정진한다면, 시간이 없다는 말은 할 수 없을 것이네."

나는 동우의 말에 전적으로 공감한다. 좀 어렵게 느껴지는 책도 자꾸 읽으면 정말 뜻을 깨닫게 되며, 또 '여분'의 이론을 빌리면 시간이 없어 공부를 못 한다는 것은 애당초 말이 안 되는 이야기이다.

나는 독서백편의자현이란 이 말을 직원들을 교육시킬 때 아주 자주 사용한다. 부동산과 관련된 사안들에 대해서는 공부하고 또 공부하라고 주문하는 것이다. 한인 부동산 에이전트들이 미국 에이전트들과 경쟁해서 살아남는 방법은 더 열심히 공부하고 더 열심히 일하는 방법 외에는 없다는 것이 내 생각이다.

해병대에 있을 때 인기 형님께 받은 한 통의 편지를 소개하고 싶다.

「'누구든 자기에게 주어진 여건과 환경을 인내로서 극복하고 오히려 그것을 자기 발전과 비약의 모멘트로 만들어야 한다.' 케네디도 2차 대전 당시 PT109호를 타고 태평양바다 중간에서 고초를 겪은 것으로 알고 있고, 히틀러도 일개 병사로 전선에서 싸운 것으로 알고 있단다. 이 예를 드는 이유는 세계의 위대한 많은 사람은 자기 나름대로의 주어진 여건과 환경을 끊임없이 자기발전을 위해 성의와 정성을 가지고 극복하고 이용하는데 노력 했다는 것이다.…… (중략) 결국 결론은 현재 너의 손에 단어장이 쥐어져 있어야 한다는 것이고 일 년 후의 너, 2년 후의 너, 3년 후의 너, 그리고 10년, 20년 후의 너를 어떻게 만들어야 하고 어떻게 되어 있어야 하는지를 곰곰이 생각해야 한다는 것이다.

요행을 바라거나 의지하려는 심리를 가지는 한은 너의 앞길은 발전 없는 정말 초라한 것이 될 줄 믿는다. 너의 용기와 노력이 너를 훌륭한 사람으로 성장시켜 줄 것이기에 말이다.」

나는 아직도 이 편지를 가지고 있으며 가끔 꿈에서 반복해 읽기도 한다. 성공한 사람들은 대개 박식하다. 그래야 우선 설명할 수가 있다. 특히 사람과 지식에 대한 욕심은 타의 추종을 불허한다. 그 대표적인 예가 GE의 전 회장 잭 웰치이다. 웰치는 늘 손에서 책을 놓지 않았다. 그리고 업무 시간의 80%를 사람과 관련된 일에 보냈다. 빌 게이츠 또한 새로운 아이디어와 영감을 얻기 위해서 학습과 독서를 결코 게을리 하지 않았다. 워렌 버펫은 세계에서 가장 위대한 주식 투자자로 칭송 받는 것만큼이나, 공부를 많이 하는 사람으로도 유명하다. 그는 자본 시장의 판도를 바꿀 만큼 영향력이 큰 투자 전문가임에도 불구하고, 지금

아이들의 마음속에 꿈을 심어주고 싶다(변화와 미래를 주제로한 강연에서)

도 기업의 주식을 사면서 해당 기업에 대한 분석과 공부를 결코 게을리 하지 않는다고 한다. 늘 배운다는 자세로 투자를 하고, 실패한 투자에서는 실패의 교훈을 배운다고 한다. 이렇듯 그의 겸손하면서도 집요한 공부벌레 정신은 모든 사람들이 그를 세상에서 가장 위대한 투자자로 손꼽는 것을 주저하지 않게 만든다.

사실 미국은 이민 1세들의 입장에서 봤을 때는 태어난 곳도, 자라난 곳도 아니다. 우리가 태어난 곳이라면 어릴 때부터 잠재적으로 배우고 보고 익혀왔기 때문에 알게 모르게 체득된 지식이 많겠지만, 이민 1세들은 그렇지 못하다. 그래서 더 열심히 공부해야 한다.

내 경우에도 이런 경험이 있다. 대학 시절, 사법고시를 보겠다고 처음 민법총칙을 접했을 때 나는 거의 하나도 이해하지 못했다. 용어 자체가 일반 생활용어와 너무 달랐기 때문이다. 그러나 나는 이해가 가든 안 가든 무조건 수업을 끝까지 들었다. 또 책도 계속 반복적으로 읽어 나갔다. 결국 한 학기 중간쯤 되니까 서서히 이해가 되기 시작했고 나중에는 책도 술술 읽혔다.

부동산도 마찬가지이다. 처음 부동산원론을 듣게 되면 무슨 말인지 하나도 모른다. 그러나 강의를 듣고, 책을 읽고 하다 보면 조금씩 알게 되고, 알다 보면 관심이 있어지고, 관심이 있으면 재미가 생기는 것이다.

나는 우리 직원들에게 평생교육의 중요성을 늘 강조한다. 부동산을 처음 시작할 때 배운 부동산원론 3학점으로 한평생을 우려먹을 생각을 하면 반드시 도태되고 만다. 요즘은 손님들도 부동산원론 정도는 상식으로 알고 있는 사람이 많기 때문에 아차 하면 손님보다 더 무식한 에이전트가 될 수 있으며, 그러면 누가 그 사람에게 리스팅을 주고 자기 재산의 위탁관리를 맡기겠는가?

그렇다고 공부를 에이전트들에게만 맡겨 놓지는 않는다. 에이전트들이 공부를 하지 않으면 그 피해는 고스란히 고객의 몫이기 때문이다. 그래서 에이전트들이 공부할 수 있는 시스템의 구축에도 최선을 다한다. 한 번에 4시간씩 주 1회 교육을 9주간 받아야 하는 실전 적응교육 프로그램을 마련하고, 모든 에이전트들이 번갈아가며 매년 1회씩 참가하는 것을 의무화하고 있다. 그 9주간 웬만한 교육을 다 시킨다. 뉴스타의 CCIM이라 할 정도로 강하게 훈련을 시키고 끝나면서도 기회를 만들어 주고 야외로 1박 2일 멤버쉽 훈련도 간다. 그리고 수시로 CPA나 은행가, 경제학 교수, 기업가 등 외부강사를 초빙, 경제 전반에 대한 세미나를 개최하고 있다.

그뿐만이 아니다. 그룹 내에 별도의 교수부를 구성, 연중 계속해서 각 오피스를 순회하며 직원 교육을 시키고 있다. 직원들은 매주 하루를 정해서 2시간 정도의 교육을 받게 하고 있다. 특히 부동산을 시작한 지 6개월 미만의 에이전트는 경력 2년 이상의 시니어 에이전트와 조를 결성, 1대1로 노하우를 전수받게 하는 '빅 브라더 시스템(Big Brother System)'도 운영하는 등 강도 높은 교육을 실시하고 있다.

원칙과 노력은 세일즈에서
막강한 위력을 발휘한다

수능시험 전국 1등, 사법고시 1등 등 보통 사람들은 이루기 힘든 일을
이뤄낸 사람들이 흔히 하는 말, "학원도 다니지 않았고 과외도 받은 적
이 없다. 단지 학교 수업에 충실하고 예습, 복습을 철저히 했다."라는
말을 예전에는 믿지 않았다. 하지만 내가 성공의 길을 걷기 시작한 후
그 말을 철저히 믿는 신봉자가 됐다. 나 역시 특별한 성공 노하우를 내
세울 게 없다. 정직과 성실을 최우선으로 삼고 매사에 열심히 노력하다
보니 어느 날 여기까지 오게 된 것이다.

공부도 분명히 그럴 것이다. 공부를 진짜 잘하는 학생은 학원에 가고
과외를 해도 특별히 더 배울 것이 없을 것이다. 전국 수석을 차지할 정
도로 공부를 잘하는 학생이라면 가르치는 교사보다 더 잘한다고 해도
그리 틀린 말은 아니다. 예습, 복습을 철저히 하는 것 외에 무슨 공부를
더 하겠는가? 다만 최고가 되고 싶다는 의지와 일념 하나로 공부를 하
고 또 하다 보니 어느 시점에 그 열매가 영글어진 것이 아니겠는가?

부동산중개업뿐만 아니라 각종 세일즈를 시작하는 사람들은 종종 나에게 찾아와서 '성공비법'을 알려달라고 한다. 그럴 때 나는 서슴없이 "일을 사랑하고 그 일에 미쳐라!"라고 말한다. 그 외에 무슨 방법이 있겠는가?

"천재는 99%의 노력과 1%의 영감으로 만들어진다."는 에디슨의 말을 굳이 빌리지 않아도 성공의 첫 번째 요소가 노력이라는 것은 누구나 알고 있는 사실이다. 노력은 악조건도 뛰어넘는다. 노력을 통해 약점을 강점으로 만들어 성공한 사례는 일일이 열거할 수 없을 만큼 많다.

특히 20세기 최고의 지휘자 중 한 사람으로 꼽히는 토스카니니의 이야기는 특히 유명하다. 토스카니니는 원래 지휘자가 아닌 첼로 연주자였다. 그는 심한 근시여서 연주를 할 때 악보를 보지 못했다. 다른 연주자들 사이사이에 첼로 연주가 들어갔기 때문에 토스카니니는 늘 악보가 골치였다. 그래서 연주할 곡이 정해지면 전곡을 외워버렸다.

그러던 어느 날 토스카니니가 소속된 교향악단의 지휘자가 연주를 앞두고 갑자기 입원을 하는 일이 발생했다. 악단은 급히 다른 지휘자를 찾았으나 너무 갑작스런 일이라서 지휘자를 세울 수가 없게 됐다. 그때 임기응변으로 떠오른 사람이 바로 토스카니니였다. 그만이 악단 내에서 전체 악보를 외우고 있었기 때문이었다. 지휘는 성공적이었다. 악보를 보지 못했을 정도로 눈이 나빴으나, 결국 그는 근시 때문에 지휘할 기회를 잡았다. 그리고 20세기 최고의 마에스트로(Maestro) 중 한 명이 되었다.

장님 가수 스티비 원더가 어렸을 때 그의 선생님이 했다는 말이 있다. "너의 출세에 세 가지 약점이 있는데 가난, 흑인, 장님이란 사실이 바

KBS 밤 11시 뉴스라인에 초대

로 그것이다."

무식한 흑인 소경이 돈 없이 할 수 있는 일이란 아무것도 없다는 뜻이었을 것이다. 그러나 나중에 유명가수가 된 스티비 원더는 이렇게 말했다.

"안 보였기 때문에 더 잘 들으려 애썼고, 가난한 흑인이기 때문에 더욱 열심히 노력했다."

단 세 명의 직원과 함께 헛간에서 가내공업으로 출발하여 불굴의 신념과 의지, 그리고 독특한 경영방식으로 오늘날 14만여 명의 종업원과 연 매출액 6조 엔(한국 돈 60조 이상)의 대기업 '마쓰시다 가전왕국'을 창시한 마쓰시다 고오노스께도 스티비 원더와 비슷한 경우이다. 그는 못 배우고, 가난하고, 허약하기까지 한 악조건 덕분에 오히려 성공했다고 말한다. 그는 너무나도 가난했기 때문에 먹고 살고 성공하기 위해서 돈을 벌어야겠다는 강한 정신력을 갖게 되었고, 어린 시절 구두닦이, 신문팔이 등 고생을 하는 사이에 세상을 살아가는 데 필요한 소중한 경험을 쌓을 수 있었다. 만일 마쓰시다가 부유한 가정에서 태어났다면 이렇듯 어려움을 이겨낼 수 있는 강한 정신력을 갖지 못했을지도 모른다.

그의 학력은 초등학교 4학년 중퇴가 전부였다. 배운 것이라고는 읽고 쓰는 정도였다. 그래서 그는 언제나 버릇처럼 '모든 사람은 나보다 낫다'는 겸손한 생각을 했으며 모두를 스승으로 여기고 누구에게나 물어보며 배우는 일을 게을리하지 않았다. 그는 또한 타고난 허약체질이어서 자주 앓아누웠다. 그래서 그는 건강을 유지하기 위하여 꾸준히 운동을 했고, 덕분에 나이가 들어서까지 건강하게 살 수 있었다. 그리고 건강상 모든 일을 자신이 다할 수 없다는 사실을 알고 다른 사람에게 일을 맡겼다. 성공에 정답은 없다. 열심히 노력하는 것, 그리고 그 일에 미치는 것. 그것이 가장 정답에 가까운 답이다.

계획하는데 실패하는 것은
실패를 계획하는 것과 같다

자동차로 여행하는 동안에 내가 실제로 겪었던 일이다. 한참 운전을 하고 있는데 어디에서 날아들어 왔는지 파리 한 마리가 차창 유리에 머리를 비벼대고 있는 것이 보였다. 창문을 내려 파리가 밖으로 날아갈 수 있도록 해주었지만 파리는 내가 종착지점에 도착할 때까지 한 시간 내내 옆 유리에 계속 머리를 비벼대고 있었다.

파리가 유리창에 머리를 비벼댄 것은 밖으로 나가기 위한 몸짓이었다. 처음에는 유리창이 닫혀 있었지만 나중에는 유리창이 열려 있어서 언제라도 밖으로 날아갈 수 있었다. 그런데도 파리는 계속 창문에 머리만 비벼댔다. 출발지부터 도착지까지 전 구간을 자동차 안에서 자신이 가고 싶은 곳으로 가지 못한 것이다.

뜬금없이 파리 이야기를 꺼낸 것은 파리가 밖으로 나가지 못한 이유를 함께 생각해 보자는 뜻에서이다. 만약 파리가 창문에 머리를 비벼대는 행동을 중단하고 조용히 주위를 둘러보며 밖으로 나갈 수 있는 방법을 계획했다면 금방 밖으로 나갈 수 있었을 것이다. 우리 주위에는 파리와 같은 행동을 하는 사람을 흔히 볼 수 있다. 아무런 계획도 없이 그저 밀어붙이기만 하는 사람들이다. 그래서는 결코 성공할 수 없다.

"계획이 얼마나 중요한가는 로키 산맥의 최고봉에 떨어지는 물방울을 보면 알 수 있다. 로키 산맥의 가장 높은 봉우리에서 1m 서쪽으로 떨어지는 빗방울은 태평양으로 흐르고, 1m 동쪽으로 떨어지는 빗방울은 대서양으로 흘러간다. 백두산 정상에 서 있는 나무의 잎사귀에 맺힌 아침이슬이 물방울이 되어 떨어질 때, 이 잎사귀에서 떨어지면 압록강으로, 저 잎사귀에서 떨어지면 두만강으로 간다. 그리고 결국 각각 동해와 서해로 간다."

꿈이 있는 생활에 대한 대학생들과 대화를 마치고(건국대 「클래식500」에서)

내 광고 문구에 나오는 말이다. 시작은 불과 1m 차이지만 그 결과는 상상을 초월할 만큼 엄청나다. 시위를 떠난 화살을 보라. 과녁을 조금만 잘못 겨냥해도 화살은 엉뚱한 곳으로 날아가고 만다.

지금도 나는 항상 메모지를 가지고 다닌다. 연속극을 볼 때도 메모지를 가지고 보고, 잠을 잘 때도 메모지를 곁에 두고 잔다. 잠들기 전 몽롱할 때에 기록을 해 두어야 자기 것이 되기 때문이다. 자고 일어나도 기억이 날 것이라고 꿈에서 적당히 타협하고 일어나면 대부분 잊어버리게 된다. 어렵고 복잡한 일을 처리할 때 종이 한 장을 꺼내어 왼쪽에 그 일의 본질과 문제점을 나열하고, 오른쪽에는 해결 방안을 기록한다. 이렇게 하면 어떤 어려운 일이라도 어느 정도 윤곽이 잡히고 그 문제를 해결할 수 있는 계획들도 세울 수 있다.

내가 좋아하는 영어 속담 가운데 "To fail to plan is to plan to fail"이란 것이 있다. '계획을 실패하는 것은 실패를 계획하는 것과 같다.'는 말이다. 시간 관리에 있어서 세계적 컨설턴트인 로버트 드니는 "계획을 세우는 데 한 시간을 투자하면, 그것을 실행하는 데 필요한 시간을 네 시간 단축할 수 있다."고 말했다. 계획을 위한 사전 준비 시간을 충분히 갖고 용의주도한 준비 아래 행동하면 좋은 결과를 쉽게 얻을 수 있으며, 불필요한 낭비를 줄일 수 있다는 것이다. 성공을 위해서는 먼저 계획을 세우고, 일정 시간이 경과한 다음에는 과정을 분석한 후 또다시 상황에 맞는 계획을 세우는 것이 절실히 필요하다.

우리 뉴스타 그룹의 직원들은 연초에 자신의 1년 계획서를 제출해야 한다. 연말에 단체 크루즈 여행을 갈 정도의 성공을 거둔 경우는 그 여행지에서 다음 해의 목표치와 그 목표를 달성하기 위한 구체적인 계획서를 발표하기도 한다. 이처럼 나뿐만 아니라 모든 직원들에게 늘 계획을 세우라고 요구해왔기 때문에 뉴스타 그룹의 발전이 앞당겨진 것 같다. 계획이 없는 에이전트는 목적지를 정하지 않고 항해하는 배와 같다.

2005년 탑 에이전트와 함께

당신의 자신감이 고객에게도 전염된다

권투나 유도, 태권도 등 각종 격투기 종류의 시합을 할 때면 시합 전에 심판이 주의사항과 경기규칙을 설명하는 시간이 있다. 이때 선수들은 주심의 설명에는 관심이 없고 온 신경을 집중해 상대 선수의 눈만 뚫어지게 쳐다본다. 상대방을 제압하겠다는 강인한 집념과 의지의 싸움이다. 이 한순간의 눈싸움이 선수들에게는 가장 숨막히는 순간이고 실제로 승부를 갈라놓기도 한다. 격투기 선수가 눈싸움에서 졌다는 것은 자신감을 상실했다는 것을 의미한다. 심리적인 패배를 시인한 것을 의미한다. 그래서 격한 눈싸움을 하다가 실제로 싸워버리는 경우도 있다.

자신감을 잃어버린 선수가 자신의 기량을 100% 발휘하지 못하는 것은 너무나 자명하다. 자신감을 상실한 선수는 침착하지 못하고 당황하기 일쑤다. 반대로 자신감으로 무장한 선수는 침착하고 여유가 있으며 활기와 활력이 넘친다.

어릴 때 할아버지와 아버지께 무릎 꿇고 앉아 배웠던 〈명심보감〉의 「성심」편에 보면 이런 대목이 있다. "자신자 인역신지(自信者 人亦信

之)하고 자의자 인역의지(自疑者 人亦疑之)니라." 이것은 "스스로를 믿는 사람은 다른 사람 또한 그를 믿을 것이요, 스스로를 믿지 못하는 사람은 다른 사람도 또한 그를 믿지 못할 것이다."라는 말이다. 자신감의 중요성을 가르치는 말로 아무리 어려운 난관이 있더라도 자신을 믿는 자신감만 있다면 능히 이겨낼 수 있다는 의미이다.

대개의 사람들은 어떤 상황이 주어졌을 때 두 가지 부류로 나뉘어져 서로 다른 반응을 보인다. 스스로를 믿는 사람들(自信者)은 "나는 할 수 있다. 모든 일은 잘 될 것이다."라는 긍정적인 사고로 당당하게 대처하는데 반해, 스스로를 의심하는 사람(自疑者)들은 "나는 안 돼. 보나마나 틀렸어!"라는 부정적인 생각으로 미리 좌절하고 쉽게 낙담을 해 버린다.

이런 고사가 있다. 옛날 로마시대 시저(Casar, G. Julius)가 어느 날 작은 배로 바다를 건너고 있었다. 그런데 별안간 폭풍우가 일어나면서 천둥과 번개가 쳤다. 배에 탄 모든 사람들은 이제 마지막이라는 절망감에 사로잡혔고, 평생을 배와 함께 살아온 늙은 사공마저 "신이시여, 저희들을 살펴주소서!"하고 합장하며 하늘만 바라보았다.

그때 이 광경을 노기에 찬 모습으로 바라보던 시저는 자리에서 벌떡 일어나 벼락같이 사공을 꾸짖었다.

"노를 잡아라! 이 시저가 타고 있는 한 아무 걱정 없다. 배가 침몰하다니 말이 되는가?"

이 한 마디에 모두들 힘과 용기를 낼 수 있었고, 그 배는 무사히 목적지에 다다를 수 있었다고 한다.

자신감이 없다는 것은 일생일대의 비극이다. 왜냐하면 자신감이란 자신의 인격에 대한 신뢰와 자존심이기 때문이다. 세일즈맨도 마찬가지이다. 세일즈맨은 손님과 처음 만났을 때 강한 인상을 심어줘야 하는데 그 강한 인상의 첫걸음이 바로 자신감이다. 철저한 세일즈맨은 항상 자신감을 갖고 있으며 열등감에 빠져들지 않는다. 자신을 칭찬하고 용기를 북돋워 자신감을 배가시킨다.

자신감은 전염력도 강하다. 세일즈맨의 자신감은 곧 고객에게도 전달된다. "아! 이 사람 같으면 내가 평생 일궈온 재산을 안심하고 맡길 수 있겠구나!" 하는 자기 확신을 하게 한다. 반대로 고객과 상담할 때 '혹시, 실패하는 것은 아닐까?'라고 회의하고, 주저하고, 소극적으로 대처한다면 기회는 오다가도 도망가게 된다.

미국에서 한국의 외교 영향은 한국 외교부의 몫 뿐만 아니라, 우리들의 몫이라고 생각한다.
이분들은 로스엔젤레스 포함 인근에서 미국 정치인들을 돕고 있는 한인 보좌관들이다.

또 자신감은 함께 일하는 사람에게도 전염된다. 처음 부동산중개업을 시작할 때 어떤 에이전트의 옆자리에 앉게 되느냐에 따라 성공의 상당 부분이 결정된다. 능력 있는 브로커(사장)밑에 고소득 탑 에이전트가 만들어지기 때문에 회사 선택도 아주 중요하다. 잘하는 사람, 열심히 하는 사람을 보면서 "이 사람도 잘하고, 저 사람도 잘하는데, 나는 왜?"라는 경쟁 심리도 발동하고 자신도 모르게 따라하는 '벤치마킹' 의 대상이 되기 때문이다. 실제로 세일즈를 잘하는 직원이 많은 사무실일수록 뉴에이전트들도 잘하는 경향이 있다.

사실 자신감뿐만 아니라 세일즈맨의 거의 모든 것이 고객에게 전염된다. 세일즈맨의 성질이 급하면 고객의 성질도 급해지고 세일즈맨의 결단이 빠르면 고객도 빨라지는 것을 볼 수 있다. 에이전트가 결단력이 없으면 평소에는 결단력 있던 고객마저 함께 우유부단해지는 걸 느낄 수 있다.

'자신감이야말로 성공의 으뜸가는 비결이다.'
(Self trust is the first secret of success)

배짱을 가지고 밀어붙여라

흘러간 노래 '하숙생'을 들을 때마다 나는 인생의 의미를 다시금 되새 긴다. "인생은 나그네 길 어디서 왔다가 어디로 가는가……."

이 세상에서 '나'라는 실체는 오직 하나다. 절대로 둘이 될 수 없다. 내 인생의 주인공은 오직 나뿐이다. 부모나 배우자, 형제자매, 자녀들은 인생의 동반자일 뿐이다. 동반자가 내 인생의 각본을 쓰고, 내 역할을 연기해 줄 수는 없다. 다른 사람이 나의 인생을 살아주는 것도 아니고, 오직 나만이 나의 인생을 살 수 있다. 나의 인생에서 내가 주인공이 되 기 위해서는 성실한 자세로 진지하게 살아야만 한다. 대여도, 임차도, 연습도 통용되지 않는 한 번뿐인 인생을 성공적인 작품으로 만들기 위 해서는 어떻게 해야 할까?

사람은 누구나 '피, 눈물, 땀'이라는 3대 액체를 갖고 있다. 피는 용기 와 열정을 상징하고, 땀은 성공하기 위한 노력과 실천을 의미하며, 눈 물은 고통에 대한 도전을 가리킨다. 무릇 모든 일이 마찬가지지만 최 후의 승리는 실천하는 자의 몫이다. 피, 눈물, 땀 없이는 그 어떠한 것도 얻을 수 없다.

그렇다면 인생의 주인공이 되기 위해서는 무엇이 필요할까? 그것은 바로 실천과 배짱이다. 무릇 사람은 배짱이 있어야 성공할 수 있다. 어떤 일이든 이리 재고 저리 재고하다 가는 찾아온 기회마저 달아나 버린다. 차가운 물이나 뜨거운 물에 들어갈 때도 조금씩 발을 담그는 것보다 한 번 화끈하게 들어갔다 나오는 것이 현명하다.

나는 할아버지와 아버지를 통해 양반의식과 예의범절, 인간성 등을 배웠다면 배짱은 나 스스로 맞아가면서 몸으로 체득했다. 어릴 적 골목대장 노릇을 하면서 배짱을 키웠고 해병대 생활을 통해 완전히 몸에 익혔다. 해병대가 어떤 곳인가? "때리고, 부시고, 마시고, 조지라!"는 〈해병대 곤조가〉에서 짐작할 수 있듯 그곳은 배짱을 가르치고 키워주는

한국주택금융공사 주최 강연에서 (2005년)

곳이다.

선임수병들이 일반인들은 상상하기 어려울 정도의 '빠따'를 치면, 속에서 저절로 "설마 네가 죽이기야 하겠냐, 네 마음대로 해라."는 배짱이 발동했고 그래서 엄살도 피우지 않고 그 매를 다 견뎠다. 그러한 무모할 만큼 과감한 도전과 물러서지 않는 배짱이 항상 나에게 성공의 기회를 안겨줬다. 굳이 표현하자면 '사즉필생 생즉필사(死即必生 生即必死)'의 자세라고나 할까.

만일 내가 그 편안한 은행원 생활을 하면서 미국 이민에 대해 두려워하기만 했다면 아직도 은행원으로 살아가고 있었을 것이다. 빌딩 청소를 할 때도 부동산 사업으로, 아니 어떤 일을 해도 성공할 수 있다는 자신감을 갖지 않았다면 그 일에 안주했을 것이다. '하면 된다. 안 되면 될

김동건의 '한국 한국인'에 출연해서

때까지'라는 해병대 정신은 끊임없이 나를 도전하게 만들었고 전진시켰다.

에이전트를 처음 인터뷰할 때나 교육할 때 "부동산 세일즈를 하려면 광고를 많이 해야 합니다." 라고 하면, 무지막지하게 덤비며 '올인' 하는 사람이 있고 아주 조심스럽게 100불, 200불을 따지며 하는 사람이 있다. 전자가 성공이든 실패든 빨리 결정이 나고, 후자는 잘해야 중간 정도에 머물고 대부분 조용히 무대 뒤로 사라진다. 빠르고 늦고 시간의 차이가 있을 따름이다. 나는 전자의 사람들을 좋아하고 그들의 용기를 북돋아주기 위해 애를 쓰며 모든 사람들에게 그렇게 하도록 권한다. 자신감과 배짱이 있는 상태에서 부지런하고 사기성만 없다면 거의가 성공을 하기 때문이다. 자신감과 배짱은 또 하나의 믿음의 시작이기에 말이다.

콜드 콜(혹은 텔레마케팅),
성공의 비법을 밝히다

나는 부동산중개업을 시작하면서 '콜드 콜(Cold Call)'을 성공의 밑거름으로 삼았다. 콜드 콜이란 주소록을 갖다 놓고 무작위로 손님에게 전화를 거는 마케팅 영업활동이다. 한국에서는 이른바 기획 부동산중개사무소에서 그와 비슷한 일을 하는 것으로 알고 있는데, 부동산중개업 시스템이 한국과 크게 다른 미국의 콜드 콜링의 실제적 개념은 차이가 많다.

아무튼 나는 하루에 최소한 20명, 평균은 30명, 많게는 50명까지 전화를 했다. 동창한테도 전화를 하고 군대 선후배들한테도 전화를 하고 아예 전화번호부를 갖다 놓고 전혀 모르는 사람에게도 전화를 했다. 그냥 아무에게나 하는 것이다. 알면 다행이고 모르면 어쩔 수 없는 일이다. 특히 조금이라도 아는 사람에게는 수시로 안부전화를 했는데, '외로운 시대'에 안부전화의 효과는 의외로 놀랍다. "아! 저 사람이 평소에도 날 기억하고 있었구나!" 하는 느낌이 들면 그 다음에 부동산을 사고 팔

일이 있을 때면 십중팔구는 연락이 오게 돼 있다. 그들 말을 빌자면 콜드 콜링을 통해 괴롭히고 귀찮게 한 것도 오히려 기억에 남는다고 한다.

콜드 콜링을 할 때는 가급적 전화기를 손으로 들고 하는 일반적인 전화기보다 헤드폰 형태로 된 것 가운데 가장 성능이 좋은 것을 이용하는 것이 좋다. 헤드폰 형태가 좋은 이유는 오래 통화해도 손이 힘들지 않아서 좋고 두 손이 자유로워 자료를 찾거나 메모를 하는 데도 유리하기 때문이다. 또 헤드폰을 끼고 일어선 상태에서 말을 하면 목에 힘이 들어가고, 목소리에 기를 느낄 수 있으며 상대의 반응이 아주 좋다.

그리고 말을 할 때는 입가의 힘을 풀고 웃으면서 해야 한다. 전화 받는 상대방은 목소리와 느낌만으로도 내가 지금 웃고 있는지, 다른 일을 하고 있는지, 무슨 다른 생각을 하고 있는지 금방 안다. 그래서 나는 언제나 가슴 높이의 책상을 이용하고 앞면에 거울을 달아놓고 헤드폰을 낀 상태로 대화를 시도했다. 두 손을 마음대로 움직일 수 있으면 제스처도 마음대로 쓸 수가 있고 거울을 보면서 웃어가면서 할 수도 있다. 만약 콜드 콜링을 할 때 성능이 나쁜 전화기를 사용하면 말이 잘 들리지 않아 커뮤니케이션이 잘되지 않는 경우가 있다. 그렇게 되면 오히려 상대방의 짜증을 돋울 수도 있다. 또한, 스피커폰을 눌러 놓고 전화를 하는 것 같아서 상대가 기분 나빠하기 일쑤다.

그리고 콜드 콜링을 할 때는 자료를 충분히 가지고 있어야 한다. 그것이 곧 지식이고 답변이 되기 때문이다. 말 몇 마디에 수만 달러가 왔다 갔다 할 수도 있기 때문에 가능하면 고객에게 이익이 될 수 있도록 만반의 준비를 해야 한다.

또 세일즈로 진정 성공하고 싶다면 주변 여건이나 환경을 탓해서는 안된다. 다른 사람에게 보내던 그 예리하고 엄격한 눈을 거두어 자신을 향하게 해 자신의 부족한 점과 잘못된 점을 찾아내야 하며 만약 잘못이 발견되면 즉시 과감하게 고쳐야 한다.

세일즈를 하면서 '난파' 당하는 것은 결심한 것을 실천에 옮기는 데 실패한 탓이다. 실천하지 않는 결심이란 헛된 것이며 실천을 통해서 비로소 목표에 도달할 수 있다. 강물이 바다를 향해서 끊임없이 흘러가듯 성공을 향해 자신을 부단히 단련시키고 목표를 향해 전진한다면, 어느새 성공의 바다를 항해하고 있는 자신을 발견할 수 있을 것이다.

진심으로, 그리고 기술적으로 칭찬하라

세일즈란 생면부지(生面不知)의 사람과 교분을 맺고 연결고리를 만드는 것이다. 나는 비행기를 탈 때 항상 비즈니스 클래스를 탄다. 예전에는 이코노미 클래스에 탑승했는데 수년 전부터 바꿨다. 말 그대로 '비즈니스' 때문이다. 비즈니스 클래스를 타면 비즈니스를 하는 사람과 인연을 맺고 비즈니스를 성사시킬 확률이 높기 때문이다

또, 내가 타고 다니는 차에는 항상 당당하게 해병대 마크가 새겨져 있다. 해병대 출신들은 그 마크를 보고 나를 반긴다. 해병대 마크를 달고 다니는 것이 반드시 비즈니스 때문만은 아니지만 결과는 '누이 좋고 매부 좋고'이다.

늘 하는 이야기지만 나의 가장 큰 자산은 인맥이다. 나는 항상 인맥 리스트를 작성하고 그것을 꾸준히 갱신한다. 또 처음 만나는 사람에게서 명함을 받을 때는 명함의 뒤쪽에 그 사람의 특징과 나와의 공통분모가 있는지 등을 메모하고 누구로부터 소개를 받았는지 등도 기록해 둔다. 인맥 리스트에 추가시키기 위해서이다.

「선플운동」 2009년 11월, 무학여고에서 이순재, 유동근, 민동석 등이 보인다

내가 세일즈맨들에게 무엇보다 강조하는 것은 '인연의 고리를 만들 명분을 찾으라'는 것이다. 사람은 사회적인 동물이다. 혼자서는 살아갈 수 없다. 더불어 살아갈 때 삶은 보람을 갖게 되며 진가를 발휘한다. 이처럼 세일즈는 하나의 끈이라도 찾아 인연을 만들어 나가는 작업이다. 인생의 항로에서 같은 길을 걸으면 그가 바로 인생의 동반자인 것이다. 이처럼 위대한 사실을 간과하는 사람은 평생 가난과 궁핍을 벗어나지 못한다.

세일즈에서 계약을 체결하는 것은 중요하다. 그러나 그보다 더 중요한 것은 인맥을 형성하는 것이다. 한 사람 한 사람 인맥의 목록을 늘려나갈 때마다 그 한 사람은 또 다른 많은 사람을 연결해 준다. 그것이 바로 귀중한 자산이자 성공의 디딤돌이다.

가족도 좋고 친지도 좋다. 학교 동창도 좋으며 군대 동기나 선후배도 좋다. 특히 미국에서는 한국인이라면 기본적으로 통한다. 세일즈로 성공을 꿈꾸고 있다면 먼저 서로 정이 통할 수 있는 끈을 찾아야 하고, 그것을 찾았다면 가식이 아닌 마음으로부터 우러나오는 진심을 보이는 것이 좋다.

대인관계는 메아리와 같다는 만고불변의 진리가 있다. 스스로 먼저 문을 열면 누구든 다가오게 돼 있다. 그 사람을 뜨거운 마음으로 감싸 안고 진정한 정을 나누다 보면 서로가 서로를 도와주게 돼 있다. 마음이 가는 사람에게 아낌없이 주고 싶은 것이 사람의 마음이다. 세일즈는 마음의 문을 열어야 성공한다는 것을 다시 한 번 새길 필요가 있다.

또 내가 상대를 위해 베푼 만큼 상대도 나를 위해 베풀고, 내가 다른 사람을 좋게 보고 그를 칭찬하면 그도 나를 좋아하게 된다. 사람을 만날 때마다 그의 장점과 능력을 인정해 준다면 누가 나를 싫어하겠는가?

세일즈의 출발은 다른 사람에게 혜택을 주는 것에서부터 시작된다. 자신은 하나도 베푸는 것 없이 고객으로부터 무엇을 바라기만 한다면 그것은 도둑 심보이다. 도둑 심보를 가진 세일즈맨에게는 어떤 고객도 손을 내밀지 않는다. 세일즈 하는 사람이 다른 사람에게 혜택을 베풀 때는 진심 어린 마음으로 해야 한다. 건성으로 하거나 거짓으로 하는 것은 아첨일 뿐 오히려 역효과를 낸다.

나는 가능하면 고객들과 함께 점심식사를 하려고 애를 쓰고, 점심을 같이 할 경우 한 번을 먹든, 백 번을 먹든 점심값은 내 몫이다. 이유는 간단하다. 식사를 자주, 같이 한다는 것은 그만큼 가까워졌다는 것을 의미하기 때문이다.

특히 세일즈 하는 사람이 점심값을 낸다면 실익도 크다. 믿기지 않으면 계산을 한번 해 보라. 한 끼 점심값을 8달러로 치고 둘이 먹으면 16달러가 되고 거기다 팁을 4달러로 계산하면 한 번 점심을 사는 데 20달러가 든다. 그렇다면 백 번을 같이 식사하며 점심값을 냈어도 2천 달러면 해결된다. 물론 백 번을 계속해서 얻어먹기만 하는 사람도 없겠지만 만약 그런 사람이 있다면 둘의 관계는 엄청나게 친밀해지고, 그렇게 되면 그 사람의 재산은 완전히 독점적으로 팔고 사고할 수 있을 것이다. 아니 100번을 얻어먹은 그 사람은 당신의 서브 에이전트로, 혹은 보다 더 큰 홍보인이나 대변인으로 평생을 보답할 것이다. 즉, 완전한 내 사람이 된다는 것이다.

평균 주택 가격을 50만 달러로 쳤을 때 한 채만 팔아도 적어도 1만 2천

연설을 듣기 위해 모인 회장단들과 뉴올리언즈에서 식사를 마치고

달러 이상을 번다. 따지고 보면 누구한테 사주지 않아도 자신도 어차피 점심을 먹어야 한다. 그러면 손님에게 백 번 점심을 산다고 가정했을 때 순수하게 투자되는 돈은 천 달러에 불과하다. 천 달러를 투자해 1만 2천 달러를 벌 수 있다면 그렇게 하지 않는 사람이 오히려 바보다. 게 다가 그 손님이 평생 동안 집을 한 채만 팔겠는가?

그런데 세일즈를 하면서 이러한 기본적인 계산조차 못하는 어리석은 사람들을 흔히 볼 수 있다. 점심값 계산할 때 주머니에 손을 넣고 모른 체 하거나 구두끈을 고치며 잔머리를 굴리는 사람이 적지 않은 것이다.

또 식사를 할 때는 가능하면 상대를 칭찬하기 위해 노력한다. 그때도 그 사람을 막연하게 칭찬하기보다는 그 사람이 한 일을 구체적으로 예 를 들며 칭찬한다. 그렇게 하면 열에 아홉은 굉장히 기뻐한다. 칭찬은 고래도 춤추게 한다는 말이 있지 않은가?

사람은 사회적인 동물이며 칭찬에 약한 동물이다. 누구나 다른 사람들 로부터 좋은 평가를 원하고, 교제의 필요성을 느끼며 사랑을 받고 싶어 하고 상대로부터 중요한 사람이 되기를 원한다. 그때 그들이 필요로 하 는 부분을 채워주면 관계는 급속도로 가까워진다. 고객들도 마찬가지 이다. 다른 사람 눈에 부자인 것처럼, 유명인사인 것처럼 보여도 그 마 음속에는 채워지기를 바라는 빈 부분이 있다. 그 빈 부분에 나를 약간 만 채워 넣으면 지금까지 스쳐 지나가 버리던 고객의 시선이 내게 머문 다.

세일즈를 하다 보면 고객이 원하는 것을 파악하지 못할 때가 있다. 그 때는 자신을 먼저 잘 살펴보면 해답을 얻을 수 있다. 바로 내가 필요로 하는 것이 고객이 필요로 하는 것일 경우가 많기 때문이다.

고객은 얌전한 새색시보다
톡톡 튀는 마당쇠를 알아준다

세일즈는 한 마디로 무에서 유를 창조하는 직업이다. 생면부지의 사람을 만나 뭔가를 팔아야 한다. 자신이 그 고객에 대해 잘 알지 못하고 있는 것처럼, 그 고객도 자신에 대해 잘 알지 못할 수도 있다. 그 상황에서 저절로 알아주기를 바란다는 것은 어리석은 일이다. 즉, 새색시처럼 너무 얌전하게 있어서는 아무도 자신을 알아주지 않는다는 것이다. 선거 시즌을 생각해 보자. 출마자들은 시장, 학교, 지하철 등 사람이 모이는 곳이면 무조건 찾아간다. 그러고는 자신의 얼굴과 공약을 알리고 표를 호소한다. 이전에는 그 출마자에 대해 몰랐던 사람들도 그때부터 관심을 갖게 되고 종국에는 투표에 참여해 표를 던져준다.

세일즈맨도 마찬가지다. 자신을 알리는 데 주저하지 않아야 많은 고객을 확보할 수 있다. 고객이 먼저 다가와 주기를 기다린다는 것은 감나무 밑에서 감이 떨어지기를 기다리는 것과 같고, 그렇게 된다면 세일즈를 포기해야만 한다.

나는 뉴스타 그룹의 식구들에게 어떤 형태로든 광고를 많이 하라고 권

277

장한다. 기회가 있을 때마다 망설이지 말고 자신이 부동산 세일즈맨, 누구라는 것을 구체적으로 알리라고 강조한다. 사람들이 모이는 곳이라면 장소를 불문하고 찾아가서 자신을 선전하라고 말한다. 스스로 알려야 다른 사람들이 나에게 관심을 가져주기 때문이다.

기왕에 광고를 하려면 광고 내용에 미주알고주알 자신을 알리기를 권한다. 내가 부동산중개업계에 입문, 광고를 맨 처음 시작할 때 그 당시 한국일보 오렌지카운티 지국장이 아나운서 출신인 권윤기 씨였다. 내가 작성한 광고 안을 가지고 갔더니 권 국장이 "남 사장님, 대한민국 남자치고 군대 안 갔다 온 사람 있나요? 해병대 전역을 어떻게 이력에 포함시켰습니까?"며 웃었다.

광고를 접수 받은 이명신 씨도 "해병대 부분은 빼는 것이 좋겠네요. 좋은 것도 아닌데……." 하고 권 국장을 거들었다.

그러나 내 생각은 달랐다. 내가 해병대 출신임을 표기하면 자신이 해병대 출신이거나 해병대를 좋아하는 사람은 틀림없이 나에게 관심을 가질 것이며 반대로 해병대 출신이 아니거나 해병대를 싫어하는 사람은 내가 뭐라고 썼든 별로 개의치 않을 것이라는 것이 내 생각이었다. 그래서 나는 내가 만들어간 광고 문안을 그대로 신문에 내 줄 것을 요구했다.

결과는 내 생각대로였다. 신문 광고가 나가자마자 해병대 출신들의 전화가 빗발치는 것은 물론 어떤 여자분은 오빠가 해병대라며 전화를 하고 어떤 중년의 고객은 아들이 현재 해병 복무 중이라며 전화를 했다. 내가 광고 문안에 출신학교도 미주알고주알 밝히자, 어떤 분이 전화를 걸어와 "당신이나 박원홍 씨(전 한나라당 국회의원. 과거 미국에서 부동산 회사를 운영한 바 있다)는 왜 자꾸 광고에다 학교와 과거 직장 등 이력서를 늘어놓는 것인가. 구역질이 난다."고 역정을 냈다.

나는 그분에게 차분하게 되물었다.

"선생님은 한국에서 직업이 무엇이었습니까?"

"군 장성 출신이오."

그 대답을 듣고 나는 설명했다.

"선생님, 내 광고는 선생님 같은 상위그룹 10%나 하위그룹 10%를 위한 광고가 아니고 중류와 거기에 해당하는 70~80%를 위한 광고이니 크게 괘념치 마십시오. 내 광고로 인해 선생님이 불쾌하셨다면 미안하기는 하지만 광고는 그냥 내보내겠습니다."라고 했고, 끝까지 나의 설명을 들은 그분은 "당신 말이 정말 설득력이 있다."고 탄복했다. 그 후 그분의 집과 사업체를 내가 매매한 경험도 있다.

나는 앞에서도 누차 언급한 것처럼 부동산을 시작함과 동시에 광고에 매진했다. 신문은 물론이고 라디오, TV 등 여건이 허락하는 한 나를 알리기 위해 노력했다. 활자매체뿐만 아니라 전파매체에도 광고를 게을리하지 않는 이유가 있다. 시각뿐만 아니라 청각까지 장악해야 광고 효과가 극대화되고 고객에게 각인시킬 수 있다고 믿었기 때문에 읽는 신문과 듣는 라디오, 보고 듣는 TV에 모두 광고를 한 것이다.

부동산업계 입문과 동시에 내가 대대적으로 광고를 내기 시작하자 처음에는 "남문기 얼굴 보기 싫어 신문 보기도 싫다."는 사람도 있었다. 하지만 시간이 지날수록 남문기라는 이름은 사람들의 뇌리에 점점 더 깊이 각인됐고, 결국은 그것이 나의 빠른 성장을 촉진하는 지렛대 역할을 했다.

세일즈맨이 자신을 알리는 방법에는 꼭 대중매체를 이용한 광고만 있는 것은 아니다. 일상생활에서도 얼마든지 자신을 광고할 수 있다. 식당에 갈 때도 단정한 유니폼에 이름표를 달고 제일 노출이 잘 되는 곳에 앉는 것도 광고이며, 특히 2명 이상이 단체로 갔을 때는 더더욱 입구에 앉아서 열심히 인사를 하는 것이 좋다.

굴러다니는 광고판이나 다름없는 자동차에는 항상 양옆에 자석으로 된 이름표를 부착하는 것, 교회에 갈 때도 단정한 유니폼 차림으로 깨끗하게 세차한 차를 타고 가서 가장 잘 보이는 곳에 주차한 후, 사람들의 통행이 빈번한 곳에 앉아 예배를 보는 것도 광고이다. 매사에 너무 그러면 남들이 흉보지나 않을까 걱정하는 사람도 있지만, 내 경험에 따르면 그것이 투철한 직업정신과 프로정신으로 비쳐져 오히려 고객들의 신뢰를 얻게 된다. 다시 말하지만 욕 얻어먹고 흉보아지는 것도 광고다. 실제적으로 남에게 해를 끼치는 것은 아니니까, 또 동창회나 향우회, 친목회 등의 모임에서는 가능하면 총무 등 주로 연락 업무를 담당하거나 가장 일을 많이 하는 직책을 맡으라고 권하고 싶다.

총무라는 직책이 남이 편하게 대하는 자리이고 심부름꾼이라는 이미지가 있기 때문이다. 봉사직을 열심히 수행하다 보면 그 열성에 감복하는 사람도 생기게 되고 인맥도 더 두텁게 쌓이게 되며 그 사람들이 모두 자산이 된다.

나는 뉴스타 그룹의 총수가 된 지금도 나를 알리고, 우리 그룹과 우리 식구들을 알리는데 여념이 없다. 내가 소유한 모든 자동차에는 '뉴스타 부동산'이라는 상호와 '남문기'라는 이름이 붙어 있고 해병대 마크는 뒤 트렁크에 붙어 있으며 자동차 번호판은 NEW★CEO(뉴스타CEO)

이고, 라이선스 플레이트(자동차번호판) 프레임에도 우리 그룹의 웹사이트 주소가 적혀 있다. 그뿐이 아니다.

나는 목욕탕을 가도 사람들이 앉은 소파나 평상에 뉴스타 그룹 식구들의 광고가 실린 신문을 찾아 일부러 그 면을 펼쳐둔다. 다음에 그 신문을 보려는 사람은 무조건 우리 뉴스타 광고를 보아야 다른 곳을 볼 수 있는 것이다. 또 공항 대기실에서든, 한국 호텔에서든, 컴퓨터가 있는 곳이면 언제나 첫 창에다 뉴스타 그룹 웹사이트를 띄워 놓는다. 그렇게 하면 그다음에 컴퓨터를 사용하는 사람이 누가 됐든지 우리 웹사이트를 보지 않을 수 없다. 아무도 컴퓨터를 사용하지 않으면 며칠 동안 계속 우리 웹사이트가 오고 가는 사람들의 시선을 끌 수 있다. 모든 길은 로마로 통한다는 말이 있지만 모든 것은 세일즈와 통한다고 말하고 싶다.

수년 전 일이지만 당시 풀러톤 애나 고 전 지점장이 중국을 다녀와서 자랑스럽게 나에게 이야기 보따리를 풀어 놓은 적이 있었다. 공항에서 급하게 인터넷을 쓰려고 컴퓨터를 찾아다녔다고 한다. 그러나 중국에서는 한국이나 미국만큼 컴퓨터를 쓸 곳이 없어서 돈을 내고 컴퓨터를 이용했었는데 자리에 앉아 모니터를 보니, 뉴스타 홈페이지가 앞 창에 떠 있었다고 한다. 멀리 중국에서 뉴스타 홈페이지를 보니 너무 반가웠고, 공항에 방문하는 많은 사람들이 뉴스타 웹사이트를 본다고 생각하니까 뿌듯했다며 세계로 뻗어나가는 뉴스타부동산이라는 생각을 했다고 한다. 그리고 잠시 후 "그런데 혹시, 남문기 회장님이 중국에 오셨다 갔나?" 하는 생각에 공항주위를 찾아다녔다는 말을 웃으면서 전했다.

기회는 준비된 자의 몫이다

공부는 이론만으로 하는 것이 아니다. 세일즈맨에게는 이론 공부만큼이나 중요한 것이 발로 뛰어 현장 감각을 익히는 것이다.

한번은 이런 일이 있었다. 어느 날 직원 가운데 한 명이 고객으로부터 주택을 구해 달라는 부탁을 받았다. 그 직원은 우리 회사에서 가지고 있는 리스팅 가운데 가장 좋은 것을 골라 "이것이 최고!"라며 그 고객에게 안내했고 고객은 계약을 하려고 했다. 그 과정을 지켜보고 있던 내가 에이전트를 조용히 옆방으로 불러 계약 확정을 다음 날로 미루고 다시 한 번 고객이 원하는 지역의 집을 30채 이상 '그냥' 둘러보라!고 지시했다. 그 직원은 "다 된 밥인데……." 하는 아쉬운 표정을 지으면서도 그래도 회장의 명령인지라 그 지역 일대를 돌아다녔고 결국 처음에 자신이 추천했던 '우리 회사의 리스팅'보다 더 싼 값에, 더 좋은 조건의 주택을 발견했다.

다음 날 직원은 그 고객에게 새로운 주택을 보여주었고 고객은 쉬운 길을 버리고 어려운 길을 택한 직원의 노력에 감동(?)해 영원한 고객이 됐다.

이처럼 현장 감각은 중요하다. 컴퓨터상으로는 완벽해 보이는 매물도 막상 가보면 허점이 많은 것일 수 있고, 반대로 컴퓨터에서 분석한 정보로는 별 볼일 없어 보였는데 막상 현장에 가보면 의외로 월척인 경우가 많기 때문이다. 그것이 발품을 팔아야 하는 결정적인 이유이다.

맞선을 생각하면 쉽게 이해할 수 있다. 지금은 시대가 바뀌어 맞선이라는 용어조차 어색하지만 불과 30년 전만 해도 장가나 시집을 가려는 사람이 맞선을 봐서 배필을 결정할 때가 있었다. 이때 한두 사람만 만나보고 결정하는 것보다 몇 사람을 더 만나보는 것이 더 좋은 배필을 만날 확률이 높았다. 그렇지만 행여 게으른 중매쟁이의 말만 믿고 결정을 했다가는 낭패 보기 십상이었으며 자신이 직접 상대를 만나보고 이모저모를 파악해야 하는 시절이 있었다.

부동산도 마찬가지로 발품을 팔며 여러 물건을 보러 다니면 좋은 매물을 자신의 리스트에 올려놓는 기회가 많아지고, 더불어 부동산을 보는 눈도 넓어진다. 그렇게 되면 어떤 고객이 찾아오더라도 망설임 없이 고객이 원하는 물건을 찾아줄 수 있다.

내가 우리 그룹의 직원들에게 최우선적으로 강조하는 말은 마음속에 둔 '얼렁뚱땅'과 '대충대충'이라는 기생충과 병균을 박멸하고 평소에 공부를 하고 발품을 팔아 모든 것을 철저히 미리 준비해 두라는 것이다. '얼렁뚱땅'과 '대충대충'이라는 병균을 박멸하지 않으면 피와 살을 소리 없이 야금야금 갉아 먹혀 급기야 실패의 구렁으로 빠지게 되기 때문이다.

공부와 발품을 파는 것 외에 또 하나 중요한 것이 있다. 특기를 개발하는 것이다. 우리 직원들 가운데도 그리 특별한 사람이 아닌 것 같은데 주변에 사람이 몰리는 경우를 가끔씩 본다. 그런 사람들을 분석해보면 나름대로 특기가 있는 경우가 많았다. 예컨대 우스갯소리를 아주 잘한 다든지, 골프나 테니스 같은 운동을 특별하게 잘한다든지, 시사에 밝아 화제를 항상 주도한다든지 하는 경우이다. 세일즈맨에게 이것은 아주 중요하다.

따라서 성공하는 세일즈맨을 꿈꾸는 사람은 먼저 자신을 곰곰이 분석해보고 자신의 적성과 재능에 가장 알맞은 특기를 한 가지 선택해서 철저하게 마스터해 놓는 것도 준비된 세일즈맨이 되는 방법의 하나이다. 그래서 뉴스타 그룹에는 축구부 등 운동 부서가 많다. 운동을 특기로 개발하는 것을 돕는 뜻도 되거니와 부동산회사는 팀이 중요하고 팀워

2년 연속 LA에서 1위를 한 무적강팀 뉴스타팀- 뉴스타그룹 축구팀과 상대팀의 화합을 위하여

크를 해야 한다. 남과 같이 뛰어야 하고, 남들을 돕고, 남과 같이해야
하는 비즈니스이기 때문이다. 또한 세일즈하는 사람은 신체가 건강해
야 마음도 건강해지기 때문이다. 또 우리 그룹에서는 수시로 유머 공부
를 시키고 웹사이트에도 유머 코너를 별도로 개설해 놓고 있다. 고객에
게 웃음을 선사할 줄 아는 사람으로 만들기 위해서이다.

다시 한 번 강조하지만 기회라는 것은 언제 어느 때 찾아올지 모르는
것이며 기회가 찾아오더라도 그것을 받아들여 활용할 준비가 되어 있
지 않다면 왔다가도 그냥 가버리는 것이다.

기회의 땅
미국을 성공의
발판으로 삼자

한국은 국토가 좁고 인구는 많다

한국은 국토에 비해 인구가 많아 인구밀도가 높다. 인구가 많다 보니 모든 분야에서 경쟁도 심하고 주택과 환경, 삶의 질 등의 문제가 항상 대두된다. 또한 밤잠을 줄여가며 어렵게 대학에 들어가도 취업은 대학 들어가는 것보다 더 힘들어 그야말로 하늘의 별따기다. 다시 말해 살기 어려운 나라라는 말이다. 살기 어렵다고 주저앉아 있으라는 말인가? 아니다. 절대 주저앉아서는 안 된다.

우리 민족은 어느 환경에서도 살아갈 수 있는 저력을 가지고 있다. 평화로운 때보다 환란을 만났을 때 칠전팔기의 힘을 과시하며 반드시 다시 일어선다. 세계 어디에 내놓아도 성공할 수 있는 근면함과 성실함이 몸에 배어 있는 그야말로 부지런한 종족이다.

세계는 넓고 우리 국토는 너무 작다. 교육열도 높아 우수한 인재는 넘쳐나는데 그들을 수용할 기업은 부족하다. 이제 세계로 눈길을 돌려야 할 시점이 된 것이다. 이것이 애국하는 길이며 우리가 살아남을 방법이다. 그렇다면 어디로 나가야 하는가? 이왕이면 미국으로 가라! 미국은 임자가 없는 나라다. 영국에 가면 영국 사람이 있고, 일본에 가면 일본 사람이, 중국에 가면 중국 사람이 엄연히 있다. 그러나 미국은 다르다. 미국은 이미 오래전부터 백인, 흑인, 아시안, 히스패닉 등 다양한 종족들이 모여 살고 있는 다민족 국가이다. 미국은 실제로 주인이 있는 것이 아니라 정권을 잡은 민족이 주인처럼 보일 뿐이다. 반만년 역사를 자랑하는 나라도 아니고 씨족 사회도 아니며 양반 상놈이 있는 나라도 아니다. 실력이 있으면 누구나 성공할 수 있는 나라, 자유와 평등의 나라, 이상사회를 이룩하려는 꿈을 가지고 있는 나라가 바로 미국이다.

한국에서 세월호와 같은 대형 사건이 터지면 일시적이지만 이민에 대한 문의가 많아지는데 선호하는 국가로는 캐나다, 호주, 미국, 뉴질랜드 등을 꼽는다.

그러나 다른 나라보다 미국이 훨씬 여건이 좋다. 미국이 다른 나라에 비해 탁월한 선택이라고 추천하는 이유는 무엇인가? 미국은 다른 나라보다 발전된 교육제도와 사회시스템을 가지고 있다. 타민족에 비해 명석한 우리 한인들이 미국에서 제대로 교육 받는다면 대부분 미국 사회에서 자리 잡는데 어려움이 없을 것이다. 또한 앞서 열거한 나라보다 영어가 부족해도 이민을 유지할 수 있는 유일한 나라가 바로 미국이다. 그러나 장밋빛 미래만 펼쳐져 있는 것은 아니다. 안타깝게도 아메리칸 드림의 시대는 막을 내렸다. 우리나라도 그렇지만 세계 어디를 가든 좋은 직장은 취직하기 힘들다. 선진국도 우리나라처럼 일시적 고용형태 (gig economy)가 점차 늘어나고 있고 특히 젊은 층에서 그 비율이 더 높다. 사실은 우리의 고용 현실이 그들을 따라가고 있는 형국으로 세계적으로도 일자리와 중산층이 줄어들고 있는 상황이다. 우리와 똑같이 고용불안과 일정하지 않은 수입 등 같은 고민을 안고 있는 것이다. 그럼에도 불구하고 낯설고 물 설은 미국에 가야 하느냐고 반문한다면 일단 좋은 근무환경을 들겠다. 잔여 업무 등의 스트레스가 적을 뿐 아니라 상사의 눈치를 보지 않아도 되고 회식 등의 문화가 없어 여유로운 시간을 가질 수 있다.

또한 광활한 땅에 걸맞게 모든 분야에서 규모 자체가 틀리다. 의사, 변호사 등 전문직이 셀 수 없이 많고, 만약 디자인을 전공했다면 다양하고 세분화된 분야로 직업 선택의 폭이 넓다. 미국은 하고자 하는 자에게는 늘 문이 열려 있는 곳이다. "두드리라, 그러면 열릴 것이다." 미국이 바로 그런 나라다.

우리의 정세는 어떠한가? 중국은 매우 빠르게 성장하여 점점 더 미국이 주도적으로 협상하기에 쉽지 않은 나라가 되어 가고 있다. 이미 어떤 분야는 미국과 대등한 위치에 놓여 있어 미국의 주도권이 많이 위축되어 가고 있음은 간과할 수 없는 사실이다. 우리의 형편은 더욱 불리하여 차이나머니는 제주를 넘어 서울 노른자 땅에 진출하고 있으며 우리 기업도 빠르게 흡수하고 있다. 문제는 기업을 사 들인 후 기술력만 빼가는 이른바 '먹튀' 가능성이 높다는 것에 그 심각성이 있으며 무분별한 상권의 흡수는 중국인에 의해 거품이 형성될 뿐 아니라 영세 상인에게는 더욱 불리하게 작용할 것으로 분석되고 있다. 남중국해 분쟁에서 보여주듯이 중국에게 명분 따위는 중요하지 않기 때문에 우리의 위기감은 더욱 급박하다.

중국과 국경을 접하고 있는 나라는 15개국이나 되는데 인도, 아프가니스탄과 파키스탄을 제외하고는 중국의 영향권에 놓여 있지 않은 나라가 거의 없다. 파키스탄과 아프가니스탄 두 나라도 지금은 미국의 영향권에 있지만, 지리적 환경 때문에 언제 어떻게 중국의 영향권에 들어갈지 아무도 모른다.

이런 큰 나라에 숙명처럼 붙어살고 있는 우리 민족도 크게 다르지 않다. 우리의 역사를 굳이 되짚어 보지 않아도 중국과는 불가분의 관계이다. 세계 인구 중 5분의 1을 차지하면서 글로벌 경제를 들었다 났다 하는 중국과 적을 지는 건 너무 손해가 크다. 미국과 중국의 균형을 맞춘 정치력이 그 어느 때보다 필요한 이유도 여기에 있다.

이스라엘을 보자. 중동의 모든 나라가 힘을 합쳐 이스라엘을 공격할 수 있지만 그렇게 하지 못하는 이유가 무엇일까? 여러 가지의 이유가 있겠지만, 유대인이라 불리는 이스라엘인은 미국 각지에 진출하여 요직을 차지하고 커다란 영향력을 행사하고 있기 때문이다. 이스라엘을 침공한다는 것은 미국을 침공하는 것과 같은 일이기 때문에 인구가 훨씬 많은 중동도 이스라엘을 침공하지 못하는 것이다.

우리도 이스라엘 민족에게 이런 지혜를 배워야 한다. 지금보다 더 많은 한국인이 미국에 이주한다면 시의원, 시장, 연방 상원·하원의원, 주지사 등 행정부와 입법부 등에 더 많은 주요 인물을 배출할 수 있을 것이다. 세계적으로 우리의 입지가 굳건하다면 이미 강대국이 되어 있는 중국이나 군국주의의 부활을 호시탐탐 꿈꾸는 일본이 우리나라를 함부로 하지는 못할 것이다. 안팎으로 녹록하지 않은 현실이지만 앞서 얘기했듯이 어려운 상황에서 빛을 발하는 우리의 민족성을 보여주어야 할 때다.

우리 손으로 기회의 땅을 만들자!

동부에서 서부로 자동차를 타고 횡단해보면 끝없이 펼쳐지는 광활한 대지에 자신의 존재감마저 위축되는 경험을 하게 된다. 그런데 이 넓은 땅이 아직도 10% 밖에 개발되지 않았다니 놀랍지 않은가? 90% 이상이 개발을 기다리고 있는 것이다.

기회의 땅이라고 불리는 이유가 바로 여기에 있다. 물론 서부개척 시대처럼 깃발만 꽂는다고 내 땅이 되는 것은 아니지만 그 광활한 땅에 한국 사람이 많이 살고 있다면 그곳이 한국 땅이지 누구 땅이겠는가?

브리태니커 백과사전 세계의 인종(RACE)에서 'KOREAN'을 찾아보면 '한반도'에 살고 있고 한국어를 사용하는 민족으로 기술되어 있지 않다. 전 세계 모든 곳, 즉 'ALL AROUND THE WORLD'에 살고 있는 'KOREAN'이라고 적혀 있다. 한국인들은 'ALL AROUND THE WORLD'에 걸쳐 살고 있다는 브리태니커 백과사전의 설명은 놀랍지만 명백한 사실이다. 지난 2013년 9월 30일 〈중앙일보〉에 보도된 아래의 기사도 브리태니커의 설명이 거짓이 아님을 보여 준다.

「1902년 12월 22일 제물포(지금의 인천)항구에 개신교 신자를 비롯한 121명의 조선인이 하와이로 이민을 떠나기 위해 모여들었다. 손에는 대한제국 유민원이 발행한 여행 집조(執照 · 여권)가 들려 있었는데 유민원은 요즘으로 치면 이민국에 해당한다. 이들은 1903년 1월 13일 하와이 호놀룰루 항구에 도착하여 질병 검사 등을 거쳐 최종 상륙허가를 받은 사람은 약 100명으로 대한제국이 추진한 첫 공식 이민이 성사되는 순간이었다.」

그보다 39년 앞선 1863년 가을. 함경도 무산 일대에 살던 농민 최운보와 경흥지역에 살던 양응범이 농민 13가구를 이끌고 두만강을 건너 러시아 영토인 연해주에 정착했다. 그들은 계절 영농을 위해 연해주로 나갔다 들어오는 게 아니라 영구적으로 이주한 것은 이때가 처음이었다.

재외국민의 발언권과 권익의 신장을 위해 유권자 등록을 독려하고 있다

하와이 정부가 주도한 이민이 우리나라 첫 공식 이민이지만 학계 일각에선 '한민족 디아스포라(Diaspora)'의 출발점을 1863년으로 봐야 한다고 말한다. 고려대 노문학과 김진규 교수는 "생존을 위한 자발적인 대규모 연해주 이주의 역사를 이민사의 기점으로 삼는 것이 합당하다."고 주장했다. 이민사를 114년으로 보든, 153년으로 보든, 한민족은 이제 지구상에 가장 넓게 퍼진 민족이 됐다. 재외동포재단에 따르면 2011년 기준으로 재외동포는 175개국에 726만 명으로 집계됐다. 재외동포재단 김봉섭 조사연구팀장은 "빠르게 팽창 중인 중국계가 130개국 이상에 퍼져 있고, 730여만 명의 유대인들이 100여 개국에 나가 있는 것을 고려하면 175개국에 진출한 한민족은 현재로선 지구촌 구석까지 가장 넓게 퍼져 있는 것"이라고 설명했다.

한민족공동체문화연구원 이서행(한국학중앙연구원 명예교수) 원장은 "남북한 인구를 합친 기준으로 한민족의 해외 진출 비율은 10%나 된다"며 "이는 세계 평균(3%)보다 압도적으로 높다"고 말했다. 이 원장은 "본국 인구 대비로 보면 한민족은 이스라엘·아일랜드·이탈리아에 이어 세계 4위"라며 "해가 질 날이 없는 민족이 됐다는 의미"라고 말했다.

이와 같이 한국인은 전 세계에 퍼져 살고 있다. 미국에도 수백만이고, 일본, 중국, 유럽, 남미 등 한국인이 없는 곳이 없다. 전 세계 어느 곳에서든 스포츠 경기가 열리면 빠지지 않고 한국 동포들이 태극기를 흔들고 있다. 브리태니커 백과사전에서 말하는 것처럼 한국인은 한반도에 살고 있는 것이 아니라 전 세계에 살고 있는 것이다. 이제 한국인의 생활 무대는 좁은 한반도가 아니라 전 세계다. 그리고 그 가운데 가장 많은 기회가 열린 미국으로 향해야 한다.

요즘 미국 경제가 예전 같지 않은 것은 사실이다. 2007년 4월 서브프라임 모기지 사태와 2008년 9월 리먼브라더스 사태로 시작한 금융위기가 월가를 혼란스럽게 했고, 그로 인해 많은 미국의 중산층들이 손해를 입은 것은 사실이다. 그러나 이것이 미국의 전부가 아니라는 것을 우리는 알아야 한다.

작금의 이런 사태를 보고 혹자들은 미국의 시대는 끝났다고 말한다. 그러나 필자는 미국이 쉽게 몰락하지는 않을 것이라 확신한다. 미국이 예전처럼 세계 각지에서 막강한 영향력을 행사하는 것은 다소 어려울지 몰라도 미국이 몰락하는 일은 절대 없을 것이다. 전 세계에 미치는 경제적 영향력과 막대한 투자와 개발로 인한 최첨단 기술력, 압도적인 국방력 등을 아직은 뛰어넘을 나라가 없는 것이다. 오히려 이러한 잠깐의 혼란은 우리에게는 더 없는 기회다. 앞서 말한 바와 같이 우리는 환란에 강하고 위기에 강한 민족이다. 미국이 혼란스러울 때 우리 민족이 끈기와 도전정신을 발휘한다면 미국의 새로운 주인이 될 수 있지 않을까?

오바마 대통령이 우리에게 주는 메시지

"나에게는 꿈이 있습니다. 언젠가 조지아의 붉은 언덕 위에서 노예의 후손들과 노예 주인의 후손들이 형제처럼 손을 맞잡고 나란히 앉게 되는 꿈입니다. 나에게는 꿈이 있습니다. 이글거리는 불의와 억압이 존재하는 미시시피 주가 자유와 정의의 오아시스가 되는 꿈입니다. 나에게는 꿈이 있습니다. 내 아이들이 피부색을 기준으로 사람을 평가하지 않고 인격을 기준으로 사람을 평가하는 나라에서 살게 되는 꿈입니다. 나에게는 꿈이 있습니다. 모든 계곡이 높이 솟아오르고 모든 언덕과 산은 낮아지며, 고르지 않은 곳은 평탄케 되고, 굽은 곳은 곧게 펴지고 주님의 영광이 나타나 모든 사람이 그것을 함께 보게 될 날이 있을 것이라는 꿈이 있습니다."

읽어볼수록 감동이 밀려오는 마틴 루터 킹 목사의 연설문이다. 그는 목사이자 흑인 해방운동가로 버스인종분리로 촉발된 '몽고메리 버스 보이콧 투쟁'을 비폭력으로 이끌어 승리하였으며 이것을 계기로 흑인 인권운동의 지도자가 되었다. 안타깝게도 그는 테네시 주 멤피스에서 흑인 청소부의 파업을 지원하다 암살되어 짧은 생애를 마쳤지만 그의 꿈은 마침내 이루어졌다. 2008년 11월 4일 미국에서는 마틴 루터 킹 목사의 꿈대로 흑인 대통령이 당선되었다. 미국 내에서는 이 젊고 유능한 대통령을 통해 변화와 개혁을 꿈꾸었다면 미국 밖에서는 편견을 뛰어넘는 놀랍고도 충격적인 일대 사건이었다. 물론 오바마는 백인과 흑인의 혼혈로 순수 흑인 혈통은 아니다. 그러나 유색인종의 피를 가진 사람이 미국 대통령으로 당선되었다는 것은 커다란 이슈가 아닐 수 없었다.

이 일로 미국을 바라보는 국제적 시각이나 흑인에 대한 다른 나라의 인종차별에도 긍정적인 효과를 이끌어낸 계기가 되었다. 오바마가 인종차별을 딛고 대통령으로 당선된 배경에는 오랫동안 인권운동가로 활

외교통상부 장관주최 오찬 연설

동하면서 명성을 쌓았고 정치에 입문해서는 미국이 지향해야 할 목표와 가치를 분명하게 제시함으로써 미국인들의 폭넓은 지지를 얻었기 때문이다. 물론 역사적으로 그의 업적과 평가는 아직 유보적이긴 해도 미국사의 한 획을 그은 중요한 인물임은 틀림없다.

오바마가 미국 대통령이 되기 전에도 보수당인 공화당에서 역사상 처음으로 아프리카계 미국인 콜린 파월과 콘돌리자 라이스가 연이어 국무장관이 되었다. 그들은 세계 전역을 안방 다니듯 다니며 미국의 국익을 위해 일했으며 어느 누구도 그들의 능력을 의심하지 않았다. 때문에 흑인의 위상이 점점 높아졌을 뿐 아니라 오바마가 대선에 나섰을 때, 특히 젊은 유권자들에게는 피부색은 아무 문제도 되지 않았다. 격세지감(隔世之感)이라는 말은 이런 때에 쓰는 말이다. 흑인에 대한 투표권이 주어진지 겨우 반세기가 지났기 때문이다.

이것은 한 사람의 꿈, 꿈을 가진 한 사람의 외침이 얼마나 중요한지를 되돌아볼 수 있는 예이다. 마틴 루터 킹 목사의 꿈이 이루어진 것은 멸시받고 천대받는 흑인들을 위해 외쳤던 한 사람의 의지와 노력이라는 것을 생각하면 가슴이 뭉클해진다. 물론 인종차별이 완전히 사라진 것은 아니어서 오바마 대통령은 "지난 50년간 상황은 많이 달라졌지만 퍼거슨 사건에서 보듯 인종차별은 여전히 존재한다."고 밝힌바 있다.

미국에 살아 본 사람이거나 가본 사람이라면 다 공감하겠지만, 흑인의 사회적 문제는 상당히 심각하다. 거리의 걸인, 부랑자, 범죄자들 중 흑인이 차지하는 비율은 상당히 높다. 또한 인구 대비 강력범죄율도 높고 퍼거슨 사건과 같이 흑인에 대한 인종차별적 사건이 터지면 과격한 소요사태로 번지기 때문에 더욱 우려되는 상황이다. 더군다나 히스패닉의 폭발적인 인구 유입으로 흑인 사회의 입지는 날로 좁아지고 있는 상황이다. 그럼에도 불구하고 전 국무장관 파월과 라이스, 그리고 오바마는 그 벽을 뛰어넘어 미국의 지도자 반열에 올랐다. 이것은 능력을 우선시하는 미국이라는 나라이기 때문에 가능한 일이다. 그러므로 우리 민족의 가능성도 무시할 수 없는 일이다.

미국 내에서 아시아인의 발언권은 히스패닉보다 못할 때가 있다. 드라마나 영화에서 아시아인에 대한 노골적인 비하발언이나 악당으로 그려지는 일도 종종 볼 수 있다. 똑똑하고 일 잘하는 것은 모두가 인정하지만 흑인이나 히스패닉보다 더 소수 민족이면서 오랫동안 동화되어 온 흑인에 비해 여러 가지로 불리한 상황에 처할 수밖에 없다.

상위 1%의 경제력을 차지하는 것도 좋지만 히스패닉처럼 인구수를 늘리는 방법도 절대 무시할 수 없는 이유이다. 인종 차별적 발언이라 생각할 수 있지만 간과할 수 없는 일이기도 하다. 이 지구상에 진정 인종차별이 없는 나라가 있을까? 단일민족으로 구성된 대한민국이야말로 다양한 인종 유입에 대해 준비가 가장 덜된 나라일 것이다. 너와 내가 다름을 인정하고 좀 더 열린 마음과 자세가 필요한 때다. '새는 알을 깨고 나온다' 눈도 뜨지 못한 새는 스스로 알을 깨기 위해 각고의 노력을 기울인다. 안주하는 것은 평화는 있어도 발전은 없다. 좁은 둥지에서 멀리 비상하기 위해선 노력 외에 강력한 정신이 뒷받침되어야 한다고 나는 생각한다. 더 밝은 미래를 원한다면 말이다.

국토가 넓다고 반드시 대국은 아니다

그러면 꼭 미국만 가야 하는가? 그렇게 물을 수가 있을 것이다. 물론 아니다. 미국만이 대국은 아니다. 전술한 바와 같이 중국도, 호주도, 캐나다도, 러시아도 땅이 넓고 자원이 풍부하여 대국의 조건을 갖추고 있다. 그러나 땅만 크다고 대국이라고 말할 수는 없다. 문제는 우리 한인의 도전정신과 창의력이 부합하는 나라인가 하는 것이다. 그러면 호주와 미국을 비교해 보자. 호주는 자원수출국이기 때문에 땅은 넓고 인구가 적으며 제조업은 상대적으로 빈약해서 할 일이 없다. 생각해 보라, 인구가 대한민국의 반도 안 되는 나라에서 뭘 해서 먹고 산단 말인가! 그곳은 은퇴한 노인이나 재산 좀 있다하는 사람이 편하게 먹고살면서 자연과 벗하기에 알맞은 나라다. 돈은 없고 용기와 열정만 있다면 고생 좀 해야 한다. 아니 고생을 해도 잘못하면 헛고생이 될 수 있는 나라가 호주다. 용기와 열정이 통하지 않는 나라라는 말이다. 천성적으로 부지런한 민족인 한국인에게는 별로 적합하지 않은 나라라고 생각한다. 물론 이렇게 말해서 호주에 살고 있는 우리 한인들의 힘을 빼고 싶은 마음은 추호도 없다. 다만 그곳은 우리 국민성과는 다소 차이가 있다는 것이다.

캐나다는 어떠한가? 캐나다도 호주와 거의 비슷한 여건으로 서비스 중심의 경제구조로 수출의 약 30%가 농림수산물과 광물자원 등에 치중되어 있으며 겨울이 길어 생산성이 떨어진다. 지역에 따라 약간의 차이는 있지만 1년의 반은 하염없이 내리는 눈을 바라보며 살아야 한다. 기후가 좋다고 하는 서부의 밴쿠버 지역도 가을부터 봄까지 시도 때도 없이 비가 내린다. 그곳에 있다 보면 잘못하면 고향 생각밖에 안 난다. 처량해진다는 말이다. 우스갯소리로 캐나다는 춥고 배부른 나라다.

그러면 요즘 한국인이 많이 가고 있는 중국은 어떨까? 중국의 경우 법규가 까다로운 데다가 그들만의 '꽌시문화(關係文化)'가 형성되어 있

부시 전 미국 대통령, 퍼스트 레이디, 남회장 부부

301

어 한국인들이 발붙이기가 만만치 않다. 꽌시문화는 이른바 '의리'로 뭉친 친밀감의 표현으로 인맥에 의해 움직이기 때문에 부정과 부패를 뿌리 뽑기 힘들고 외국인은 소외되기 쉽다. 많은 한국인들이 큰 꿈을 가지고 웃으며 중국에 갔지만 얼마 안 되어 울며 나오는 나라가 중국이다. 필자는 유감스럽게도 중국에 들어가서 돈 벌고 왔다는 한국인을 아직도 보지 못했다. 미국에서 들어갔든 한국에서 들어갔든 중국에 들어간 한국인들은 대부분 손해를 보고 나오는 것을 필자는 많이 보았다. 제조업을 하는 기업이나 대기업들은 인건비의 차이로 간혹 돈을 벌 수 있었을 것이다.

그러나 이제 중국에서 인건비 차이로 수익을 창출하는 시기도 끝났다. 혈연과 지연이 어렵다면 학연의 꽌시를 만들던지 아니면 진정한 실력으로 승부를 거는 것이 중국에서의 생존할 수 있는 비결이다.

러시아는 천연가스 세계 1위의 매장량을 자랑하는 자원 부국으로 세계에서 가장 넓은 영토를 가지고 있는데 반해 인구는 세계 9위여서 이민에 알맞은 국가는 아니다. 대부분의 선진국이 풍부한 자원과 서비스업이 발단된데 비해 러시아는 자원에 의존된 경제구조를 가지고 있기 때문에 일자리나 업종이 다양하지 않다. 또한 강압적인 사회 분위기 때문에 오히려 러시아를 이탈하려는 이민자가 늘고 있는 상황이다. 한국인이 적응하기 쉽지 않은 상상을 초월하는 길고 추운 겨울과 짧고 서늘한 여름 날씨도 문제지만 영어가 통하지 않기 때문에 자유로운 러시아어 구사가 이민 생활에 관건이며 경제 여건을 이유로 이민자법이 강화되어 이민 자체도 쉽지 않다.

그렇다면 답은 단연 미국이다. 미국이 지금은 좀 어려운 건 사실이다.

그러나 이 어려움이 영원히 가지는 않는다고 본다. 그래서 이왕이면 미국에 가는 것이 한민족에게는 여러모로 유익하다. 지금 미국에는 대략 3억 명이 살고 있다고 하지만 전술한 바와 같이 빈 땅이 지천이다. 캘리포니아 주 LA에서 북쪽으로 두 시간만 가면 베이커스필드(Bakersfield)라는 농촌이 나온다. 웬만한 사람은 그곳 농장의 규모를 보면 입이 딱 벌어진다. 도대체 농장 끝이 보이지 않고 석유를 파내는 굴착기도 종종 보이는 놀라운 광경이 펼쳐진다. 밭 지하에서는 석유가 펑펑 나오고 지상에서는 온갖 농산물을 다 재배 할 수 있으니 바라만 보아도 부러움과 시샘이 요동친다.

그런데 더 놀라운 것은 그곳에서 생산되는 농산물이 미국 인구를 거의 다 먹여 살릴 수 있다는 것이다. 그 지역의 면적은 미국 땅 전체의 500분의 1이 될까 말까 하는데 말이다. 그러니 미국이 얼마나 큰 나라인지 상상이 갈 것이다. 다시 말하지만 이렇게 큰 나라인 미국은 특별히 임자가 없는 나라다. 미국이라는 나라는 역사도 별로 없는 나라로 바꾸어 말하면 역사를 만들어 가는 나라이기 때문에 한국인들 역시 미국역사의 주인공이 될 수 있다.

미국에서 부동산을 사면 국부 유출?

언젠가 한국의 어느 신문에서 외국의 부동산을 사는 것을 마치 매국노로 취급하는 기사를 본 적이 있다. 정말 그만큼 해외 부동산 매입이 국익에 안 좋은 일인가를 따져보고 싶다. 상황에 따라 약간의 차이는 있겠지만 필자는 세계 어디가 되었든 한국인이 땅을 사두면 그곳이 한국 땅이라고 생각한다. 필자가 뉴스타부동산을 민족 기업으로 여기고, 스스로를 '국토 넓힘이' 또는 '21세기 광개토대왕'이라고 자부하는 이유도 여기에 있다.

2002년 경에는 LA근교의 웬만한 집은 30만 달러 전후면 구입할 수 있었다. 당시는 외국인에게 70% 정도 융자해주는 제도가 있어 다운페이먼트(선불) 10만 달러면 집을 구매할 수 있었다. 이런 상황에서 필자의 권유로 지인 한 분이 집을 구매했는데, 마침 불어 닥친 부동산 경기의 호황으로 그 집이 100만 달러 이상으로 올랐다.

그러다 서브프라임 사태로 부동산 경기가 불황이 되자 100만 달러의 집이 60만 달러 정도까지 떨어졌다가 지금은 다시 100만 달러에 근접

해가고 있다. 그러면 지금 그 집을 팔면 손해인가, 이익인가? 물론 한국에서 집을 샀어도 그 정도 이익은 남길 수 있다고 항변하는 사람도 있을 것이다. 답변을 잠시 접어두고 차이나머니가 제주를 휩쓸고 지나간 이유 중 하나는 중국인들의 대한민국 영주권을 얻기 위함이었다.

그들이 우리의 영주권을 얻어 한국에 눌러앉아 한국 사람이 되기 위해 투자이민을 하는 것이 절대 아니다. 빠른 시일 안에 개선되겠지만 사회주의였던 중국은 한국에 비해 무비자로 갈 수 있는 나라가 많지 않다. 한국의 영주권을 얻으면 세계 120여 개국을 무비자로 입국이 가능해지기 때문에 한국 영주권을 취득하려는 것이다.

이 말은 그들의 자녀가 세계 120여 개국으로 자유롭게 나갈 수 있다는 의미가 된다. 또한 차이나머니는 제주를 넘어 서울의 노른자 땅에도 관심이 많은데 중국인들은 한번 구입한 땅은 절대 되팔지 않으려는 속성

자랑스러운 한국인상 시상식에서 연설

이 있어 자자손손 중국인 땅이 될 위험성이 크다. 더 이상 네 땅 내 땅이 없는데 우리만 이 좁은 대한민국을 내 줄 수는 없다. 해외 부동산 투자의 목적은 저마다 다를 것이다.

물론 부정적인 의도 즉 비자금 유출 등의 나쁜 용도도 있겠지만 꼭 부정적인 시각으로만 바라보지 말자. 필자는 맨해튼의 소니 건물이 그렇게 부러울 수 없었다. 한국인이라면 모두가 그렇게 생각했을 것으로 본다. 소니의 흑자 행진에 엔고까지 겹치면서 맨해튼 건물과 콜롬비아 영화사까지 사들였으니 부러움과 충격은 대단했다. 물론 지금은 더 이상 소니 건물이 아니긴 해도 뉴욕에 한국기업의 건물이나 광활한 미국 땅에 코리아머니가 밀려오고 있다는 소리를 듣게 된다면 이 얼마나 자부심 넘치는 일이겠는가? 유보한 답변은 각자의 판단에 맡기겠다. 다만 이제 더 이상 우물 안 개구리에서 벗어나길 바란다.

투자는 손해를 보기위해 하는 것이 아니다. 그야말로 이익을 얻기 위해 시간과 정성을 쏟는 일이지 매국하는 일이 절대 아니다. 하나를 보면 둘을 내다보는 혜안이 필요한 때다.

약 5~6년 전으로 기억된다. 한국의 임산부들이 미국에 원정출산을 하러 간다는 비난 기사가 봇물 터지듯 다뤄진 적이 있었다. 그때는 미국 원정 출산을 '군 입대 기피'라는 부정적 시각으로 다뤄 한국에서 위화감 조성이라며 비난받았다. 한국에서 군복무 문제는 상당히 민감한 문제이기 때문에 2005년 한국의 국적법이 강화되어 더 이상 원정 출산이 군복무를 막아주지 못하게 되었으나 여전히 원정 출산은 진행 중이다. 얼마 전에는 대만 여성이 원정 출산을 위해 미국으로 향하던 중 비행기 안에서 아이를 낳았는데 미국의 영공이 아니었기 때문에 시민권은 받

국민주권을 실현하기 위한 재외국민 참정권 토론회에 참여

을 수 없었고 비난 여론도 거셌다. 그렇다면 왜 국적을 가리지 않고 원정 출산이 계속되는 것일까? 이유는 여러 가지가 있겠으나 미국 시민에게 주어지는 수준 높은 교육과 취업에 훨씬 더 유리하게 작용되며 자녀가 성장한 후 나머지 가족들을 초청해 이민이 훨씬 쉽게 이루어지기 때문이다. 그래서 한국을 비롯한 대만과 중국인들도 원정 출산에 가세하고 있다. 그렇다면 의문점이 생길 것이다. 도대체 왜? 군복무의 혜택도 없어진 이 마당에 그렇게까지 해서 나라망신이냐고 비난한다면 국적에 대한 선택의 폭이 넓어진다는 것과 이민을 염두 해 둔 사람들이라 여유롭게 생각하면서 너무 비판의 날을 세우지 않았으면 한다. 'ALL AROUND THE WORLD'의 프로젝트 일환으로 폭 넓게 생각하자. 물론 미국 내에서도 비판여론이 만만치 않아서 원정 출산의 길은 좀 더

힘들어질 것으로 본다.

그렇다면 시민권이 무엇이길래 이렇게 집착하는 것일까? 그래서 영주권과 시민권의 차이를 잠깐 설명할까 한다. 영주권은 미국 시민이 아니어도 미국에서 살 수 있는 권리를 말하는데 취업이민이나 초청이민, 투자이민 등의 자격이 있어야만 영주권이 나온다. 시민권은 미국 시민을 뜻하는 말로 영주권 취득 후 5년 이상 미국에 거주해야 하며 영주권과 시민권의 가장 큰 차이는 참정권이 주어진다는 것이다. 그 외에도 영주권자의 경우 6개월 이상 미국을 벗어나면 미국 재입국 시 명확한 사유가 있어야 한다. 국익에 도움이 되는 것으로 판단하여 영주권을 주었는데 외국에 나가 있는 시간이 더 많다면 문제가 될 수 있다. 또한 정부의 중요 기관에서는 즉, 공무원의 경우 시민권자를 대상으로 뽑기 때문에 직업 선택의 폭이 넓고 개인 장학재단의 경우 역시 미국 시민에게 국한되는 경우도 많다. 그러니 미국에서 출생한 사람이면 미국 시민으로 인정되니 한국인들에게 얼마나 좋은 제도인가? 18세가 되면 본인 선택에 따라 자동으로 미국 시민이 되는 제도인데, 이를 한국인이 마음껏 활용할 수 있다면 좋은 일이 아닌가? 한국 임산부가 미국에서 낳은 아이가 장성해 미국 대통령이나 국무장관이 나오지 않는다고 누가 장담할 수 있겠는가?

지금 세상은 빠르게 변하고 있다. 세계 어디든지 우리 민족이 가서 살면 그곳이 대한민국이 되는 것이다. 그런 기초를 다지는 작업 중 하나인 미국 출산을 비난해서는 안 된다. 이제는 흑백 논리나 이분법적 생각을 바꾸고 시야를 넓혀 국익에 유익한 일은 개인적으로 마음에 들지 않는다 해도 모른 척 해주는 성숙함을 가져야 할 때다.

지금은 사고의 전환이 필요한 시점이다

지금도 미국 내 한인들이 먹고살기 힘든데 한국인이 미국에서 뭐 먹고 사냐고 묻는 분들이 있다. 틀린 말은 아니다. 그러면 한국은 먹고 살기 편한 나라인가? 아니다. 힘들기는 미국이나 한국이나 마찬가지다.

힘들기가 마찬가지라면 이왕이면 큰물에서 놀아야 한다. 무엇보다도 교육제도가 잘 되어 있는 미국에서 산다면 우리가 부러워하는 대학을 한국처럼 허리끈 졸라매고 과외 안 시켜도 어렵지 않게 들어갈 수 있다. 물론 미국에도 사교육은 있다. 부모의 욕심은 국경이 없는지 좀 사는 동네는 모두 사교육을 받는다고 생각해도 무방하다. 한국에 치맛바람이 있다면 미국에는 사커맘이 있다. 물론 스케일이 다른 나라이니 지역 편차도 크다. 다만 특별히 사교육을 받지 않고 공립학교에 다녀도 유명대학에 입학하는 우리나라 아이들을 많이 보아왔으니 희망은 충분하다.

한국에서 미국과 관련된 국가 정책이 크게 권위를 잃었던 적이 있었다. 그 원인 가운데 하나가 바로 광우병 파동이었다. 지금 생각해보면 그런 일이 있었는지 기억조차 희미해져 가는 분들도 있겠지만, 그때는 정부의 지도력이 흔들리는 심각한 상황이었다.

한미 쇠고기 협상 타결 직후 상공회의소가 주최한 만찬 때의 이야기다. 정재계 인사 70~80명이 참석한 이 날 식사의 메인 메뉴는 미국산 쇠고기로 만든 스테이크 요리였다. 그 재료는 몬태나에서 공수해온 것이었다. 그 일은 다름 아닌 맥스 보커스 당시 상원 재무위원장의 작품이었는데 보커스 위원장은 "한국이 쇠고기 수입을 재개해주지 않으면 한미자유무역협정(FTA) 체결에 협력할 수 없다."는 입장을 공공연히 피력해 온 사람이다. 그의 지역구가 바로 목축업이 가장 활발한 지역인 몬태나인 것도 그 배경이었다. (〈중앙일보〉 2008년 5월 12일 자 참조)

이 이야기는 미국의 쇠고기 수입 압력에 대한 미국 정치의 역학 관계를 잘 보여준 예다. 인구 100만 명도 안 되는 한 주의 축산업자들이 세계 10대 경제 대국을 바라보고 있는 한국 전체를 뒤흔든 셈이다.

미국 몬태나는 인구 100만 명도 안 되지만, 상원의원은 두 명이나 선출할 수 있는 명백한 미국 50개 주 중 하나다. 한 주에 상원의원 2명을 선출한다는 것인데, 인구 4,000만 명에 육박하는 캘리포니아의 경우 2,000만 명이 상원의원 한 명을 선출하는 것이니 LA에 사는 사람들의 입장에선 부당하다고 생각되겠지만, 연방국가인 미국의 현실은 그렇다. 이런 미국 정치 지형을 잘 활용하면 한미 관계를 한국에 더욱 유리하게 이끌어 갈 수도 있다.

어쨌든 나는 언젠가 모교인 건국대학교 총장에게 이런 말을 했던 적이 있다. "총장님 미국과 교역을 하지 않고서는 대한민국의 4만 달러 시대는 요원합니다. 미국과의 관계가 멀어지면 한국의 미래는 불투명합니

'미국에 한인대통령을 만들자' 출판기념회

다. 그러니 건국대가 길러낸 뛰어난 목축업자들을 모집하고 학교와 개
인 기업가 등이 투자해서 몬태나 주의 목장을 사도록 합시다. 그러고
나서 한우를 사육해 한국으로 역수출함으로써 목축업을 부흥시키고
연방 상원의원을 우리 편으로 만들어 투자한 사람들에게 영주권을 발
급해주는 방법이면 일석이조가 아니라 일석십조는 될 것입니다."
지금 생각해도 나의 당시 아이디어는 바로 '패러다임의 변화'라고 할
수 있다. 건국대학교는 전통적으로 축산과가 발달한 학교이고 제2의
전성기가 필요한 시점이었기에 총장에게 권유했던 것이지만, 어디 한
우뿐이겠는가? 우리의 토종닭, 흑염소 등 미국 시장을 공략할 수 있는
축산업은 무궁무진하므로 지금이라도 정부 담당자들이 이런 측면에서
국가 정책을 생각해 볼 필요가 있다고 믿는다.

상상해보라! 끝없이 펼쳐진 넓디넓은 평원에 한우와 흑염소, 토종닭 수천만 마리를 사육한다면 그에 필요한 인력이 도대체 얼마나 필요하겠는가? 그 인력의 일부만이라도 한인들이 감당한다 해도 최소한 수만 명의 인원이 필요할 것이므로 미국 거주 정책에 크게 기여할 것이다.

우리 청년들을 미국에 팔아넘기자는 것인가? 라고 말하는 사람도 있을 것이다. 대학까지 나와서 소, 돼지 키운다고 하면 일단 부모가 반대할 일이지만 그것은 실상을 모르는 소리다.

축산식품공학과를 졸업하여 잘 풀리면 대기업 식품 관련 회사에 들어가는 것 아닌가? 그것도 바늘구멍만 한 취업문으로 말이다. 배설물이나 치우고 사료나 주는 것으로 축산업을 생각하면 안 된다. 새로운 시스템 도입과 다양한 아이디어로 CEO의 역할을 충분히 해내는 축산업에 뛰어든 20대 청년 기대주들도 많다. 물론 어렵고 몸 고달픈 일이지만 직업에 귀천이 어디 있는가? 기약 없는 백수 생활보다는 훨씬 생산적이다.

이러한 생각의 전환은 한국이나 미국이나 마찬가지여서 일찌감치 낙농업에 뛰어든 청년들이 많다.

미국에서 지리적으로는 동쪽에 있지만 몬태나 주와 환경이 비슷한 처지인 사우스다코타 주 같은 곳은 한국 돈 5억 원이면 E-5 비자 발급에 필요한 투자 유치가 가장 많은 주에 속한다. 말하자면 서울 웬만한 지역의 30평 남짓의 아파트 한 채 값이면 넓디넓은 목장 주인이 될 수도 있다는 말이다.

이 지역에는 축산업뿐만 아니라 한국의 주력 업종 중 하나인 IT산업의 진출도 검토해 볼 수 있다. 이곳 주의 대부분의 주민들은 콜로라도 덴

버에서 2~3시간 떨어진 샤이엔에 살고 있는데, 그곳에는 IT 기업들이 많이 있다. 이러한 지리적 환경을 최대한 활용해 한국의 IT 업체들이 샤이엔에 연구 개발 단지를 설립한다면 창의력이 풍부한 한국 젊은이들에 의해 미국에 제2의 실리콘 밸리가 탄생되는 것도 가능하다. 또한, 그로 인해 적어도 IT분야에서 수만 명의 한국 젊은이들이 좁은 한국 땅을 벗어나 이곳에서 마음껏 기량을 발휘할 수 있는 너무나 좋은 조건이라고 생각한다.

얼마 전 미국 대통령을 역임한 클린턴이 주지사로 있었던 아칸소 주를 비롯해 미시시피 주, 앨라배마 주 등에 한국 정부와 기업들이 투자 협정을 체결하여 산업단지 조성에 자본을 투자하는 방법을 한인 이주 정책과 접목해 적극적으로 검토할 필요가 있다. 이러한 주들은 재정 자립

개성공단을 방문하여 안내를 받고 있다

도가 열악하여 법인세 감면이나 토지세 감면 등 좋은 조건을 제공할 가능성도 크다.

많은 분들이 잘 아는 대로 미국 남부 앨라배마 주에는 한국의 현대 자동차 공장이 있다. 그곳에서 소나타, 산타페 등 여러 모델의 차량을 생산해 미국 현지에 판매하고 있다. 현대자동차 공장이 설립된 지 얼마 되지 않았지만 투자 대비 적지 않은 수익을 창출하고 있음은 각 언론의 보도를 통해 잘 알고 있을 것이다. 그곳에 새로운 자동차 공장을 증설하는 계획이 실현된다면 자동차 공장뿐 아니라 부품 관련 업체까지 진출하게 되고 그야말로 일거양득이다. 정부와 기업은 이를 활용해 많은 한국인들이 미국에 거주할 수 있는 여건을 형성할 수 있을 것이다.

뉴멕시코 주도 미국에서 재정 자립도가 약한 주 가운데 하나인데 멕시코와 국경이 인접한 곳이라 멕시칸들이 많고 다른 주에 비해 실업률이 높은 편이다. 따라서 이들을 고용할 수 있는 한국의 제조업이 들어서면 뉴멕시코 주 정부는 쌍수를 들어 환영할 것이다. 이런 식으로 미국에 투자하여 경제 성장에 중요한 역할을 하게 되면 각 주의 상원의원이나 주지사는 한국 투자에 관심을 갖지 않을 수 없게 되고, 한인 미국 거주 정책에도 크게 기여할 수 있다. 몇 개 주의 상원의원과 교분을 쌓으며 이해관계를 함께한다는 것은 미국 중앙정부 정책에도 큰 영향력을 행사할 수 있게 된다는 의미이다. 앞서 언급했듯 연방국가인 미국은 나라 전체를 보면 초강대국이지만 각 50분의 1에 해당하는 각 주는 초강대국이 아닌 하나의 작은 국가 또는 정부일 뿐이다. 그러므로 이를 잘 활용하면 한인 거주 정책이 좋은 결과를 얻어 낼 수 있을 것이다.

미국은 강한 민족이 들어서면 그 민족이 곧 주류사회를 이루고, 그 주류사회가 곧 국가를 끌어가는 주역이 된다. 그러므로 한국 정부도 지금부터 '미국 내 강한 민족'이라는 목표를 설정하고 경제적으로 좀 더 사실적이고 현실적인 접근을 할 필요가 있다고 생각한다. 전술한 바와 같이 농업과 목축업에 종사할 분들, IT에 종사할 분들, 자동차를 비롯한 기계 분야에 종사할 분들, 그리고 우리의 강점인 섬유 디자인 분야에 종사할 분들 등을 중심으로 체계적인 이주 정책을 세워나간다면 자연스럽게 우리의 입지는 더욱 확고해 질 것이고 그러면 미국 정계에 유력한 인적 인프라가 구성될 수 있을 것이다.

많은 분들이 알고 있는 대로 지금 미국에서는 유대인들이 각 분야를 장악하고 있다. 부동산, 금융, 오일, 보석 등 돈이 될 만한 것들은 거의 유대인들이 잡고 있다. 하지만 잘 살펴보면 의식주 분야에 한국인들이 진출할 빈틈이 있다.

사람이 살아가는 데 기본적으로 필요한 의식주 분야는 우리 한국인들이 한국인 특유의 성실성과 창의력을 발휘한다면 성공할 수 있다. 적어도 농산물과 축산, 의류 디자인과 제조, 기계 및 IT 기술 분야는 한국인들이 미국의 틈새시장 뿐 아니라 주요 시장을 차지할 수 있는 저력이 있다고 본다. 그리고 덧붙인다면 부동산중개인 직업은 한국 여성들에게 적합한 직업 중 하나이다. 물론 한국 여성들의 손재주와 창의성을 발휘할 수 있는 미용실이나 간호사 등 미국인이 필요로 하는 직업이 많지만, 필자는 부동산 중개업을 권하고 싶다.

현재 미국 부동산 중개업에 종사하고 있는 인원을 정확히 알 수는 없지만 수십만 명이 있다고 가정하고 그중 30% 정도가 한인이라면 한국인들이 유대인 못지않게 미국 경제의 한 축을 담당하는 것이나 다름없다고 보기 때문이다. 급변하는 시대인 만큼 몇 년 전과 지금은 많이 다르다.

지금 세계 방방곡곡에 한국인이 없는 곳이 없고, 세계화는 슬로건이 아니라 현실이 되어 있다. 따라서 한국 정부에도 시대의 흐름을 연구하는 행정 기관이 필요하다. 2012년 새 정부의 출범과 함께 내각구성에 미래창조부가 발족하여 기대가 컸지만 아직은 재외국민을 위한 구체적인 정책이나 세계화를 위한 정책 등이 요원해 보이기만 하다. 그러나 다음 정권은 어느 당이 집권당이 되든 세계일류화를 향한 재외국민정책은 지금 정권보다는 개혁이 될 것을 믿어 의심치 않는다. 지금의 시대는 부정적인 것을 때로는 긍정적으로 보고 위기를 기회로 전환하는 발상의 전환이 필요한 시대이기 때문이다.

아웃사이더 트럼프의
미국 대통령 당선의 의미

수많은 사람들의 예상을 뒤엎고 미국의 제45대 대통령에 트럼프가 당선되었다. 미국을 포함, 세계 많은 국가의 사람들과 우리나라 사람들은 트럼프를 평가절하하고 트럼프의 당선을 아예 받아들이지 않았지만 나는 트럼프의 당선을 확신하고 있었고 주변의 여러 지인들한테 트럼프가 당선될 것이라고 장담했다.

투표 며칠을 앞두고 트럼프의 여성 스캔들이 폭로되면서 후보 사퇴까지 해야된다는 여론에 모든 사람들이 힐러리의 당선을 기정화했지만 나는 그럼에도 불구하고 당연히 트럼프가 당선될 것 같은 강한 예감이 들었다. 그 이유는 많았다. 우선 기라성 같은 16명의 공화당 내 경선을 헤치고 올라온 저력이 쉽게 무너지지 않을 것 같다는 생각과 함께 그 스캔들에 당당히 맞서는 모습이 역설적으로 오히려 미국인들에게 듬직한 신뢰감을 줄 수 있겠다는 생각, 대통령직도 이젠 비즈니스맨, 즉 경영인이 대통령이 되어야 한다는 생각이 들었기 때문이었다.

10년 전쯤에 내가 경영하는 월간지 'In house'에서 편집국장 일을 맡아하던 김국장이 있었다. 그 직원과는 지금도 종종 만나는데 2015년 봄에 한국의 호랑나비 가수로 유명한 나의 해병대 후배 김홍국씨와 LA의 어느 식당에서 자리를 같이 하던 중 김홍국씨가 "남선배님을 보면 트럼프와 너무 비슷해요."라고 말한 적이 있었다. 그때 김국장도 맞장구를 쳤는데 실은 10여 년 전에는 트럼프와 나를 비교하지도 말라고 하던 대표적 사람이었다. 그 당시 뉴스타 광고의 문안 중 '한국의 트럼프＝남문기'라는 공식으로 뉴스타의 브랜드 이미지를 극대화시키고 있었고 그러한 여러 직원들의 의견을 김국장이 "이건 아니다. 어디를 보아도 남회장님은 진실이 있는 사람이고 한국인을 대표하는 미래를 가지고 있기에 우리의 자존심이다."하면서 "어디 하찮은 트럼프와 비교를 하냐"면서 묵살시켜 버렸다.

이유는 다음과 같았다. 첫째, 트럼프는 미국 사회라는 든든한 배경이 있는 미국 주류의 사람이고 아버지로부터 물러 받은 재산도 엄청나게 많은 사람이다. 그러나 남 회장님은 자그마한 배경도 없는 비주류 소수민족 이민 1세로서 맨주먹으로 와서 20여 년 만에 3조 원의 매출에 달성하여 뉴스타 그룹이라는 회사를 명품브랜드로 성장 발전시켰으며 또한 한인 사회발전에 지대한 공헌을 하고 있다는 것과 한인 회장직을 수행하면서 고용 창출이나 한인들의 권익신장에 지대한 공헌을 하고 있다는 것이다.

둘째, 트럼프는 여차하면 회사를 파산시켜 여러 사람들에게 막대한 손실을 입혔지만 남 회장님은 절대 남에게 손해를 입히지 않았다. 분쟁이 발생하면 본인이 옳았어도 뉴스타 브랜드의 이미지를 위해 모든 손해를 감수한 인물이다. "그러니 트럼프 같은 인물하고 남 회장님을 같은 선상으로 보지 말라. 남 회장님을 나는 훨씬 더 존경하고 훨씬 더 큰 인물로 생각한다."라며 결론을 내렸다. 이것이 당시 김 편집국장의 의견이었는데 워낙 논리 정연한 이론에 직원들도 아무 말 못 하고 나도 웃고 말았다. 그 이후 그 광고 문안은 본 적이 없었다. 그러나 10여 년이 지난 지금 트럼프는 부동산 왕에서 세계의 왕으로 등극했으니 세상일은 알 수도 없고 끝도 없으며 지금도 진행형이다. 이것 역시 운칠기삼이라 해도 한 치 앞은 아무도 모른다하지 않았는가?

도널드 트럼프의 대통령 당선도 과연 신의 한 수인가?

우선 공화당 전당대회를 전후한 트럼프의 연설 내용을 잠깐 살펴볼 필요가 있다. 각종 여론조사에서 가끔 지지율 1위를 고수할 수 있는 것은 다름 아닌 그의 소통 능력 덕분이 아닌가 싶다. 다만 중간중간 나오는 트럼프의 '막말'에 가려져 그의 이러한 능력이 언론을 통해 잘 알려지지 않은 것뿐이다.

그의 연설은 정곡을 찌른다. 빙빙 돌리지 않는다. 중요한 것만 딱딱 짚어서 얘기한다. 아이비리그를 졸업한 엘리트지만 유세나 인터뷰때 어려운 단어를 철저히 피한다. 그의 전문분야인 경제용어를 언급할때면 무슨 뜻인지 상세히 설명한다. 예를 들어 연설때 그는 '관세(tariff)'라는 단어 대신 알아듣기 쉬운 '세금(tax)'을 택한다. 대중의 눈높이를 정확히 간파하고 이들과의 공감대를 형성하는 것, 그것이 트럼프의 선거 전략인 것 같았다. 트럼프의 연설에 대해 전 연방 하원의장 뉴트킹그리치는 "아마 미국 정치 역사상 최고의 소통가로 손색이 없다."고 극찬했다. 전 뉴욕시장 루디줄리아니는 "그는 정말 특출나고 대단한 언변을지녔다."며 "오바마, 레이건, 클린턴과 비견되는 당대 최고의 소통가"라고 했다. 그리고 '안티트럼프'로 꼽히는 보수논객 리치라우리도 인정했다. "대단한 소통가임은 틀림없는 사실이다. 자신만만하고 흥미롭고 신랄하다. 전화번호부를 읽어도 흥미롭게 들리게 할 인물이다." 실제로도 트럼프 연설을 보면 연설문도 따로 없다. 연설문을 그대로 읽어내리는 후보를 두고 그는 '게으른 정치인'이라고 비판한다. "연설문이 있으면 실수가 적은 장점은 있지만 감정 호소력이 약해진다. 후보의 열정을 유권자들이 그대로 느껴야 한다."는게 그의 이유다.

그리고 놓치지 말고 주목해야 될 것은 물 밑의 유권자인 미국 복음주의 기독교인들이 대부분 공화당의 사실상 대선후보인 도널드 트럼프를 지지하고 있는 것으로 나타났다. 이것은 미국의 유력한 기독교 신문사인 크리스천 포스트의 기사이므로 신뢰할만하다.

최근 퓨 리서치 센터가 발표한 보고서에 따르면, 유명 복음주의 지도자들 중 상당수가 트럼프에 대한 경계심을 공개적으로 드러내왔으나, 정작 복음주의 기독교인들의 정서는 다른 상황이다. 복음주의권 유권자들 중 80%는 "만약 대선을 오늘 치른다면 트럼프 후보를 선택할 것"이라고 답했다. 이들 중 2/3 가량은 트럼프의 대선 캠페인을 강력하게 지지하고 있었다. 이는 지난 2012년 대선 당시 공화당 후보였던 미트 롬니 전 주지사가 받았던 것보다 더 높은 지지도다. 십몇 년 전 부시 대통령의 당선도 사실 물 밑의 유권자인 복음주의 기독교인들에 의해 당선되었다는 비하인드 스토리가 헛말이 아님을 이번에도 입증된 셈이다. 이것은 미국의 기독교인들이 많이 감소되고 대부분의 교회가 운영이 힘들 정도이지만 아직도 미국을 받쳐 주는 보이지 않는 집단은 기독교인들이라는 것이 증명된 것이며 트럼프에 대한 기독교계의 지지는 매우 견고하다고 봐야 한다.

그리고 트럼프는 선거 유세 중 인종차별적 발언을 많이 한 것은 사실 철저히 계산된 발언인 것 같았다. 한국의 지역감정 비슷한 것을 건드려 백인의 표를 결집하는데 큰 기여를 했다. 대통령직을 비지니스로 보고 전략적으로 이용한 것이 아닌가하고 씁쓸한 면도 있지만 어차피 당선이 목표였다면 그가 부동산으로 성공한 비지니스맨 다운 전략이었다고 보면 된다.

많은 분들이 다 아는 대로 트럼프는 하원의원도 안 해보고 상원의원도 안 해본 사람이다. 주지사는 커녕 주 하원의원도 안 해본 사람이다. 그럼에도 단번에 백악관으로 입성했다. 수많은 장애물을 오히려 즐기면서 보수언론과 싸워가면서 당당하게 미국의 대통령에 당선되었다.

뿐만 아니다. 트럼프가 어릴 때는 한때 문제 학생이였으며 학업을 중단한 적이 있었고 질병으로 군대에도 가지 않았다. 그렇지만 부동산 사업 등 다양한 비즈니스 분야와 미인대회에서 활동을 하였고 "넌 해고야!(You're fired)"라는 말을 유행어로 만들기도 했다. 또 남들이 보면 의리가 없을 정도로 지지정당을 여러 번 바꾸었다. 하지만 "미국을 다시 위대하게(Make America Great Again)"라는 대선캠프 표어를 내걸어 선거에서 당선되었고 총득표수에는 뒤졌지만 306 : 232라는 선거인단 격차를 내며 대통령에 당선되었으니 참으로 상상을 뛰어넘어 마치 서커스를 보는듯한 탁월한 기인이 아닌가?

이것은 무엇을 말해주는가? 세상이 변했다는 얘기다. 구태하고 틀에 박힌 사고는 이젠 안 통한다는 말이다. 정치도 이제는 변화를 즐길 줄 알고 사고의 유연성을 가져야 한다는 말이다. 부동산 사업으로 성공한 다는 것은 낙타가 바늘구멍 들어가는 것만큼 어려운 사업이다. 그 사업을 성공시킨 트럼프는 이미 어느 정치가 보다 국익이 무엇인가를 알고 있었을 뿐 아니라 시대의 흐름을 직시하고 있었던 것이다. 그러므로우리나라의 정치도 변해야 한다. 우리나라도 제2의 트럼프 같은 인물이 나오기를 기대해본다.

이 책은 「나는 아직도 성공에 목마르다」의 개정 증보판입니다.

성공한 사람의 인생을 벤치마킹하라

1판 1쇄 인쇄   2017년 1월 5일
1판 1쇄 발행   2017년 1월 10일

엮은이 남문기
펴낸이 윤다시
펴낸곳 도서출판 예가

주   소 서울시 영등포구 영신로 45길 2
전   화 02-2633-5462
팩   스 02-2633-5463
이메일 yegabook@hanmail.net
블로그 http://blog.daum.net/yegabook
등록번호 제 8-216호

ISBN   978-89-7567-586-7 13710

※ 정가는 표지 뒷면에 있습니다.